el

SENTADO
A LOS
PIES
del
MAESTRO JESÚS

ANN SPANGLER
LOIS TVERBERG

SENTADO
A LOS
PIES
del
MAESTRO JESÚS

EL TRASFONDO JUDÍO *de*
JESÚS Y SU IMPACTO EN LA FE CRISTIANA

La misión de Editorial Vida es ser la compañía líder en comunicación cristiana que satisfaga las necesidades de las personas, con recursos cuyo contenido glorifique a Jesucristo y promueva principios bíblicos.

SENTADO A LOS PIES DEL MAESTRO JESÚS
Edición en español publicada por
Editorial Vida – 2010
Miami, Florida

©2010 por Lois Tverberg y Ann Spangler

Originally published in the USA under the title:
Sitting at the Feet of Rabbi Jesus
Copyright © 2009 by Lois Tverberg and Ann Spangler
Translation copyright © 2010 by Ann Spangler and Lois Tverberg
Tranlated by Rojas and Rojas Editores, Inc.
Published by permission of Zondervan, Grand Rapids, Michigan 49530

Traducción: *Rojas y Rojas Editores, Inc.*
Edición: *Rojas y Rojas Editores, Inc.*
Diseño interior: *Cathy Spee*
Adaptación de cubierta: *Grupo Nivel Uno, Inc.*

ISBN: 978-0-8297-5704-0

CATEGORÍA: Vida cristiana / Crecimiento espiritual

IMPRESO EN ESTADOS UNIDOS DE AMÉRICA
PRINTED IN THE UNITED STATES OF AMERICA

10 11 12 13 ❖ 6 5 4 3 2 1

A Laura y Milt Tverberg,
los que dedicaron sus vidas a educar a sus hijos
como fieles talmidim *de Cristo.*
Lois Tverberg

Al pueblo judío, por preservar una fe
sobre la cual se edifica la mía propia.
Ann Spangler

CONTENIDO

INTRODUCCIÓN

Escribir este libro ha sido para nosotras un gozo y un privilegio. ¿Cuán afortunado puede ser usted por pasar la mejor parte de su día, mes tras mes, introduciéndose en la vida de Jesús y en el mundo judío en el que él vivió? A medida que escribíamos, nuestras propias vidas a menudo quedaban afectadas. Por ejemplo, al acercarse el Domingo de Resurrección de este año, coincidió que estábamos escribiendo el capítulo sobre la Pascua. Ahondar en la fiesta, ya bien antigua en el tiempo de Jesús, nos facilitó visualizar y entender la profundidad de los sucesos de la Semana Santa. No nos resultó difícil ver a Jesús en su agonía en la noche solitaria de Getsemaní, con sus discípulos demasiado agotados para permanecer despiertos y orar, ajenos del todo a los acontecimientos que se desarrollaban a su alrededor, después de ingerir aquella comida tan completa de la Pascua con varios vasos de vino. Su amado maestro estaba a punto de ser consumido por fuerzas que pondrían en marcha el cumplimiento de las promesas implícitas en la fiesta. Sin embargo, ellos no llegaron a tener la comprensión de su riqueza y su profundidad de significado hasta mucho después.

Al intentar penetrar en el mundo judío de Jesús, capa tras capa de historia parecía ir desprendiéndose hasta que casi pudimos imaginarnos que, por un tiempo, nosotras también nos habíamos unido a los discípulos y estábamos sentadas a los pies del Señor.

Gabi Barkai, un eminente arqueólogo judío, ha dicho que «en Jerusalén cada día es un día de descubrimientos». Y es cierto: en los últimos cincuenta años hemos visto grandes descubrimientos arqueológicos en la tierra de la Biblia que, lejos de debilitar la fe, han reafirmado la seguridad histórica de los Evangelios. Lo que es más, un número creciente de eruditos cristianos han empezado a explorar las raíces hebraicas del cristianismo porque se dan cuenta que tienen mucho que aprender de sus colegas judíos sobre las costumbres y tradiciones judías que conformaron la Biblia. Sus investigaciones han proporcionado un conocimiento muy valioso que no está fácilmente disponible para los lectores en general. Quizá usted se pregunte si las autoras de este libro son judías, y la respuesta es no. Somos cristianas que estamos fascinadas con nuestro Salvador y con su vida y enseñanzas. Si Jesús hubiera sido un esquimal, nosotras estaríamos estudiando la lengua y la cultura de los inuits (esquimales), aprendiendo acerca de los iglúes, de la pesca en agujeros en el hielo y de los osos polares. La meta de este libro no es tanto ayudarle a usted a entender el judaísmo como a escuchar las palabras de Cristo, transformadoras de vida, con mayor claridad y fuerza. Dios le prometió a Abraham que los gentiles serían bendecidos por medio de su descendencia. Cuando honramos a este antiguo pueblo aprendiendo acerca de su cultura y costumbres, Dios nos bendice con una comprensión más profunda de nuestras Escrituras y de Jesús, nuestro Mesías.

Sin embargo, ningún libro está libre de defectos a pesar de cuán cuidadosos sean los autores en su investigación y escritura, y nosotras aceptamos plenamente la responsabilidad por nuestra obra. Estamos conscientes también de que el estudio de las raíces hebraicas del cristianismo es un campo en desarrollo y que las futuras investigaciones pueden llevarnos a revisar ciertos detalles de la vida judía en el Israel del siglo I. Los propios eruditos están en desacuerdo en cuanto a la fecha de algunos detalles, ya sea que describan el tiempo de Jesús o que hayan surgido más tarde. Con estos asuntos en mente, hemos hecho todo lo que pudimos para explorar y evaluar la mejor investigación actual en este campo. También hemos sido cuidadosas al ubicar a Jesús dentro del contexto judío del siglo I y no en uno posterior. Confiamos en que el resultado final ayudará a los pastores, estudiantes y laicos a encontrar su lectura de la Biblia muy fascinante y transformadora de la vida al apreciar y entender el contexto judío que la conformó.

Anna está agradecida por el privilegio de haber empezado a estudiar el mundo judío de Jesús con alguien que ha dedicado más de doce años de su vida a investigar con meticulosidad el contexto judío en el que Jesús vivió y ministró. Lois Tverberg, una bióloga molecular por su educación académica, ha cambiado su interés y pericia a este emergente campo de estudio, dedicando sus considerables talentos intelectuales y formación académica a la clase de investigación cuidadosa, equilibrada e inspirada que ambas autoras confían que sea evidente en este libro. Una y otra vez que Anna la cuestionó sobre una declaración en particular o punto de vista, las respuestas de Lois la sorprendieron y la deleitaron, manifestando no solo una gran riqueza de conocimiento, sino también algo aún más especial, una gran profundidad de sabiduría. En verdad, *Sentado a los pies del Maestro Jesús* es un libro que Lois llevaba muchos años deseando escribir. Anna está agradecida de que Lois esperara hasta que ella pudiera estar a su altura y acompañarla en su elaboración.

Lois está especialmente agradecida a sus doctos mentores de muchos años: David Bivin, Randall Buth, Steve Notley, Dwight Pryor, y por supuesto a Ray Vander Laan, que le contagió esta fascinación hace muchos años. También por Bruce y Mary Okkema, amigos fieles a lo largo de este camino, y por el amor y oraciones de Laura Tverberg, David y Lora Tverberg y el resto de la familia de Lois, por los que ella nunca cesa de dar gracias. Sobre todo, Lois le da gracias al Señor por estos meses en que escribió con Anna, cuya pericia, críticas sinceras y deliciosa creatividad le han proporcionado una nueva perspectiva del arte de escribir. Al ver cuán perfectamente se han combinado las circunstancias para que nos uniéramos, no halla las palabras apropiadas para alabar a Dios por lo que él ha empezado por medio de esta relación.

Estamos asombradas y agradecidas por la fidelidad con que oraron por nosotros con regularidad mientras investigábamos y escribíamos: Linda Bieze, Leslie Dennos, Joan Huyer-Honing, Hillari Madison, Dorothy Spangler, Patti Swets y Stephani Wiggins. Damos gracias de manera especial a Josa Bivin por su ayuda y aportes y a Marylin Bright, Kathleen Coveny y Shirley Hoogeboom, auténticos *haverots* que lidiaron con cada capítulo en su primer borrador y cuyas oraciones sostuvieron a Lois a lo largo de todo el camino.

Le damos las gracias a Sandy Vander Zicht, redactor asociado y editor ejecutivo, que apoyó con entusiasmo este proyecto desde el primer día y nos ofreció muchas sugerencias útiles durante todo este tiempo. Estamos agradecidas a Jana Reiss por su revisión cuidadosa del manuscrito. Su habilidad para captar el contenido junto con su conocimiento de las necesidades de los lectores es de verdad asombrosa. También apreciamos mucho las sugerencias del editor principal en jefe Varlyn Verbrugge, así como las de Marvin Wilson y Ed Visser sobre el contenido histórico del libro. Gracias por dedicarnos el tiempo necesario y ofrecer esas críticas tan apropiadas. También agradecemos a Marcy Schorsh, directora asociada de marketing en Zondervan, por la forma tan creativa en que ha dado a conocer el libro. Y a Verne Kenney, la vicepresidenta ejecutiva de ventas en Zondervan y a su equipo tan dedicado, por hacer su mayor esfuerzo para que este libro llegue a todos los lectores posibles.

CAPÍTULO 1

ÚNASE A MARÍA A LOS PIES DE JESÚS

*Que tu casa sea un lugar de encuentro
para los maestros,
y cúbrete con el polvo de sus pies, y
bebe sus palabras con avidez.*
Atribuido a Yose ben Yoezer (siglo II a. C.)

Los caminos empinados y polvorientos de Betania son difíciles para sus piernas, especialmente cuando viene cuesta arriba desde Jericó, caminando todo el día bajo el cálido sol. Pero el olor del guisado de cordero que sale del puchero que Marta cocina en el patio de su casa anima a sus polvorientas piernas a seguir subiendo. Usted trata de ignorar sus pies adoloridos y el polvo mezclado con sudor que se amontona sobre sus dedos, y está pensando en el agua fresca que ella le va a ofrecer pronto. Ha merecido la pena la larga caminata cuesta arriba, porque la conversación a lo largo del camino ha sido profunda y conmovedora. ¿No notaba cómo el corazón le ardía mientras escuchaba al maestro?

Una persona tenía que tener algo de *chutzpah* y unas piernas fuertes, piensa usted, para acelerar y ponerse a la cabeza con el fin de escuchar la conversación. Pero esa tarde usted no se había perdido ni una sola palabra, ni siquiera en aquel estrecho camino a lo largo del Wadi Kelt, donde solo dos o tres podían estar a una buena distancia para poder oír. Pedro, Santiago y Juan eran los que solían estar más cerca de Jesús, pero esta vez usted llegó primero. Por fin tuvo la oportunidad de hacerle algunas de las preguntas que se habían acumulado en su cabeza.

No obstante, antes que usted pudiera captar y digerir sus respuestas, sus pensamientos quedaron interrumpidos por el cacareo de las gallinas que andaban por el patio y el gozoso saludo y la risa de Marta dándole la bienvenida, con gotas de sudor perlando su frente por los esfuerzos de los últimos minutos preparándolo todo. Ella y María tenían una pequeña casa de piedra que parecía ampliarse milagrosamente para acoger a todos los invitados que entraban. María también está allí saludando a cada persona. Antes que usted ni siquiera pueda sentarse, ella le pregunta acerca de lo que Jesús ha estado hablando a lo largo del camino

ESTUDIANTES FEMENINAS DEL SIGLO I

A las mujeres se las animaba a estar presentes en los diálogos más avanzados de la sinagoga si eran capaces de seguirlos. Unas pocas adquirirían incluso el suficiente nivel de educación requerido para participar en los debates rabínicos, y todavía hay constancia de sus palabras. Algunas limitaciones para las mujeres, como la separación de hombres y mujeres, aparecieron en realidad varios siglos después[1].

Cuando las responsabilidades familiares se lo permitían, María se sentaba en las sesiones de estudio de la sinagoga local, y tenía algunas preguntas propias que esperaba poder hacer. Con frecuencia se unía al grupo que dialogaba con Jesús después de la cena, pero hoy, con la cena solo a medio preparar, se sentó a los pies de Jesús, ajena por completo a las miradas de Marta, y participaba animadamente con los demás en el debate que había comenzado a lo largo del camino (Lucas 10:38-42).

¿No le habría gustado unirse a ese grupo tan bullicioso en la casa de Marta aquella tarde? ¿Haberse sentado junto con María y aquellos increíblemente afortunados discípulos que fueron capaces de viajar con Jesús, para oírle hablar y aprender de él durante los tres años de su ministerio público?

¿Cómo hubiera sido la experiencia de haberse encontrado entre aquellos amigos íntimos de Jesús? ¿Qué decir si él se quedara en su casa siempre que aparecía por el pueblo? Además de ser un testigo ocular, usted habría tenido la gran ventaja de haber sido un judío del siglo I, alguien cuya vida y experiencia habían sido conformadas por la misma cultura y creencias religiosas que ayudaron en la formación de la vida y el ministerio de Jesús. Como Jesús, usted habría observado las leyes y tradiciones del judaísmo y estaría familiarizado con los asuntos del día. Habría captado el humor y los comentarios matizados que hacían a sus palabras aún más cautivadoras y transformadoras.

A pesar de cuánto nos hubiera gustado haber visto y escuchado al Señor en persona, damos gracias porque todavía podemos conocerle y experimentarle en las Escrituras. Y, no obstante, el Jesús que nos encontramos en los Evangelios no siempre es fácil de entender. En parte, eso es porque percibimos sus palabras a la distancia de muchos siglos, desde una cultura y una lengua completamente diferentes. En vez de hacer que nuestros corazones ardan, a veces las Escrituras nos llevan a rascarnos la cabeza en confusión.

Yo (Anna) recuerdo la primera vez que conocí a una de mis compañeras de cuarto en la escuela. Gladisín era de Panamá y llevaba solamente una semana en el país cuando nos saludamos por primera vez. Me gustó inmediatamente. Parecía que congeniábamos a pesar de las barreras del idioma. Pero me acuerdo de cuán perpleja me quedé cuando Gladisín se dirigió a mí un día y me dijo:

—Tengo un dolor.

—¿Qué te pasa? ¿En qué te puedo ayudar? —le pregunté.

Pero Gladisín se me quedó mirando con sus grandes ojos color castaño y repitió esta vez con más énfasis.

—¡Tengo un dolor!

Mientras más me esforzaba yo en tratar de descubrir lo que le pasaba, más alto me hablaba ella: «¡Un dolor, un dolooor!». Yo me preguntaba a mí misma si debería llamar a urgencias o a una ambulancia o llevarla al hospital. Pero antes de que me dispusiera a hacer algo, se me encendió la luz. Ella solo estaba preguntando si yo tenía un dólar suelto para comprar una Coca-Cola. Me sentí tan aliviada que no pude parar de reír. Una simple petición casi se había convertido en una emergencia médica, todo debido a que yo no pude entender los repetidos intentos de Gladisín de decir: «¿Tienes un dólar?».

Piense ahora en la dificultad que representa la comunicación a través de siglos y tradiciones religiosas, así como de idiomas y culturas. No nos asombra que nos resulte a veces difícil entender lo que Jesús está tratando de decirnos en los Evangelios. ¿Pero qué pasaría si pudiéramos encontrar una manera de sintonizar nuestros oídos de modo que pudiéramos desarrollar oídos judíos del siglo I? Las palabras de Jesús, que electrificaron a las multitudes, que indignaron a sus enemigos y que cambiaron tantas vidas, tendrían entonces un impacto muy superior en nosotros.

¿Es posible afinar nuestro oído y pensamientos de tal manera que podamos entender a Jesús mejor? Creemos que sí, porque eso es exactamente lo que nos sucedió a nosotras cuando empezamos a estudiar la cultura judía de Jesús. Pasajes que nos habían dejado frías o perplejas de repente se llenaron de vitalidad y valor. Las luces se encendieron, los relatos adquirieron nuevos significados y la neblina empezó a levantarse.

Sintonizar con las costumbres del tiempo de Jesús y con las conversaciones de los maestros que vivieron en ese tiempo puede profundizar su fe como lo ha hecho con la nuestra, transformando la forma en que usted lee la Biblia. Con eso en mente, le invitamos a embarcarse en este viaje que le llevará de regreso a aquella casa de Betania para escuchar de nuevo las palabras de Jesús, esta vez desde dentro de su cultura. Confiamos en poder enseñarle cómo oír los Evangelios con los oídos de un discípulo del primer siglo. Y una vez que empiece a sintonizarse estamos seguras que usted se volverá cada vez más curioso y anhelante de aprender más.

Veamos la siguiente situación: ¿Por qué, por ejemplo, estaban Jesús y sus discípulos instalados en la casa de Marta y María? Si usted fuera un judío del siglo I, probablemente habría oído un dicho que ya había estado circulando al menos durante cien años: «Abre tu casa para que sea un lugar de encuentro de los maestros, y cúbrete con el polvo de sus pies, y bebe sus palabras con avidez»[2].

Los judíos del tiempo de Jesús valoraban mucho el estudio de las Escrituras. Muchos de sus más talentosos maestros iban de pueblo en pueblo enseñando la Biblia de aquel tiempo, y pidiendo que les compensaran por el servicio prestado. Se esperaba de la gente que abriera sus casas y proveyera hospedaje y alimento para estos maestros itinerantes y sus discípulos. Así pues, con todo lo que honramos a María por su deseo de aprender de Jesús, este dicho muestra que la hospitalidad de Marta fue también una ayuda importante al ministerio de Jesús.

Si fuéramos visitantes del siglo I, habríamos reconocido la importancia de algo más en ese relato. Era costumbre que los maestros se sentaran en cojines o sillas bajas mientras enseñaban. Sus discípulos se sentaban en el suelo o esteras a su alrededor. Así es como la frase «sentado a sus pies» se convirtió en una expresión idiomática para aprender de un maestro. En Hechos 22:3, Pablo nos dice que fue «instruido a los pies de Gamaliel» (RVR 60)[3]. Así que cuando a María la describen sentada a «los pies de Jesús» estaban diciendo que ella era una discípula. Jesús claramente la reconoció como tal.

¿Pero qué podemos decir acerca de la frase «cúbrete con el polvo de sus pies»? Algunos eruditos piensan que esta era otra referencia a la práctica de sentarse en el suelo como una manera de honrar al maestro y someterse a su enseñanza. Otros piensan que se refiere a cómo los discípulos iba de lugar en lugar caminando detrás de su maestro, siguiéndole tan de cerca que ellos quedaban cubiertos con el polvo que él levantaba con sus sandalias[4]. Ambas ideas describen el contexto del relato de la visita de Jesús a la casa de Marta y María con sus discípulos y añaden colorido y significado a la Palabra de Dios.

EL ANHELO DE PROFUNDIZAR

Ahora que usted ha empezado a tomarle el gusto a lo que nosotras pensamos que ayuda a comprender el trasfondo judío de Jesús, queremos que sepa cómo Lois empezó a quedar intrigada por el tema. Como era nieta de misioneros luteranos, ella contaba con bastante conocimiento de la Escuela Dominical. Pero Lois no tomó con seriedad lo relacionado con la fe hasta su último año en la universidad. Hasta entonces ella no se había sentido muy cómoda con los compañeros de estudios que parecían excesivamente piadosos. No obstante, anhelaba encontrar la manera de profundizar en la Biblia de una forma que retara su mente al mismo tiempo que su corazón, de modo que se matriculó en un curso de estudio del Nuevo Testamento, con la esperanza de que le proveyera el conocimiento profundo que buscaba. «Por el contrario», dice ella, «me desanimó saber que mi profesor creía, como muchos otros, que el Nuevo Testamento era en general poco confiable, pues estaba compuesto de documentos que fueron escritos más tarde y estaba lleno de leyendas de la naciente iglesia». Su primer contacto con el mundo de la crítica bíblica la frenó en su deseo de proseguir en el estudio académico de la Biblia. En vez de eso, canalizó sus esfuerzos a obtener un doctorado en biología.

Muchos años más tarde, después que Lois se convirtiera en profesora universitaria, su iglesia patrocinó una clase para adultos sobre la tierra y la cultura de la Biblia. Querían hacer hincapié en la arqueología, la historia y el trasfondo cultural judío de Jesús. «Me preguntaba», dice ella, «por qué el presentador no tenía el cinismo radical que había mostrado mi profesor de la universidad acerca de la historicidad de la Biblia». Insegura de qué creer, su instinto como investigadora científica la llevó a examinar las fuentes detrás del curso al que había asistido recientemente. Sus esfuerzos la llevaron a una conclusión sorprendente. En las últimas décadas anteriores un nuevo campo de estudio había desenterrado una gran riqueza de información que confirmaba y fortalecía la fe cristiana. En los años transcurridos desde que asistía a clases en la universidad, muchos nuevos descubrimientos habían cambiado la manera en que numerosos eruditos entendían los textos del Nuevo Testamento, particularmente a la luz de sus escenarios judíos[5].

Mientras más leía Lois, tanto más fascinada se quedaba con lo rico que podía ser el estudio de la Biblia cuando se conocía el contexto del siglo I de Jesús. Fue entonces cuando ella empezó algunos estudios serios por su propia cuenta. Parecía que cada día le daba más luz y mejor visión, como en la historia que sigue. Tiene lugar en la casa de Marta y María, en ese momento hacia el final del ministerio de Jesús.

Usted quizá está familiarizado con un gesto impresionante que María hizo un día, cuando se encontraba sentada a los pies de Jesús. Juan 12:3 nos describe la escena de esta manera: «María tomó entonces como medio litro de nardo puro, que era un perfume muy caro, y lo derramó sobre los pies de Jesús, secándoselos luego con sus cabellos. Y la casa se llenó de la fragancia del perfume».

Si usted no conoce ni entiende el trasfondo cultural en el que tuvo lugar este suceso, le será fácil dejar de captar el pleno significado del gesto de María. ¿Qué es lo que exactamente estaba ella tratando de comunicar? Jesús mismo clarificó un aspecto de la historia al comentar que María lo estaba preparando para el día de su sepultura (Mateo 26:12). Entendemos que su acto de devoción señalaba hacia la muerte de Cristo al final de la semana. Pero nos perdemos algo más, de lo que los discípulos se dieron cuenta inmediatamente, algo tan evidente que Jesús ni siquiera lo mencionó. Al ungirle con aquel perfume tan caro, puede que María estuviera haciendo una declaración acerca de quién creía ella que era Jesús, proclamándole como Mesías. De hecho, la palabra hebrea que se

traduce Mesías es *Másica* que literalmente significa «el Ungido».
Christos o «Cristo» es el equivalente en griego.

¿Pero por qué «el Ungido»? La palabra «Mesías» alude a la ceremonia
que se usaba para apartar a alguien
escogido por Dios, como un rey o un
sacerdote. En vez de ser coronado durante una ceremonia de coronación, los
reyes hebreos eran ungidos con el óleo
sagrado perfumado con especias extremadamente costosas. Se usaban solo
para la consagración de objetos del
templo o para la unción de los sacer-
dotes y reyes. La fragancia tan maravillosa que dejaban era como
una «corona» invisible, y confería un aura de santidad a los que la
recibían. Cada cosa y cada individuo con aquella fragancia tan singular eran reconocidos como pertenecientes a Dios de una forma
especial.

LA UNCIÓN
Ungir a un invitado con aceite
era algo común, esperado
como un acto de hospitalidad
(vea Lucas 7:46). Pero según
Juan, María usa un frasco de
aceite perfumado sumamente
caro que hace de su acción
una señal de que la unción era
la de un rey.

En el antiguo Cercano Oriente, la majestad del rey quedaba ex-
presada no solo por lo que él llevaba puesto —sus joyas y manto—
sino también por el «aroma» real. Aun después que un rey fuera
ungido por primera vez, solía perfumar su túnica y manto con estos
óleos preciosos en ocasiones especiales. Veamos una estrofa del
himno de boda del rey David:

> Tú amas la justicia y odias la maldad;
> por eso Dios te escogió a ti y no a tus compañeros,
> ¡tu Dios te ungió con perfume de alegría!
> Aroma de mirra, áloe y canela
> exhalan todas tus vestiduras;
> desde los palacios adornados con marfil
> e alegra la música de cuerdas (Salmo 45:7-8).

Piense también en este pasaje del rey Salomón:

> ¿Qué es eso que sube por el desierto
> semejante a una columna de humo,
> entre aromas de mirra e incienso,

entre exóticos perfumes?
¡Miren!
¡Es el carruaje de Salomón!
Viene escoltado por sesenta guerreros,
escogidos entre los más valientes de Israel
(Cantares 3:6-7)[6].

Durante las procesiones reales, la fragancia de los valiosos óleos le informaba a la multitud que estaba pasando un rey. Veamos ahora otra escena del Antiguo Testamento. Nos presenta a Salomón que acababa de ser ungido y era ahora llevado al manantial de Gijón, a las afueras de la ciudad, y luego lo montaron sobre una mula y lo llevaron en procesión por las calles de Jerusalén mientras el pueblo observaba y aclamaba:

> El sacerdote Sadoca, el profeta Matán y Venías hijo de Joyada, y los quereteos y los peleteos, montaron a Salomón en la mula del rey David y lo escoltaron mientras bajaban hasta Guijón. Allí el sacerdote Sadoc tomó el cuerno de aceite que estaba en el santuario, y ungió a Salomón. Tocaron entonces la trompeta, y todo el pueblo gritó: «¡Viva el rey Salomón!». Luego, todos subieron detrás de él, tocando flautas y lanzando gritos de alegría. Era tal el estruendo, que la tierra temblaba (1 Reyes 1:38-40).

Considere ahora el asombroso paralelismo en la vida de Jesús. Sucedió una semana antes de su muerte, inmediatamente después que María lo ungiera con aquel perfume tan costoso[7]. Así como Salomón lo había hecho mil años antes, Jesús entró en Jerusalén montado en una asna. Imagínese la escena tal como nos la cuenta Juan 12. La multitud no estaba saludando a un maestro común y corriente. No, el pueblo estaba gritando a voz en cuello: «¡Hosanna! ¡Bendito el que viene en el nombre del Señor! ¡Bendito el Rey de Israel!» (v. 13). Estaban recordando a Salomón, el hijo de David, que hacía muchos siglos había recorrido las calles de la ciudad a lomos de una mula, y ahora estaban proclamando que Jesús era el prometido «Hijo de David», a quien Dios había enviado para redimir a su pueblo.

Pero la importancia de la acción de María no termina ahí. Parece probable que el olor del perfume con el que María había ungido a Jesús permaneciera por días. Puede que Dios usara el acto de devoción de María para telegrafiar un mensaje sutil pero poderoso. En todo lugar adonde Jesús fue durante los últimos días de su vida, conservó la fragancia de la realeza. Jesús olía como un rey.

Imagínese, en el huerto de Getsemaní, cuando Judas y los guardias se acercaron a Jesús para arrestarle, los guardias tuvieron que percibir el perfume en el aire y se preguntarían quién era el que estaba allí. Cuando Jesús era sometido a juicio, le ridiculizaban, azotaban y desnudaban, aun entonces el aroma todavía persistía en su cuerpo. ¡Qué Dios tan maravilloso tenemos!

> Sin embargo, gracias a Dios que en Cristo siempre nos lleva triunfantes y, por medio de nosotros, esparce por todas partes la fragancia de su conocimiento. Porque para Dios somos el aroma de Cristo entre los que se salvan y entre los que se pierden. Para éstos somos olor de muerte que los lleva a la muerte; para aquéllos, olor de vida que los lleva a la vida (2 Corintios 2:14-16).

Qué paralelismo tan fascinante el que nos muestra lo que Pablo quería decir con «el aroma de Cristo». Como seguidores de Jesús, esparcimos la fragancia de nuestro Mesías ungido por todo lugar por donde pasamos.

¿POR QUÉ HACER ÉNFASIS EN LA CONDICIÓN JUDÍA DE JESÚS?

Ken Bailey es un destacado erudito bíblico, conocido y respetado por su profundo conocimiento del evangelio, basado en su larga familiaridad con la cultura y las lenguas del Medio Oriente del pasado y el presente. Cuando le preguntaron si sus descubrimientos amenazaban con cambiar lo que los cristianos pensaban que ellos conocían acerca de la Biblia, Baile respondió: «Supongamos que he pasado mi vida yendo a una playa. He visto a las olas estrellarse contra las rocas, barcos sobre el agua, pescadores echando sus redes. Un día en esa playa alguien dice: "Ken, tengo dos equipos para bucear. ¡Vamos!". De repente veo coral, algas marinas y peces. Esas vistas debajo del agua de ninguna manera invalidan la belleza de lo que está arriba. En mi trabajo; yo ando buscando el coral y los peces»[8].

LOS SADUCEOS

Los saduceos procedían principalmente de la clase aristocrática y sacerdotal que gobernaba. Al contrario de los fariseos, ellos no creían en la resurrección de los muertos, y consideraban autoritarios solamente a los escritos de la Tora (esto es, los cinco primeros libros de la Biblia hebrea). Despreciados por su colaboración con los romanos, ellos controlaban la adoración en el templo. Su influencia terminó con la destrucción del templo y la caída de Jerusalén en el año 79 d. C.

Del mismo modo, en vez de socavar nuestra fe, examinar el trasfondo judío de la Biblia profundiza nuestro conocimiento de Jesús y de su tiempo, y aumenta nuestra admiración al mirar con más detenimiento a este extraordinario maestro y sus asombrosas afirmaciones. En *The Jesus I Never Knew*, Philip Yancey comenta sabiamente: «No puedo entender a Jesús separado de su condición judía mejor de lo que podría entender a Gandhi separado de sus raíces de la India. Necesito ubicar y conocer a Jesús como un judío del siglo I con una filacteria en su muñeca y polvo palestino en sus sandalias»[9].

Como cristianos nunca podemos olvidar que la Biblia —desde Génesis hasta Apocalipsis— es esencialmente un documento judío. Una vez que empecemos a leerlo desde la perspectiva judía, nuestra experiencia se verá transformada, como si hubiéramos cambiado nuestro viejo televisor en blanco y negro por otro con pantalla plana y de alta definición. De repente la Biblia adquiere una nueva profundidad y color a medida que leemos una vez más los relatos tan familiares, pero esta vez desde la perspectiva de su audiencia original.

Un par de advertencias: No es difícil quedar fascinando por el judaísmo en sí debido a la antigüedad de sus tradiciones y debido a que muchas de sus prácticas son sabias y bíblicas. Pero tenga en cuenta que han pasado más de dos mil años desde que Jesús nació. Muchas cosas han cambiado a lo largo de los siglos. Muchas prácticas y tradiciones judías tienen sus raíces en aquel tiempo, pero otras muchas no. Con esta precaución en mente, vamos a bucear y empezar a mirar «al coral y los peces», las maravillas que yacen debajo de la superficie.

UN VISTAZO A LA VIDA DEL PRIMER SIGLO

Al empezar a explorar, mirando debajo de la superficie de las cosas, echemos un vistazo rápido al Israel del siglo I. Ya de por sí la imagen que nos pinta el Antiguo Testamento de la vida de Israel tiene un anacronismo de cientos de años. Durante el tiempo del Antiguo Testamento, por ejemplo, no se menciona para nada a los rabinos, las sinagogas, los fariseos, los saduceos ni los zelotes.

La mayor parte de las personas que vivían en la tierra de Judea y Galilea eran los descendientes de los judíos fieles que habían regresado a Israel después del destierro en Babilonia. Desde entonces, la vida para el pueblo escogido no había sido en nada idílica. Los conquistadores romanos eran universalmente odiados por su brutalidad y por sus tendencias paganas, para no decir nada de los tributos opresivos que imponían. No nos asombra en lo más mínimo que todos estén anhelando la llegada de un Mesías que los libere echando de Israel a sus opresores.

Aunque el anhelo era grande, las opiniones variaban en cuanto a cómo o cuándo llegaría el Mesías por fin. Los saduceos, zelotes, esenios y fariseos tenían sus propias interpretaciones sobre qué había ocurrido y por qué, y cómo se presentaría el futuro. Las tensiones políticas y el fervor espiritual aumentaban continuamente. Fue en este tiempo de intensa búsqueda espiritual que apareció repentinamente en la escena otro rabino. Procedía de Nazaret. ¿De Nazaret podía venir algo bueno?

CAPÍTULO 2

¿POR QUÉ UN MAESTRO JUDÍO?

*Medite sobre ellas una y otra vez,
porque todo está ahí contenido;
examínelas, hágase viejo y póngasele gris
el cabello enfrascado en ellas; y no las
aparte de sus ojos, porque no hay nada
mejor que pueda buscar que eso.*
**Sobre el estudio de las Escrituras
(siglo I d. C.)**[1]

Como cabía suponer, el vuelo a Tel Aviv a mediados del verano estaba a tope. Aunque nuestro avión todavía esperaba en la terminal en Nueva York, yo (Anne) me di cuenta de que mi aventura había empezado ya. Desde el momento en que entré en el avión tuve la sensación de que había sido transportada a otro mundo. Había escogido El Al a causa de su reputación de seguridad, sin saber que esa empresa aérea era también famosa por su deferencia hacia los judíos religiosos, al servir solo alimentos kosher y negarse a volar en sábado sin importar cuánto dinero podían perder por hacerlo así.

Después de ocupar mi asiento, me puse a mirar a mi alrededor para tratar de descubrir cuántos estadounidenses comunes y corrientes como yo iban a bordo. Encontré solo unos pocos. En su lugar me di cuenta de la presencia de varios hombres llevando *yarmulkes* en la cabeza. Y a pesar del calor, algunos de ellos llevaban mantones de oración sobre sus hombros.

Procuré no mirar cuando un hombre barbudo, sentado tres hileras de asientos por delante de mí, se puso en pie y empezó a enrollar cuidadosamente una larga tira de cuero alrededor de su brazo. Estaba observando una costumbre diaria común entre los judíos ortodoxos, la de sujetarse pequeñas cajitas, llamadas *tefilim*, en la cabeza y el brazo. Estas cajitas, yo sabía, contenían pequeños rollos de pergamino grabados con el antiguo mandamiento que encontramos en Deuteronomio 6:6-8:

> Grábate en el corazón estas palabras que hoy te mando. Incúlcaselas continuamente a tus hijos. Háblales de ellas cuando estés en tu casa y cuando vayas por el camino, cuando te acuestes y cuando te levantes. Átalas a tus manos como un signo; llévalas en tu frente como una marca.

Al tiempo que aquel hombre joven sujetaba la oscura tira de cuero alrededor de su brazo, pude oírle hablar en hebreo. Más tarde me enteré que estaba recitando las palabras de Oseas 2:19-20:

> Yo te haré mi esposa para siempre,
> y te daré como dote el derecho y la justicia,
> el amor y la compasión.
> Te daré como dote mi fidelidad,
> y entonces conocerás al Señor.

Ya había visto antes los *tefilim*, o filacterias, pero no me había dado cuenta de que los que los llevaban los consideran una señal del amor que existía entre Dios y su pueblo. Al sujetar el *tefilim* alrededor de su brazo, este hombre se unía a millones de judíos a lo largo de los siglos y en todo el mundo que expresaban su profunda convicción de que estaban «vinculados» con Dios y su ley, y «rodeados» por Dios y su protección. En realidad, él había sujetado con cuidado la tira de cuero alrededor de su mano de manera que formase la letra hebrea *shin* (ש), que quería decir *Shaddai*, uno de los nombres hebreos de Dios.

En el asiento contiguo al mío tenía a una adolescente judía, inclinada piadosamente sobre su libro de oración. Cuando no estaba durmiendo durante el largo vuelo se la veía leyendo y orando, moviéndose rítmicamente hacia delante y atrás mientras leía y meditaba en las palabras hebreas. Más tarde le pregunté a un maestro de cabello blanco que conocí en Israel sobre esta práctica, llamada *davening*. Me enteré de que aquel movimiento durante la oración es la manera de expresar que todo tu ser, en cuerpo y alma, está unido a Dios. El anciano maestro me explicó que el movimiento del cuerpo imita el parpadeo de la llama en la vela, recordando en la mente que el «candelabro de Dios es el alma del hombre».

Al acomodarme para el largo vuelo me di cuenta de que tenía mucho que aprender de las costumbres y creencias que habían conformado al judaísmo a lo largo de los siglos, especialmente las que correspondían al tiempo de Jesús. Pero yo estaba segura de que mi propia fe quedaría enriquecida al hacer este viaje a Israel, una tierra que algunos llaman «el quinto Evangelio» porque tantos lugares en ella dan testimonio del Señor Jesucristo. En aquel, mi segundo viaje a Israel, estaba deseosa de aprender más acerca del trasfondo judío de Jesús y cómo había conformado su enseñanza y mensaje. Una de las muchas preguntas que consideraba era por qué Dios, en la persona de su Hijo, había escogido entrar en el mundo y hacerse un maestro judío hacía más de dos mil años.

¿POR QUÉ UN MAESTRO?

Una visita a Israel hace más fácil representar en tu mente muchas de las escenas de los Evangelios. En mi último viaje conocí a un estudiante recién graduado llamado Brian. Ambos estábamos matriculados en una clase sobre el judaísmo de la época del segundo templo. Brian, que tiene intenciones de ingresar en un prestigioso seminario de la costa este de Estados Unidos, es indudablemente brillante. Pero él es también algo más. Con su cabello largo hasta los hombros, abundante barba, y de mediana estatura, este californiano rubio se parece mucho al Jesús de las películas de Occidente, tal como lo vemos en todos los cuadros de la escuela dominical. Un día los de nuestra clase nos fuimos a bañar al mar de Galilea. Al correr el agua por el cabello y la barba de Brian, casi pude ver una paloma manteniéndose en el aire sobre su cabeza mientras él estaba metido en el agua hasta la cintura.

Un día, mientras subíamos los escalones de la parte sur del Monte del templo en Jerusalén, escalones que Jesús sin duda subió en su camino al templo, un grupo de jóvenes israelitas de veintitantos años de repente empezaron a hablar entre ellos señalando a Brian. Entonces ellos levantaron sus manos y gritaron: «¡Jesús! ¡Jesús!». La bien intencionada broma con que los estudiantes se expresaron indicaba a las claras que ellos estaban bromeando porque Brian encajaba perfectamente en el estereotipo que Hollywood había creado de Jesús, un estereotipo que ignora por completo la herencia semítica de Jesús.

Aunque la mayoría de nosotros ya hemos sido capaces de superar esa imagen tan inexacta de Jesús, al menos en lo que se refiere a las películas, a menudo no nos damos cuenta de la importancia que tiene la herencia judía de Jesús en otros aspectos. ¿Cuán judío fue Jesús y cuán piadosas eran las personas que le rodeaban? ¿Eran tan devotas como el judío con el que viajé en mi vuelo del El Al o fueron la mayoría de ellas mucho más informales

> **RABINO**
> *Rabino* literalmente significa «mi maestro». En el tiempo de Jesús era una expresión de respeto hacia los maestros de las Escrituras. No fue hasta después del año 70 d. C. que se convirtió en un título formal.

en cuanto a su fe? ¿Y por qué, por esa razón, deberíamos poner tanto énfasis en entender a Jesús como maestro? ¿No es suficiente con conocerle como Redentor o Mesías?

Para responder a estas preguntas, debemos empezar por darnos cuenta de que Jesús entró en la historia en lo que podría describirse como el mejor y el peor momento. Era el mejor momento en Israel porque el pueblo estaba deseoso de conocer cómo vivir para Dios. Ellos sabían por su propia historia trágica cuán dolorosa podía ser la vida cuando la nación se extraviaba del camino que Dios les había trazado en las Escrituras.

A pesar del hambre espiritual, también podía ser el peor de los momentos en Israel porque la vida bajo el yugo romano era insoportablemente brutal. No solamente los romanos demandaban impuestos muy opresivos, sino que suprimían con crueldad todo tipo de oposición.

En Séforis, por ejemplo, un pequeño pueblo tan solo a ocho kilómetros de Nazaret, los romanos aplastaron una rebelión incendiando y destruyendo el pueblo hasta sus cimientos y después vendiendo como esclavos a los sobrevivientes. Eso sucedió en el año 4 a. C., alrededor del tiempo del nacimiento de Jesús. Imagínese cómo habría sido crecer en un lugar tan cerca de ese desastre. Hubiera sido como haber nacido en Manhattan el 11 de septiembre de 2001. Aunque usted no hubiera visto directamente la destrucción de las torres gemelas del World Trade Center, habría crecido escuchando la historia al punto que quedaría grabada para siempre en su mente.

A causa de la continua opresión de los romanos el pueblo judío clamaba a diario a Dios, suplicando que el Mesías los liberara. Fue en este ambiente de fermentación social y anhelos religiosos que apareció en escena el más grande de todos los maestros.

EL ESTUDIO DE LA TORA

¿Cómo pudieron las raíces judías y este medio ambiente haber forjado la vida y el ministerio de Jesús? Una cosa es cierta: Jesús probablemente empezó por aprender a leer y memorizar la Tora y la mayor parte de las Escrituras hebreas para cuando tenía cinco o seis años de edad. Ese era el modelo de aprendizaje típico de los niños judíos. Después de los diez años, empezaría a aprender la Tora oral, las tradiciones rabínicas transmitidas para la interpretación de las Escrituras escritas. Aunque no se requería que las niñas tuvieran una instrucción formal en la Tora, ellas escucharían con frecuencia en el hogar y en la sinagoga la recitación de las Escrituras y seguramente se esperaba de ellas que conocieran de memoria muchas oraciones.

A la edad de trece años la mayoría de los muchachos solían terminar su estudio formal y después empezaban a aprender un oficio. A los más talentosos de entre ellos los animaban a seguir estudiando durante los años de la adolescencia en la *bet midrash* («casa de interpretación») en la sinagoga hasta que se casaban a la edad de dieciocho o veinte años. Solo los más brillantes seguían estudiando y se convertían en discípulos de un gran maestro[2].

Aunque los judíos piadosos tenían un gran interés en todas las Escrituras, se enfocaban principalmente en la Tora, los primeros cinco libros de la ley que Dios le había entregado a Moisés. Para ellos la Tora no era un oneroso libro de reglas ni un vasto catálogo de leyes, como podríamos pensar, sino un don de Dios que les enseñaba cómo vivir.

Durante el siglo I, el conocimiento de las Escrituras estaba bastante extendido. Incluso personas normales y corrientes estudiaban con fervor la Tora y se reunían en su sinagoga local, una institución que se desarrolló durante el destierro babilónico, cuando ya no era posible ofrecer sacrificios en el templo de Jerusalén. Para los israelitas, hombres y mujeres, la sinagoga se convirtió en el centro de la vida judía.

Cada sábado, un miembro de la congregación leía una porción de las Escrituras y explicaba los pasajes del día. A los maestros talentosos como Jesús que se encontraban en ese momento presentes en la sinagoga también se les solía invitar a hablar. Al comienzo del siglo I había muchas personas dedicadas a vivir y enseñar su fe, no tan solo unos pocos maestros educados. El historiador judío Shmuel Safrai escribe:

> El estudio de la Tora fue un elemento importante de la vida judía durante la época del segundo templo y durante el período siguiente. No estaba restringido al escenario formal de las escuelas y sinagogas, ni tampoco quedaba solo para los sabios, sino que se convirtió en una parte integral de la vida cotidiana judía. Estudiaban la Tora en todo momento que fuera posible, aunque fuera solo un poco en un momento dado […] El sonido del aprendizaje de la Tora procedente de las casas en la noche era un fenómeno común. Cuando las personas se congregaban para una ocasión gozosa, tal como una circuncisión o una boda, un grupo podía reunirse aparte para dedicarse al estudio de la Tora[3].

TORA Y TORA ORAL

Tora es la palabra hebrea que se traduce «enseñanza» o «instrucción». Se refiere a los cinco primeros libros de la Biblia, conocidos también como el Pentateuco. Las Biblias cristianas con frecuencia traducen la palabra *Tora* como «ley», mientras que las traducciones judías lo hacen como «enseñanza». A veces se usa para referirse a las Escrituras como un todo. La «Tora oral» consiste en las explicaciones de las leyes dadas a Moisés y que encontramos en el Pentateuco (la «Tora escrita»). Estas fueron transmitidas en forma oral por los maestros rabínicos del tiempo de Jesús. Otros maestros también añadieron a estas enseñanzas y fueron recogidas en la *Mishná* alrededor del año 200 d. C.

BET MIDRASH

La *bet midrash* era un centro para el estudio y la enseñanza de la Tora y sus interpretaciones rabínicas. En el siglo I se encontraba generalmente ubicada dentro de una sinagoga, y servía como un centro de «segunda enseñanza» donde los muchachos entre las edades de 13 y 17 años estudiaban textos religiosos. Los adultos podían continuar estudiando allí en su tiempo libre.

Cuando Lois supo por primera vez de la fascinación que los judíos tenían por el estudio, la encontró en extremo incomprensible. Imagínese que usted está en medio de una fiesta y alguien dice a sus amigos: «¡Eh ustedes! ¡Juntémonos en este rincón para estudiar este montón de documentos antiguos!».

No obstante, con el paso del tiempo ella se dio cuenta que había pocas emociones más intensas que profundizar en las Escrituras y descubrir nuevas facetas en la riqueza de la Palabra de Dios. Para muchas personas esta pasión con frecuencia empieza a arder después de un viaje a Israel. Cuando el grupo de Lois regresó a casa después de su primer viaje, todos ellos expresaban exclamaciones de asombro cada vez que abrían sus Biblias. «Cada uno de nosotros», ella recuerda, «había paladeado la realidad histórica de Jesús, y eso hizo que todo fuera diferente. Después de eso, cada vez que leíamos los Evangelios, podíamos ver a Jesús caminando por la región de Galilea predicando a las multitudes, sanando a los enfermos y debatiendo con otros maestros».

«Cuando mis amigos y yo regresamos con un grupo de nuestro último viaje, todavía se podía ver en nuestras sandalias algo del barro y del polvo de los escalones del recientemente excavado estanque de Siloé en Jerusalén. Nuestros ojos habían sido abiertos en el mismo lugar donde Jesús abrió los ojos de un ciego (Juan 9). De repente, mis amigos y yo estábamos tan deseosos de leer la revista *Biblical Archaeology Review* como de leer el periódico del domingo o ir a ver la película recién estrenada. Desde entonces me he dado cuenta que un pasaje en avión para Israel no es necesario, porque tenemos muy a la mano estupenda información y enseñanzas sobre la Biblia».

¿Se sorprendería usted al saber que los maestros pensaban que el estudio, y no la oración, era la forma más elevada de adoración? Ellos señalaban que cuando oramos, le hablamos a Dios, pero cuando estudiamos las Escrituras, Dios nos habla a nosotros. Por supuesto, ellos no estaban fomentando un acercamiento frío e intelectual a las Escrituras, sino la clase de estudio que está motivado por una profunda reverencia a la Palabra de Dios. El Talmud dice que una persona que estudia sin reverencia «es como un hombre con un cofre de tesoros que es dueño de la llave interior pero no de la exterior»[4]. Esa persona puede pensar que entiende, pero el verdadero significado de las Escrituras todavía permanece oculto, guardado bajo llave.

LA VIDA DE UN MAESTRO

En los siglos antes del nacimiento de Jesús, ciertos hombres se distinguieron por su apasionado deseo de estudiar y enseñar la Tora. En el tiempo de Jesús, una persona solía honrar a uno de estos hombres doctos dirigiéndose a él como «mi maestro», que en hebreo es «rabí»[5]. La gran mayoría de estos hombres no procedía de familias ricas ni sacerdotales, sino del pueblo en general. Podían ser herreros, sastres, agricultores, curtidores, zapateros, leñadores y, por supuesto, carpinteros[6]. Muchos de ellos trabajaban temporalmente, viajando y enseñando durante los meses que estaban libres.

Los maestros interpretaban la Tora, explicaban las Escrituras y contaban parábolas. Algunos de ellos iban de pueblo en pueblo enseñando en las sinagogas. Aunque ellos dependían de la hospitalidad de los demás, los maestros nunca recibían paga por su servicio. Con frecuencia aceptaban discípulos que estudiaban bajo su dirección durante años, viajando a todas partes donde el maestro iba. Las sesiones de estudios se llevaban a cabo con frecuencia en el exterior, en lugares como viñas, plazas de mercado, al lado de los caminos o en el campo abierto[7]. Los discípulos salían entonces por su cuenta y celebraban clases en los hogares o en las sinagogas.

LA SINAGOGA
La *sinagoga* probablemente empezó a desarrollarse durante el tiempo del destierro en Babilonia en el siglo VI a. C., cuando los judíos no podían adorar en el templo en Jerusalén. Como centro de la comunidad local, la sinagoga servía como lugar de reunión de los judíos, y también de oración y estudio de las Escrituras. En el siglo I se celebraban toda clase de reuniones en la sinagoga: era escuela durante la semana, y lugar de oración y estudio de la Tora en el día sábado.

Cuanto más sepamos acerca de la vida de los maestros, tanto más sabremos sobre la vida de Jesús. ¿Recuerda usted ese libro tan popular, aunque históricamente tan deficiente de Dan Brown, *El código DaVinci*? Para fomentar su idea de que Jesús estaba casado, Brown basa su afirmación en que la sociedad judía no le habría permitido permanecer soltero. Escuche lo que él dice por medio de su personaje principal, Robert Langdon: «Según la costumbre judía, se condenaba el celibato, y la obligación de todo padre judío era encontrar una esposa apropiada para su hijo. Si Jesús no estaba casado, al menos uno de los Evangelios de la Biblia lo habría mencionado y habría ofrecido alguna explicación sobre ese estado nada natural de soltería»[8].

Brown tiene razón en un sentido: La mayoría de los judíos se casaban a una edad bastante joven, con frecuencia a la edad entre dieciocho y veinte años[9]. Pero él parece ignorar el hecho de que los eruditos rabínicos solían pasar muchos años estudiando y viajando, lo que hacía que muchos pospusieran el matrimonio hasta un momento bien tardío de la vida. Como David Bivin señala: «Un maestro soltero funcionando dentro de la sociedad judía del siglo I no era tan anormal como en principio puede parecer. Los maestros con frecuencia pasaban muchos años lejos de casa, primero como estudiantes y luego como maestros itinerantes. No era fuera de lo normal para esos hombres casarse más tarde, cuando ya estaban en lo treinta o cuarenta años»[10].

Eso encaja perfectamente con la declaración de Jesús: «Otros se han hecho así [solteros] por causa del reino de los cielos» (Mateo 19:12), y con la afirmación de Pablo sobre la soltería. La soltería no era una imposibilidad, sino una señal de la gran dedicación a Dios de parte de un maestro.

JESÚS ENTRE LOS MAESTROS

Por lo que sabemos, Jesús no perteneció a ninguno de los grupos religiosos principales que estaban activos en el siglo I: saduceos, zelotes, esenios o fariseos. No obstante, su enseñanza se acerca más a la de los fariseos (el grupo que restableció el judaísmo después que el templo fuera destruido en el año 70 d. c.), y el judaísmo rabínico que ha sobrevivido hasta la fecha es su legado. Esto puede parecernos sorprendente, puesto que Jesús llamó a los fariseos al menos una vez «hipócritas» y «generación de víboras». A veces los Evangelios parecen implicar que todo lo que Jesús dijo contradice directamente la enseñanza de los fariseos. Pero es importante que nos demos cuenta de que el debate era una parte central del estudio, pues los maestros creían que una marca de un estudiante excelente era su habilidad para argumentar bien. Un maestro lamentó la muerte de uno de sus oponentes más tenaces, porque ya no tenía a nadie de talla para debatir con él, alguien que le ayudara a aguzar su pensamiento[11]. Aunque algunos de los oyentes de Jesús trataron de atraparle con preguntas capciosas, otros debatieron con él porque esa era la manera en que el estudio y la enseñanza se llevaban a cabo[12].

En el libro *El evangelio según Moisés*, el escritor cristiano Athol Dickson nos cuenta la fascinante historia de su participación en un grupo de estudio de la Tora en una sinagoga local. Un día, cuando el maestro que presidía estaba teniendo dificultades para generar la discusión de grupo, él no cesaba de lanzar preguntas, con el fin de motivar un comentario provocativo que estimulara la discusión. No obstante, el grupo se mantenía en silencio. Exasperado, el maestro exclamó: «¡Vamos! ¿Es que nadie está en desacuerdo conmigo? ¿Cómo podemos aprender aquí algo si nadie está en desacuerdo?»[13].

El evangelio de Lucas nos dice que Jesús había estado enseñando en sinagogas incluso antes de que empezara formalmente su ministerio (Lucas 4:15). ¿Por qué esto es importante? Porque nos dice dos cosas acerca de la realidad de Jesús. Primero, Jesús debió haber estado bastante instruido para lo que era normal en aquel tiempo. Si no hubiera sido así, jamás habría sido invitado a enseñar. Ninguno de los que más le criticaron cuestionó nunca su erudición. Segundo, Jesús debió ser un observante fiel de la Tora. De no haber sido así, le habrían incluso impedido asistir a la sinagoga, mucho menos hablar en ella[14]. De modo que sacamos la conclusión de que Jesús era una parte integral del mundo judío de su época, y hacía contribuciones significativas al elevado nivel de conversación que era común entre los maestros de su tiempo.

Fuera de una lectura detenida de los Evangelios, ¿cómo podemos obtener una buena información sobre el pensamiento judío del tiempo de Jesús? Para nuestra sorpresa, parte de lo que estaba bajo estudio y diálogo en el siglo I es todavía estudiado y considerado por los judíos de hoy. El pueblo judío consideraba la Tora oral (las enseñanzas de los maestros del tiempo de Jesús) autoritativa, como si hubiera sido dada por Dios a Moisés en el monte Sinaí, cuando le fue entregada la Tora escrita. Esta tradición oral fue al fin puesta por escrito alrededor del año 200 d. C. en un libro llamado la Mishná. Compuesto primariamente de decisiones legales, la Mishná preserva las discusiones de los pensadores judíos desde el año 200 a. C. hasta el 200 d. C. A lo largo de los siglos siguientes, la Mishná fue compilada junto con un amplio comentario en lo que se llama el Talmud, completado alrededor del año 500 d. C. Durante los últimos dos mil años, las discusiones contenidas en la Mishná y el Talmud han formado los textos principales de estudio para los judíos ortodoxos, incluso hasta el tiempo presente.

EL TALMUD
El *Talmud* es un volumen grande de comentarios sobre la Mishná. El comentario está impreso sección por sección, siguiendo cada versículo de la Mishná. Hay dos talmudes: el *Talmud de Jerusalén* (o Palestino), completado alrededor del año 400 d. C.; y el *Talmud Babilónico*, completado alrededor del año 500 d. C. El Talmud Babilónico es considerado autoritativo por los judíos de hoy.

En realidad, Jesús vivió en medio de la edad de oro del estudio que proveyó la semilla germinativa del pensamiento judío de hoy. Dos de sus pensadores fundacionales, Hillel y Shammai, estaban enseñando en los años inmediatamente antes de la llegada de Cristo, entre los años 30 a. C. y el año 10 d. C. Muchos de los debates entre los discípulos de Hillel y Shammai aparecen preservados en la Mishná, y más de una vez le pidieron a Jesús que comentara sobre sus decisiones. Por ejemplo, cuando le preguntaron acerca del divorcio, le estaba preguntando de qué lado se inclinaba en ese debate[15]. En ocasiones Jesús se mostró de acuerdo con otros maestros, y otras veces fue más allá de ese pensamiento, edificando sobre sus ideas y llevándolas a un nuevo nivel[16].

LOS RABINOS CONTABAN PARÁBOLAS

No resulta difícil ver cuán perfectamente le caía a Jesús la vocación de un maestro rabínico. A semejanza de otros maestros, Jesús fue por muchas partes de Galilea y Judea, enseñando mediante parábolas, participando en debates, interpretando las Escrituras y formando discípulos. Sus enseñanzas encajan además muy bien en el estilo rabínico.

Tomemos las parábolas. Quizá se sorprenda al saber que Jesús no fue el único maestro que contó parábolas. La mayoría de los rabinos usaron motivos y temas tradicionales que arrojaban luz sobre las parábolas que Jesús contó. Por ejemplo, las parábolas con frecuencia incluían un personaje que representaba a Dios: un rey, un pastor, o un agricultor con una viña. Ellos sacaron esas imágenes directamente de las Escrituras[17]. Considere lo que dijo un rabino:

> Cuando una oveja se aleja del prado de pastos, ¿quién busca a quién? ¿Busca la oveja al pastor o es el pastor el que busca a la oveja? Obviamente, el pastor busca a la oveja. De la misma manera, el Santo, bendito sea, busca a los perdidos[18].

¿No nos recuerdan un poco las palabras de este maestro la parábola de Jesús sobre el pastor que deja a las noventa y nueve ovejas para ir a buscar y rescatar a la que estaba perdida? (Mateo 18:12-13). Como Jesús, este rabino estaba diciendo que Dios es el que nos sale a buscar cuando andamos extraviados. Jesús y este maestro basaban sus parábolas en las Escrituras. Una vez que hemos identificado las formas tradicionales de las parábolas rabínicas, podemos entender mejor lo que Jesús estaba diciendo.

Considere la siguiente parábola rabínica:

> Hay cuatro tipos de personas entre los que se sientan en presencia de los maestros: La esponja, el embudo, el colador y el tamiz. «La esponja» que lo absorbe todo. «El embudo» que lo admite todo por un lado y lo deja salir por el otro. «El colador» que deja salir el vino y retiene los posos. «El tamiz» que dejar pasar la cascarilla y retiene la harina fina[19].

Esto es lo que se llama la parábola de los «cuatro tipos», mediante la cual se comparan cuatro personas por su manera de vivir. Nos recuerda la parábola de Jesús en Lucas 8:4-11 sobre la semilla que cae en cuatro lugares diferentes: las piedras, el camino, los espinos y la buena tierra. Cada parábola se enfoca en cómo responden las distintas personas a la Palabra de Dios.

En la parábola arriba citada el maestro está diciendo, al contrario de nuestras preconcepciones, que el mejor discípulo no es la «esponja», que retiene absolutamente todo, sino el «tamiz» que filtra la enseñanza para retener lo que es mejor. ¡Qué gran consejo para los cristianos! Nos recuerda que no estamos llamados a ser loros, repitiendo sin cuestionar cualquier cosa que aprendemos de nuestro maestro preferido. En vez de eso debemos ejercer discernimiento y buen juicio, hacer de continuo preguntas, sopesar las respuestas, buscar el mejor entendimiento y cimentar nuestras creencias dentro del contexto de la Palabra de Dios y la sabiduría de la tradición cristiana.

UN RABINO COMO REDENTOR

Al comparar a Jesús con otros rabinos de su tiempo, no queremos indicar que él es solo uno más entre ellos. Tampoco queremos solo distinguirle como el mejor entre los demás, como podríamos comparar a un atleta que gana la medalla de oro en las Olimpiadas con los demás atletas. Jesús fue un rabino extraordinario, pero fue mucho más que eso.

Recuerde que el pueblo judío anhelaba la venida del Mesías, un libertador que sería como Moisés. Muchos de los contemporáneos de Jesús estaban buscando a un nuevo Moisés que los liberara de los opresores romanos. ¿Sabe usted que Moisés es reverenciado no solo como el gran libertador de Israel, sino también como su más grande maestro? De hecho él es con frecuencia llamado *Moshe Rabbenu*, «Moisés nuestro Maestro», por el pueblo judío, quienes le honran por haberles dado la Tora después de su encuentro con Dios en el monte Sinaí.

Como Moisés, Jesús trajo la Palabra de Dios a la tierra. Más que eso, él era la Palabra de Dios encarnada. Con esto en mente, difícilmente puede sorprendernos que pasara su vida como un rabino judío. En la vida y en la muerte él es nuestro Gran Maestro, que nos redimió con el fin de que podamos aprender de él cómo vivir.

Imagínese que usted posea la partitura del más hermoso concierto de piano que jamás se haya escrito, pero nunca ha escuchado toda la partitura perfectamente ejecutada. Entonces, un día, usted se encuentra con el hijo del compositor, que es también un gran pianista. Ese hombre se sabe de memoria la música de su padre. Cuando se sienta a tocar con la orquesta, la música es tan exquisitamente bella que usted empieza a llorar. Al fin está oyendo tocar el más maravilloso concierto del mundo exactamente como su compositor quiso que fuera. Esta es una analogía pobre de lo que

Jesús ha hecho por nosotros, no solamente *diciéndonos* sino *mostrándonos* también lo que los seres humanos, creados a la imagen de Dios, se espera que seamos.

Además de señalar hacia un libertador como Moisés, las Escrituras también prometieron un rey cuyo reinado sería tan glorioso como el del gran rey David, el más grande de los monarcas de Israel. ¿Pero ser un rey qué tiene que ver con ser un maestro?

Examinemos por un momento el pensamiento judío de cómo podría ser un rey mesiánico. El rabino ortodoxo Meir Zlotowitz señala que las Escrituras predicen que el rey mesiánico será un gran maestro de la Tora. «El rey mesiánico», él escribe, «desempeña un papel único. Él, como primer ciudadano de la nación, es la encarnación viva de la Tora». Continúa diciendo que al ser «poseedor de un poder inmenso y absoluto, él se somete a las leyes de las Escrituras que lleva consigo en todo momento, y no descansa hasta que su pueblo conoce los rigores del estudio de la Tora». Más bien que estar por encima de la ley, el rey es el mejor modelo posible de cómo vivir la ley[20]. Este maestro moderno está basando sus pensamientos en Deuteronomio 17, que habla de las cualidades que Dios desea en un rey:

> Asegúrate de nombrar como rey a uno de tu mismo
> pueblo, uno que el SEÑOR tu Dios elija [...] Cuando el
> rey tome posesión de su reino, ordenará que le hagan
> una copia del libro de la ley, que está al cuidado de
> los sacerdotes levitas. Esta copia la tendrá siempre
> a su alcance y la leerá todos los días de su vida. Así
> aprenderá a temer al SEÑOR su Dios, cumplirá fiel-
> mente todas las palabras de esta ley y sus preceptos
> (Deuteronomio 17:15-19)

El rey tenía que estudiar y obedecer la ley, amar la ley tanto que la tendría escrita en un rollo para llevarlo consigo a dondequiera que fuera. Gradualmente esta idea del rey que vive conforme a la ley y se goza en ella fue extendida al Mesías. El gran Rey de reyes estaría dedicado al estudio de las Escrituras y la comunicaría a su pueblo como un gran maestro. No buscaría su propia gloria, sino que intencionalmente dirigiría a las personas hacia la obediencia a la Palabra de Dios.

En nuestra cultura materialista y orientada hacia el entretenimiento, las personas fijan sus ojos en los grandes directores de empresas, en los héroes de los deportes y las estrellas de la pantalla como aquellos a los que hay que imitar. Nuestra sociedad honra a los que poseen belleza y riqueza. Pero en el tiempo de Jesús y a lo largo de los siglos, el pueblo judío creyó que llegar a ser un gran maestro de las Escrituras representaba el éxito supremo en la vida. En una cultura así, tenía sentido que el Mesías fuera el más grande de los maestros. ¡No nos asombra, pues, que Jesús se convirtiera en un rabino judío!

LA META DE UN MAESTRO

Además de instruir al pueblo en general, la meta más grande de un maestro era la formación de discípulos que transmitieran sus enseñanzas. Esto no era solo un ejercicio académico, una cuestión de descargar volúmenes de información dentro de la cabeza de algunos. Con todo lo importante que era el conocimiento de las Escrituras, había algo más importante: el carácter moral del rabino. Se solía decir que «si el maestro es como un ángel del Señor, él buscará la Tora de parte de él, pero si no lo es, no buscará la Tora de él»[21].

La misión de un rabino era la de convertirse en un ejemplo vivo de lo que significaba aplicar a la vida la Palabra de Dios. Un discípulo se hacía aprendiz de un rabino porque este había saturado su vida con las Escrituras y se había convertido en un verdadero seguidor de Dios. El discípulo buscaba estudiar el texto, pero no solo el de las Escrituras, sino el que estaba encarnado en la vida del maestro, porque de esa forma él aprendería como vivir la Tora. Más importante que adquirir el conocimiento del maestro, él quería adquirir su carácter, su percepción y su interpretación interna de la ley de Dios.

Este concepto del proceso de aprendizaje tiene mucho sentido. Imagínese que usted entrega una hoja de instrucciones a una niña de cinco años que quiere aprender a montar en bicicleta. Sería mucho mejor empezar mostrándole cómo hacerlo y luego ponerle ruedas de entrenamiento a su bicicleta. Entonces, una vez que ya esté lista para montar sin las ruedas de entrenamiento, necesitará a alguien que corra a su lado cuando empiece a hacer sus primeros intentos emocionantes. De eso se trataba en definitiva la relación maestro-discípulo. Desde los tiempos antiguos, Dios le había dicho a su pueblo: «Sean santos, porque yo el Señor su Dios soy santo» (Levítico 19:2). ¿Qué mejor manera de enseñar a los seres humanos a ser como él que caminar por la tierra como un maestro? Con mucha frecuencia nos enfocamos en la misión que cumplió Jesús en la cruz para salvarnos de nuestros pecados. Con todo lo maravilloso que eso es, resulta esencial entender también la importancia de su misión en la tierra como maestro. Su meta era la de formar discípulos que fueran como él. Como seguidores de Jesús, todavía estamos llamados a la aventura del discipulado, a llegar a ser como Jesús por medio del poder del Espíritu que obra en nosotros. Para lograrlo necesitamos sintonizarnos con lo que él estaba diciendo mediante el desarrollo de oídos propios de judíos del siglo I. Al hacerlo, descubriremos que hay muchas ocasiones en los Evangelios en que saber lo que Jesús *no dice* viene a ser tan importante como conocer lo *que sí dice*. Vamos a explorar el significado más profundo que está detrás de sus palabras.

A LOS PIES DEL MAESTRO

1. Jesús citó del libro de Deuteronomio mucho más que de ningún otro libro de la Tora. Piense en leer todo este libro del Antiguo Testamento para ver si usted puede identificar algunos de los pasajes que él mencionó. O trate de identificar las referencias cruzadas de Deuteronomio en los Evangelios. Puede que necesite una buena Biblia de estudio para esta tarea.

2. Se esperaba que los discípulos conocieran de memoria las palabras de su maestro. Elija una cita favorita del maestro Jesús y procure aprenderla de memoria. Procure hacer de esto un hábito regular en su vida.

3. ¿Qué clase de discípulo es usted: una esponja, un embudo, un colador o un tamiz?

CAPÍTULO 3

CUANDO ENSARTABAN PERLAS

Cuando ellos estaban «ensartando perlas», las palabras del Pentateuco con las de los Profetas, y las de los Profetas con las de los Escritos, las llamas brillaron a su alrededor y las palabras se regocijaron como en el día en que fueron entregadas en el Sinaí.
Cantar de los Cantares de Rabbah 1:10
(siglos III al VI a. C.)

Una tarde a finales de 1946, las partículas de polvo danzaban entre los rayos de sol que se filtraban en una remota cueva en un precipicio del desierto de Judea. Unos jóvenes pastores beduinos echaron un vistazo a la cueva e hicieron un asombroso descubrimiento. Cántaros de barro llenos de rollos que habían permanecidos ocultos durante veinte siglos fueron de repente iluminados. Esos jóvenes beduinos habían tropezado con el descubrimiento arqueológico bíblico más importante del siglo XX: los Rollos del Mar Muerto. En 1948, las noticias del descubrimiento de estos antiguos manuscritos bíblicos y escritos judíos de alrededor del siglo I dejaron atónitos a los círculos académicos de todo el mundo.

Pero cuarenta y cinco años más tarde, muchos de los manuscritos estaban todavía inaccesibles, excepto para un reducido equipo de investigadores, a pesar de la indignación de los eruditos de todas partes. Un joven estudiante graduado llamado Marty Abegg había sido iniciado en el estudio de los antiguos manuscritos por uno de sus profesores, Emanuel Tov. En el transcurso de otras investigaciones, Abbeg encontró una forma de reconstruir el texto de los demás manuscritos, y en 1991 publicó una sección para que la viera todo el mundo. «El efecto fue como el de una bomba. El secreto había sido desvelado», dijo. Muy pronto el resto de los manuscritos fueron apareciendo. Abegg había forzado la mano de Tov, quien para entonces era el editor principal del equipo de los Rollos del Mar Muerto.

La tensión era muy elevada cuando Tov y Abegg aparecieron juntos en una reunión de eruditos más tarde aquel año. El calvo erudito judío hizo una pausa y dirigió tan solo tres palabras a su antiguo estudiante:

«Banim gidalti veromumti».

«Yo crié hijos hasta hacerlos hombres»[1].

¿Qué era lo que estaba diciendo? Abegg vagamente recordaba la frase, reconociéndola como un pasaje del libro de Isaías. Pero no fue sino hasta más tarde, cuando estuvo en su cuarto del hotel, abrió su Biblia y leyó en Isaías 1:2, que sintió la fuerza de la reprensión de Tov: «Yo crié hijos hasta hacerlos hombres, *pero ellos se rebelaron contra mí*».

Abegg hizo un gesto de dolor porque sabía que Tov había usado una técnica clásica rabínica, pues había citado parte de un versículo y dejando el resto sin decir. Como un judío devoto, Emanuel Tov había estado viviendo en un mundo que era profundamente conocedor de las Escrituras, y él había expresado su sentido de traición en una forma sutil, pero poderosa. Sabía que Abegg entendería bien lo que había dicho en cuanto descubriera todo el contenido del mensaje.

Escuchemos ahora las palabras de otro brillante erudito judío dichas hace más dos mil años. Había estado predicando y sanando a las personas dentro de los atrios del templo. La multitud le estaba vitoreando. Incluso los niños gritaban entusiasmados: «¡Hosanna al Hijo de David!». Indignados, los sacerdotes y maestros de la ley se acercaron a Jesús para pedirle cuentas: «¿Oyes lo que ésos están diciendo?», preguntaron.

«Claro que sí —respondió Jesús—; ¿no han leído nunca: "En los labios de los pequeños y de los niños de pecho has puesto la perfecta alabanza"?» (Mateo 21:16).

En un instante el resto del Salmo 8:2 habría venido a sus mentes:

«Por causa de tus adversarios has hecho que brote
la alabanza de labios de los pequeñitos y de los niños
de pecho, *para silenciar al enemigo y al rebelde*»
(cursivas añadidas).

El salmista está diciendo que la gloria de Dios es tan grande que incluso los niños instintivamente le adoran, para vergüenza de aquellos que le aborrecen. De la misma manera, los niños que aclamaron a Jesús estaban respondiendo a su ministerio en la forma en que sus interrogadores deberían haberlo hecho, pero se rehusaron a hacerlo. Al igual que Emanuel Tov, Jesús estaba usando una cita de las Escrituras para mencionar un pasaje más largo que sus oponentes conocían muy bien. La Palabra de Dios les dio la reprensión que se merecían.

«INSINUANDO» LAS ESCRITURAS

Jesús y Emanuel Tov usaron una técnica rabínica bien conocida a los largo de los siglos. Para aumentar el impacto de una declaración, los rabinos solían citar parte de un versículo o porción de las Escrituras y entonces dejar que los oyentes averiguaran por sí mismos el resto del texto. Era común entre ellos salpicar sus enseñanzas con citas breves y frases distintivas de la Biblia. Como explica David Wolpe, un rabino estadounidense contemporáneo: «Los documentos rabínicos están muy llenos de alusiones, no porque los rabinos quieran exhibir erudición, sino porque ellos eran judíos educados y como tales vivían esos textos. Las historias y las leyes de la Biblia eran de uso común. Eran la vara de medir con la que la vida era medida de continuo»[2].

Como Wolpe sugiere, los rabinos no estaban tratando de exhibirse, sino que estaban comunicándose dentro del marco de las Escrituras que ellos conocían tan bien. Jesús hizo lo mismo. Si usted lo duda, abra una Biblia de estudio y verifique las referencias cruzadas que aparecen en los evangelios. Jesús no reservó esa técnica para entrenar a élites religiosas. La usó en todas partes adonde fue, ya fuera para preguntar a las multitudes o para contestar satisfactoriamente las preguntas de los oyentes.

A veces sus referencias era evidentes y otras eran sutiles, solo una o dos palabras. De hecho, hay veces en que saber lo que Jesús *no dice* es tan importante como saber lo que *sí dice*. En otras palabras, los pasajes que Jesús citó nos proporcionan un trasfondo para comprender su significado de forma más completa. Si no captamos sus referencias, podemos dejar de captar lo que quería decir.

Veamos un ejemplo bien conocido. En Mateo 18:21-22, Pedro pregunta: «Señor, ¿cuántas veces tengo que perdonar a mi hermano que peca contra mí? ¿Hasta siete veces?».

A lo que Jesús responde: «No te digo que hasta siete veces, *sino hasta setenta y siete veces*» (cursivas añadidas). ¿Qué quiso decir Jesús? La mayoría de nosotros inmediatamente verificamos la nota al pie de página en nuestra Biblia, que dice: «*O setenta veces siete*». Nos gusta el detalle de que 490 es mucho mayor que 77. Eso es, pues, lo que Jesús estaba diciendo. Créalo o no, todavía nos estamos perdiendo la idea principal.

La clave para entender el sentido de las palabras de Jesús está en el pasaje al que él alude. La frase «setenta veces siete» la encontramos en un solo lugar en toda la Biblia, en al antiguo canto de Lamec en Génesis 4:23-24. ¿Pero quién era este oscuro personaje bíblico? Lamec era un descendiente de Caín que había heredado el instinto asesino de su antecesor, pero que en su terrible deseo de venganza llegó a superar incluso a Caín:

> Maté a un hombre por haberme herido,
> y a un muchacho por golpearme.
> Si Caín será vengado siete veces,
> setenta y siete veces será vengado Lamec.

Cualquiera que se atreviera a ofender a Lamec pagaría por la ofensa, no tan solo siete veces, sino hasta setenta veces siete. En las Escrituras, siete es un número significativo. Simboliza lo completo y perfecto. Pero Lamec deseaba una venganza que fuera más allá de lo que era completo y perfecto[3].

Una vez que usted entiende bien la referencia de Jesús, puede comprender el contraste que está estableciendo. Está diciendo que sus seguidores debieran estar tan deseosos de perdonar como La-mec lo estaba de vengarse. Así como Lamec estaba asegurando un castigo que excediera en mucho al delito, debemos hacer que nuestro perdón exceda en mucho a la ofensa que nos hayan hecho. Debemos ser el polo opuesto de Lamec, haciendo que el perdonar sea tan completo como sea posible. Es asombroso lo que podemos aprender de una sola palabra o frase.

Veamos otro ejemplo: «Les contó otra parábola más: "El reino de los cielos es como la levadura que una mujer tomó y mezcló en una gran cantidad de harina, hasta que fermentó toda la masa"» (Mateo 13:33). Lo que la NVI traduce como «una gran cantidad de harina» era literalmente «tres *seahs*». Cualquiera en el tiempo de Jesús habría reconocido esto como una referencia al relato de cuando Dios y dos ángeles visitaron a Abraham. Se dispuso a ir a escoger un ternero bueno y tierno para asarlo, pero antes se acercó a Sara y le dijo: «Toma pronto tres medidas de flor de harina, y amasa y haz panes» (Génesis 18:6, RVR 60). Las «tres medidas» es la traducción de tres *seahs*, que es el equivalente a unos veinte kilos de hari-na, ¡suficiente para dar de comer a cien personas![4] Esa gran cantidad de pan que Sara amasó y cocinó para solo tres visitantes debió asombrar a los oyentes de la antigüedad, y los detalles de este suceso quedarían en su memoria largo tiempo.

Por lo general una mujer guardaba suficiente masa leudada de un día para otro con el fin de que sirviera como le-vadura para la masa del día siguiente. El hecho de que la levadura de Sara fuera suficiente para un proyecto de preparación de pan tan enorme debió parecer a los oyentes como un pequeño milagro. Cuando Jesús se refirió a este pasaje, sus oyentes (especialmente mujeres) seguramente sonrieron al visualizar la levadura de Sara haciendo que se leudara esa enorme cantidad de masa.

Saber que esta historia estaba en la mente de Jesús nos ofrece

MIDRASH, MIDRASHIM
Midrash (plural: *Midrashim*) es una explicación o comentario rabínico del texto bíblico. En siglos posteriores, la *Midrash* con frecuencia incluía leyendas imaginativas acerca de personajes bíblicos. Midrash también puede referirse a una compilación de comentarios sobre las Escrituras. Estos comentarios fueron transmitidos de forma verbal y después compilados en forma escrita, convirtiéndose en una fuente de recursos para la predicación de los maestros de siglos posteriores.

también una pista de por qué él usa la levadura como una imagen del reino de Dios. Con frecuencia la levadura nos trae una imagen negativa, como cuando Jesús la usó para referirse a la hipocresía en Lucas 12:1. ¿Por qué hablaría aquí de ello en una forma positiva? Quizá Jesús «apunta» a la fiesta de Abraham y Sara porque aquí la levadura se usa para el mejor de los propósitos: para preparar una comida muy abundante para tres visitantes celestiales[5].

Aunque esta práctica de aludir a pasajes de las Escrituras puede parecernos extraña, no es muy diferente de la manera en que nos comunicamos. Por ejemplo, ¿qué vendría a su mente si usted ve unos titulares en el periódico que dicen: «Iraq puede convertirse en otro Vietnam»? En vez de imaginarse a miles de vietnamitas inmigrantes entrando en Iraq, usted probablemente reconocerá la referencia al largo y costoso conflicto armado de Estados Unidos en Vietnam. Del mismo modo, si una noticia en el periódico describe una pieza de evidencia como «un guante ensangrentado», usted probablemente pensaría en el bien conocido juicio por asesinato de O. J. Simpson. Una sola palabra o frase distintiva evoca una reacción visceral siempre que forme parte de un contexto más amplio y conocido. Cuando usted conoce la Biblia bien, incluso una breve referencia a un pasaje importante puede aportar un mensaje.

DESCUBRAMOS LA BIBLIOTECA DE JESÚS

Quizá usted se pregunte qué Biblia conoció Jesús. Las Escrituras que él leyó (y que los judíos todavía las consideran hoy su Biblia) son los mismo libros que usted encuentra en el Antiguo Testamento de una versión protestante[6]. Sin embargo, los judíos del tiempo de Jesús (y hoy también) dividían su Biblia en tres secciones, refiriéndose a ellas como «la ley de Moisés, los profetas y los salmos» (Lucas 24:44). En la actualidad, los judíos se refieren a sus Escrituras como la *Tanaj*. Esa palabra son las siglas derivadas de las primeras letras de estas tres secciones de las Escrituras:

T: *Tora* (Enseñanza-ley) — los cinco libros de Moisés.

N: *Nevi'im* (Profetas) — los libros históricos y proféticos (Josué, Jueces, Isaías, etc.)

K: *K*etuvim (Escritos) — Salmos, Proverbios, Job, Eclesiastés, etc.

Las palabras de Jesús rebosan con alusiones a la Tora, los Profetas y los Escritos. Sus tres libros favoritos vienen de cada una de esas secciones: Deuteronomio (Tora) Isaías (Profetas), y Salmos (Escritos). Es muy interesante que estos libros sean también los que aparecen mejor representados entre los Rollos del Mar Muerto[7]. Parece que Jesús favoreció los mismos textos que otros judíos de su tiempo.

Jesús usó también los mismos métodos para citar e interpretar las Escrituras que usaron otros maestros rabínicos. Una serie de directrices eran conocidas como las «Siete reglas de Hillel»[8]. Una regla, por ejemplo, conocida como la *gezerah shavah*, era una «comparación de iguales». Esta regla decía que usted podía usar un pasaje para ampliar sobre otro si ambos contenían la misma palabra. Es decir, las Escrituras interpretan las Escrituras. Los maestros buscaban sitios donde la misma palabra o frase apareciera en diferentes lugares. Entonces meditaban en cómo esos pasajes podían ayudar a ampliarse el uno al otro.

Vea cómo respondió Jesús cuando le pidieron que identificara el más grande mandamiento de la ley:

> —«Ama al Señor tu Dios con todo tu corazón,
> con todo tu ser y con toda tu mente» —le respondió
> Jesús—. Éste es el primero y el más importante de los
> mandamientos. El segundo se parece a éste: «Ama a
> tu prójimo como a ti mismo» (Mateo 22:36-39).

El primer mandamiento: «Ama al Señor tu Dios...» viene de Deuteronomio 6:5, una parte de la famosa *Shemá*, la oración que recitaban los judíos mañana y tarde. El segundo mandamiento: «Ama a tu prójimo como a ti mismo», viene de Levítico 19:18. Ambos pasajes contienen la palabra hebrea *ve'ahavta,* que literalmente se traduce como «y amarás». Conforme a la regla de *gezerah shavah*, estos pasajes pueden ser relacionados porque contienen la misma palabra[9].

¿Notaron y entendieron los oyentes de Jesús del siglo I estas referencias? Probablemente sí. La mayoría de los judíos practicantes estarían bien familiarizados con estas Escrituras. Aunque carecieran de una educación formal, ellos habrían oído y recitado amplias porciones del texto bíblico cada semana en la sinagoga. De forma que parece muy probable que sus oyentes reconocieran y entendieran el contexto de los pasajes a los que Jesús aludía. Antes que rechazar a las personas religiosas de su tiempo, Jesús usó el amor de ellas por las Escrituras para enseñarles acerca de sí mismo.

Lois recuerda su gran sorpresa al darse cuenta de lo importante que era el Antiguo Testamento para entender a Jesús. «Mi Biblia tenía una grieta bien visible en el lomo de la encuadernación justo en la primera página del Nuevo Testamento, lo que dejaba atrás a las tres cuartas partes del texto, que Jesús había aprendido fielmente de memoria cuando crecía en Nazaret. Su biblioteca estaba allí y mis dedos la tocaban, pero para mi bochorno, eran páginas que apenas había leído. Ahora, cuando leo los Evangelios, siempre echo un vistazo a las referencias cruzadas y busco el pasaje que Jesús estaba citando de la Biblia que *él* leyó: nuestro Antiguo Testamento».

Con frecuencia estas referencias están oscurecidas por las traducciones. Tenga en cuenta que Jesús estaba citando de la parte de la Biblia que estaba escrita en hebreo (o algunas veces en arameo). Los Evangelios, por otra parte, están escritos en griego. No se apure si usted no puede leer hebreo ni griego, porque puede aprender mucho solo con leer las notas al pie de página en una buena Biblia de estudio. Sin embargo, si usted hace su propia investigación, es importante que use el discernimiento. Una frase puede al principio sonar como que se refiere a cierto pasaje del Antiguo Testamento, pero puede que en realidad sea un concepto encontrado por todas las Escrituras, o una expresión usada comúnmente en el tiempo de Jesús.

LIBROS DE LA TANAJ

Estos son los libros de la *Tanaj* como fueron arreglados dentro de las tres secciones que Jesús conoció y que los judíos todavía usan:

Tora (ley, enseñanza)

Génesis	Números
Éxodo	Deuteronomio
Levítico	

Nevi'im (Profetas)

Josué	Abdías
Jueces	Jonás
Samuel	Miqueas
Reyes	Nahúm
Isaías	Habacuc
Jeremías	Sofonías
Ezequiel	Hageo
Oseas	Zacarías
Joel	Malaquías
Amós	

Ketuvim (Escritos)

Salmos	Eclesiastés
Proverbios	Ester
Job	Daniel
Cantares de Salomón	Esdras
Rut	Nehemías
Lamentaciones	Crónicas

Si bien Jesús citó con frecuencia pasajes de las Escrituras hebreas, no lo estaba haciendo con el fin de buscar significados ocultos. Algunos han cometido el error de atribuirle a Jesús métodos de interpretación que solo empezaron a usarse cientos de años después de su tiempo, cuando los rabinos desarrollaron estilos interpretativos que iban más allá del sentido claro y literal del texto bíblico. Por ejemplo, en siglos posteriores, algunos le dieron significado a un pasaje al sumar las equivalencias numéricas de las palabras, porque las letras hebreas también se usaban como números. Pero prácticas como estas no empezaron a usarse hasta mucho tiempo después de Cristo[10]. Si bien debemos examinar a profundidad las Escrituras que Jesús conoció, no necesitamos *ir más allá* de ellas buscando cosas que no están allí.

ENSARTE DE PERLAS

Después de decir eso, es difícil sobreestimar el amor que los rabinos tenían por su Biblia. En un día bueno, ellos enlazarían un texto tras otro sin cesar. Se cuenta una experiencia acerca de Ben Azzai, un rabino de principios del siglo II. Un día, mientras Ben Azzai estaba enseñando, se dice que «el fuego brilló a su alrededor», porque él estaba haciendo arder a sus oyentes con su predicación. Cuando alguien le preguntó cuál era su secreto, él respondió:

> Estaba enlazando las palabras de la Tora con otras
> palabras, y luego las palabras de los Profetas, y después los Profetas con los Escritos, y las palabras se
> regocijaron como en el día en que fueron entregadas
> en el Sinaí. ¿Y no fueron originalmente entregadas en
> el Sinaí en medio de fuego?[11].

Se dice que Ben Azzai estaba «ensartando perlas», poniendo juntos pasajes de diferentes lugares a fin de explorar su gran verdad. Cuando hizo eso, fue como si las palabras mismas se emocionaran tanto al estar juntas que se prendieron fuego.

Jesús hizo eso mismo. Lean con atención las Bienaventuranzas en Mateo 5:3-12 (RVR 60). Estos pasajes rebosan con referencias a Isaías y los Salmos:

Bienaventurados los pobres en espíritu…
Bienaventurados los que lloran…
Bienaventurados los mansos…

Cada uno de estos pasajes le habría recordado a la multitud otros pasajes de la Biblia en los que Dios había prometido rescatar a sus seguidores fieles. Pero Jesús estaba poniendo juntos varios pasajes de las Escrituras para recalcar una gran verdad: La fidelidad de Dios. Él cuida de nosotros y nos bendecirá si le buscamos incluso cuando la vida es dolorosa.

Creámoslo o no, Dios mismo parece disfrutar «ensartando perlas». ¿Recuerda usted la escena en que Jesús fue bautizado por su primo Juan el Bautista? Escuche cómo habló el Padre desde el cielo cuando Jesús fue bautizado: «También se oyó una voz del cielo que decía: "Tú eres mi Hijo amado; estoy muy complacido contigo"» (Marcos 1:11). A primera vista esta parece una simple, aunque maravillosa, afirmación. Pero es mucho más que eso. ¿Se dio usted cuenta de todas las referencias? Si no, aquí vienen unas pocas:

- «Tú eres mi Hijo» es del Salmo 2:7: «*Tú eres mi hijo*», me ha dicho; «hoy mismo te he engendrado».
- «amado» es de Génesis 22:2: «Toma a tu hijo, *el único que tienes* y al que *tanto amas*, y ve a la región de Moria. Una vez allí, ofrécelo como holocausto en el monte que yo te indicaré»
- «estoy muy complacido contigo» es de Isaías 42:1: «Éste es mi siervo, a quien sostengo, mi escogido, *en quien me deleito*; sobre él he puesto mi Espíritu, y llevará justicia a las naciones».

¿Qué era lo que estaba diciendo Dios al usar estas citas? Para responder a esta pregunta, usted necesita conocer dos cosas: el contexto de cual se toma cada pasaje y la manera en que las personas del aquel tiempo entendían el pasaje. El Salmo 2 e Isaías 42 los oyentes los entendían como poderosas profecías mesiánicas. En el Salmo 2, Dios hace una proclamación real anunciando a su Hijo, el Rey de reyes que reinaría sobre toda la tierra.

Pero en Isaías 42, Dios habla de su «siervo» (también entendido como el Mesías). Paradójicamente, el Mesías de Dios es a la vez un rey *y* un siervo. Este pasaje de Isaías también proclama que el Espíritu de Dios está sobre su siervo. Cuán apropiado es, puesto que el Padre pronuncia estas palabras cuando el Espíritu descendía sobre Jesús en el río Jordán.

JESHUA

El nombre de Jesús en hebreo es *Jeshua* (Josué), la forma abreviada de *Yehoshua*, que en español es Josué. Los dos significan «La salvación de Jehová» o «Jehová es salvación». En un sueño, José tuvo una visión de un ángel que le dijo: «Y le pondrás por nombre Jesús, porque él salvará a su pueblo de sus pecados» (Mateo 1:21).

La referencia «amado» está muy probablemente tomada de Génesis 22, una de las escenas más conmovedoras del Antiguo Testamento. Abraham está a punto de sacrificar a Isaac en obediencia a Dios. Génesis realza el drama al hacer hincapié en cuán precioso era Isaac para Abraham, prefigura de los sentimientos del Padre por su Hijo unigénito. Cuando Jesús fue bautizado en el Jordán, el Padre está diciendo: «Aquí está *mi* precioso hijo, *mi* Isaac», apuntando al sacrificio que pronto le pediría a Jesús.

En solo tres breves citas del Antiguo Testamento, Dios habla de Jesús como un rey, un siervo y su Hijo, que se convertirá en un sacrificio. Cuando Dios habla, él llena de contenido sus palabras. Y asegúrese de notar de dónde vienen estos tres pasajes: de la Tora (Génesis 22), de los Profetas (Isaías 42), y de los Salmos (Salmo 2). Al igual que Ben Azzai, Dios enlaza juntas las palabras de las tres partes de las Escrituras. Al citar de las tres está proclamando que todas las Escrituras apuntan a Jesús como su cumplimiento[13].

LAS PALABRAS DE JESÚS SOBRE SÍ MISMO

Una de las formas más fascinantes en que Jesús usó las Escrituras fue para apuntar a su propia identidad como aquel que vino a cumplirlas. Algunas de sus afirmaciones más poderosas sobre que él era el Mesías fueron presentadas en una manera sutil[14]. Examinemos en profundidad los textos bíblicos que Jesús citó.

Una de las imágenes más populares de Jesús es la de que él es el «buen pastor». ¿Quién no ha visto pintura tras pintura representando a Jesús con un cordero llevado tiernamente sobre sus hombros? Esa imagen viene de Cristo mismo, que dijo: «Yo soy el buen pastor; conozco a mis ovejas, y ellas me conocen a mí, así como el Padre me conoce a mí y yo lo conozco a él, y doy mi vida por las ovejas» (Juan 10:14-15). Sus palabras nos recuerdan otra imagen favorita, la del pastor en el Salmo 23:1-3a:

> El Señor es mi pastor, nada me falta;
> en verdes pastos me hace descansar.
> Junto a tranquilas aguas me conduce; me infunde
> nuevas fuerzas.

Cualquier rabino digno de su nombre hubiera sabido que la simple mención de la palabra «pastor» habría hecho que el resto del pasaje flotara en las mentes de los oyentes. Incluso hoy encontramos gran consuelo en este salmo.

Pero Jesús estaba haciendo mucho más que solo evocar imágenes consoladoras de sí mismo. También estaba evocando una imagen de poder, porque la imagen del pastor se usa con frecuencia para describir a reyes. En Isaías, por ejemplo, el rey Ciro de Persia es mencionado como un «pastor» (44:28), y en el Salmo 78:71-72 al rey David se le representa como pastoreando a su pueblo. Todavía más interesante, en Ezequiel 34, Dios expresó su enojo contra los líderes de su pueblo al describirlos como «malos pastores». Luego promete salvar a su rebaño y enviarles un pastor bueno que los dirija y apaciente. ¿Podría ser esto en lo que Jesús estaba pensando en Juan 10?

Escuchen lo que los consejeros de Herodes le dijeron después de su encuentro con los sabios del Oriente que acudieron a Jerusalén buscando al rey de Israel que había nacido. Ellos citaron a Miqueas 5:2 (vea Mateo 2:6).

> «Pero tú, Belén, en la tierra de Judá,
> de ninguna manera eres la menor entre
> los principales de Judá;
> porque de ti saldrá un príncipe
> que será el pastor de mi pueblo Israel»

Cuando se llamó a sí mismo «pastor» en Juan 10, él estaba apuntando a su identidad como el rey mesiánico, el futuro gobernante del reino de Dios. Una referencia así hubiera sido pasmosa para sus oyentes. Pero ellos ya habían sido asombrados por otra alusión. Vean lo que Jesús les dijo en Mateo 25:31-32:

> «Cuando el Hijo del hombre venga en su gloria, con todos sus ángeles, se sentará en su trono glorioso. Todas las naciones se reunirán delante de él, y él separará a unos de otros, como separa el pastor las ovejas de las cabras».

Vean ahora lo que dice Ezequiel 34:17:

> «En cuanto a ti, rebaño mío, esto es lo que dice el SEÑOR omnipotente: Juzgaré entre ovejas y ovejas, y entre carneros y chivos».

Lo que resulta tan asombroso en las palabras de Jesús es que al usar la metáfora del pastor separando a sus ovejas, él se está igualando a Dios mismo, quien es con frecuencia llamado el «Pastor de Israel»[15]. No hay duda de que muchos de sus oyentes se quedarían pasmados. Otros se escandalizarían. Necesitamos oídos de oyentes del primer siglo para escuchar las afirmaciones de Jesús de su unidad e igualdad con Dios el Padre.

EL HIJO DEL HOMBRE

Una de las frases más enigmáticas que jamás salieron de los labios de Jesús es el nombre tan singular que se dio a sí mismo, «Hijo del Hombre». Jesús usó esa expresión en tercera persona más de ochenta veces en los Evangelios para referirse a sí mismo.

¿Qué quiso decir?

Muchos cristianos han dado por supuesto que al usar esta expresión Jesús está mostrando gran humildad. Aunque divino, Jesús se relaciona con nuestra condición humana. En verdad, «hijo del hombre» en hebreo (*ben adam*) y en arameo (*bar enash*) puede usarse en ambas lenguas como una forma idiomática para referirse a un ser humano en general. Cuando aparece asociada con Jesús, la frase podía también apuntar al hecho de que él está verdaderamente cumpliendo lo que se esperaba fuera un ser humano.

Jesús usa a veces «Hijo del Hombre» en una manera común. Pero con más frecuencia la usa en una forma muy especial, al hacer afirmaciones audaces acerca de su misión mesiánica. Para captar lo que él está diciendo, necesitamos entender cómo interpretaban los judíos del tiempo de Jesús una profecía clave en el libro de Daniel acerca de una figura enigmática llamada «Hijo del Hombre». Una noche Daniel tuvo un sueño en el que vio a la corte celestial en acción. De repente, él dice «Miraba yo en la visión de la noche, y he aquí con las nubes del cielo venía uno como un hijo de hombre». Esta figura exaltada «vino hasta el Anciano de días, y le hicieron acercarse delante de él». Y Daniel sigue diciendo: «Y le fue dado dominio, gloria y reino, para que todos los pueblos, naciones y lenguas le sirvieran; su dominio es dominio eterno, que nunca pasará, y su reino uno que no será destruido» (Daniel 7:13-14).

En el siglo I este pasaje se entendía universalmente como una referencia a la venida del Mesías. El libro de Daniel predijo el surgimiento de grandes reinos, que al final caerían bajo la autoridad de un rey supremo que reinaría para siempre. La cumbre de la profecía de Daniel era la escena en la que alguien con figura humana entra en el salón del trono de Dios, es coronado y entonces se sienta en el trono para reinar.

Según el erudito judío David Flusser, este pasaje de Daniel era considerado como la profecía mesiánica más fuerte de todas las Escrituras[16]. Si bien otros pasajes mesiánicos podían ser interpretados como señalando a un rey humano descendiente de la línea de David (2 Samuel 7:12-13), la de Daniel predecía que el Mesías sería divino. ¿Por qué? Porque hablaba de «uno *como* un hijo de hombre». Esta persona parecía solamente humana, pero era en realidad más que eso.

Jesús también habló acerca de sí mismo como el Hijo del Hombre que vendría en gloria en las nubes (Marcos. 13:26; 14:62; Lucas 21:27), que es una referencia clara a este pasaje de Daniel. Sus oyentes debieron entender exactamente lo que estaba diciendo[17].

¿Por qué es tan importante considerar las afirmaciones que Jesús estaba haciendo acerca de sí mismo? Durante el pasado siglo los escépticos han insistido en que Jesús fue solo un rabino humilde Nazaret y nada más. Ellos dicen que no fue Jesús, sino la iglesia gentil la que le ha exaltado como Cristo. Los del Seminario de Jesús, un grupo de eruditos que trabajan con el fin de separar al Jesús histórico «real» del Cristo de la fe, han argumentado que el Jesús de los Evangelios es solo una imaginación creada, adornada por los posteriores escritores del Nuevo Testamento que quería fomentar las afirmaciones de divinidad de su héroe[18].

Irónicamente, en vez de lograr mayor exactitud histórica, puede que los miembros del Seminario de Jesús hayan propagado su desconocimiento sobre lo que se afirmaba sobre el Jesús histórico. Al no poder entender la forma tan propia judía mediante la que Jesús se comunicaba con sus oyentes judíos del primer siglo, los escépticos se pierden las asombrosas afirmaciones que él hizo de sí mismo.

En realidad, bien temprano en la historia de la iglesia, los creyentes gentiles no supieron darse cuenta cabal de las implicaciones del uso que Jesús hizo de la frase «Hijo del Hombre». Los llamados Padres de la Iglesia rara vez usaban la frase porque no parecían entender por qué Jesús parecía hablar de sí mismo como un humilde ser humano. La afirmación judía de Jesús de ser el cumplimiento de la profecía de Daniel les pasó de lejos[19]. En otras palabras, Jesús, no la naciente iglesia, fue la fuente de esta declaración tan poderosa acerca de sí mismo.

Una vez que empezamos a escuchar las palabras de Jesús como si fuéramos sus oyentes contemporáneos, bien remojados del conocimiento de las Escrituras y del contexto cultural en el que fueron dichas, el poder de sus afirmaciones se hace evidente y sorprendente. Nos damos cuenta que al llamarse a sí mismo el «buen pastor», Jesús no solo está invocando una imagen conmovedora y consoladora, sino que se está identificando con Dios mismo. Del mismo modo, la enigmática frase «Hijo del Hombre» se convierte en un resumen multifacético de toda la misión redentora de Cristo, hablando de su humanidad, de su gloria venidera y de su función como Juez y Salvador de toda la tierra. No nos sorprende que tantos de sus oyentes respondieran a sus palabras con asombro o con ira.

A LOS PIES DEL MAESTRO

1. ¿Está usted tan poco familiarizado con la Biblia de Jesús como lo estaba Lois cuando ella vio por primera vez la importancia de entender los Evangelios? Si es así, piense en seguir un plan sencillo de lectura que le permita leer todo el Antiguo Testamento en un año o dos, o inscríbase en un curso de estudio general del Antiguo Testamento en una iglesia local con el fin de empezar a profundizar en las Escrituras de Jesús.

2. Piense en desarrollar una mayor familiaridad con las historias bíblicas del Antiguo Testamento. Un libro que puede disfrutar toda la familia para leerlo en voz alta es *The Jesus Storybook Bible*, de Sally Lloyd Jones[20]. A diferencia de otros libros para niños, este está escrito sobre la premisa de que cada historia —desde Noé a Moisés y al rey David— «susurra su nombre», ofreciendo perspectivas fascinantes para adultos y también para niños.

3. Para un estudio excelente y rico, lea las Bienaventuranzas en Mateo 5:3-12 (RVR-60). Después lea los pasajes que pudieran haber venido a la mente de los oyentes de Jesús al oírle decir estas palabras. Piense también en el contexto que los rodea, que hace que sus palabras sean incluso más significativas:

   • Bienaventurados los pobres en Espíritu… (Isaías 57:15; 66:1-2)
   • Bienaventurados los que lloran… (Isaías 61:1-2; 66:2-3, 10, 13)
   • Bienaventurados los mansos… (Salmo 37:11)
   • Bienaventurados los que tienen hambre y sed de justicia… (Isaías 25:6; 55:1-2)
   • Bienaventurados los de limpio corazón… (Salmo 24:4)
   • Bienaventurados los que padecen persecución… (Isaías 51:7-8; 66:5)

CAPÍTULO 4

SIGAMOS AL MAESTRO

Los discípulos del sabio aumentan la paz
en el mundo,
porque se dice: «Y a todos tus hijos les
enseñarás sobre el Señor,
y grande será la paz de tus hijos».
Talmud Babilónico, *Berakhot* **64a.**

Una de las películas favoritas de Ann es *El joven Frankenstein*. El tortuoso sentido del humor de la película invariablemente le produce una risa descontrolada cuando la está viendo. Una de las escenas, representada por el actor de ojos saltones Marty Feldman, está tomada de un antiguo vodevil. Después de encontrarse con el joven Dr. Frankenstein en la estación de trenes de Transilvania, Feldman, que representa a un jorobado llamado Igor, baja las escaleras e instruye a su nuevo amo: «Venga por aquí». Interpretándole literalmente, Gene Wilder, que hace el papel del joven Frankenstein, se encorva amablemente, balanceándose igual que él al bajar las escaleras.

A pesar de lo ridícula que es esta escena, apunta a una importante diferencia entre nuestra idea occidental de la instrucción y el tipo de instrucción que daban los rabinos judíos a sus discípulos. Seguir a un rabino significaba algo más que sentarse en un aula y absorber sus lecciones. Más bien quería decir una forma de seguimiento literal, en la que los discípulos con frecuencia viajaban con sus maestros, vivían con ellos y los imitaban, aprendiendo no solo de lo que ellos decían, sino también de lo que hacían; de sus reacciones a la vida diaria así como de la manera en que ellos vivían. La tarea de los discípulos era la de llegar a ser lo más semejantes al maestro como fuera posible.

Este enfoque de la enseñanza es mucho más parecido a la relación maestro-aprendiz que a la de las aulas modernas. Alrededor del mundo y durante miles de años, la práctica del aprendizaje ha permanecido en gran medida sin cambios. Los occidentales apenas están conscientes de esta forma de enseñanza tan diferente, pero eficaz.

Considere la experiencia de Ange Sabin Peter, una consumada alfarera que hace poco pasó un curso de seis meses de aprendizaje con Masaaki Shibata, un prestigioso alfarero japonés[1]. Antes de viajar a Japón, Ange se imaginó a sí misma estudiando con aquel anciano artesano, un artista que ella había admirado por muchos años. Se veía a sí misma dando forma a bellas piezas de alfarería en la rueda del artesano, mientras que los talentos de él aguzaban su propia experiencia. Ella sabía que los aprendices del anciano normalmente lo eran por cuatro años, pero en su impaciencia por no tomar demasiado tiempo de su trabajo, ella confiaba en que sería suficiente aquel corto aprendizaje.

Al comienzo de su aprendizaje, Ange sabía poco o nada de una antigua tradición japonesa que Masaaki Shibata conocía sin duda muy bien, que era la tradición de convertirse en un *uchi deshi*, el aprendiz de un hábil artesano. Para aprender un arte, un joven adolescente era «adoptado» en la familia de su maestro, vivía como un miembro de su hogar durante todo el tiempo de su aprendizaje y participaba en cada aspecto de la vida del hogar y del taller. Tenía mucho más que aprender que solo amasar barro y transformarlo en piezas de arte, por eso empezaba a hacer muchas clases de tareas en la casa. El muchacho tenía que aprender a hacerlo *todo* en la forma correcta. Solo después de años de aprendizaje se le confiaría al *uchi deshi* que torneara las vasijas que el artesano principal iba a embellecer con sus diseños y firmar con su famoso nombre[2].

«Tú no puedes separar la vida del trabajo», dijo un día Shibata a Ange, su nueva aprendiz. «La manera en que llevas a cabo tus actividades más insignificantes en tu vida diaria se reflejará en tu trabajo». Luego la envió a los campos de arroz para buscar barro en vez de invitarla a sentarse a su lado junto de la rueda. Cuando no le pidieron que demostrara sus propias habilidades se sintió herida en su orgullo. De hecho, Shibata no le permitió que trabajara en ninguna pieza de alfarería durante los seis meses que estuvo con él en Japón.

Un día después de la comida, la esposa de Shibata le dijo en confianza: «Cuando tú viniste a nosotros eras como un árbol bien crecido lleno de grandes ramas. Tuvimos que cortar aquellas ramas grandes para conseguir que pudiera crecer algo nuevo», pero todo lo que Ange sintió fue la poda. No obstante, mientras llevaba a cabo sus humildes tareas en la casa, ella aprovechaba toda oportunidad para observar a su maestro trabajar.

Al regresar a casa, ella se sintió desilusionada y derrotada, temerosa de que sus seis meses en Japón hubieran sido una pérdida de tiempo. Pero cuando se sentó en su rueda, empezó a notar una sutil diferencia. Algo había cambiado. Entonces, cuando se abrió la puerta del horno en su nuevo trabajo, ella se maravilló del resultado. Sin haberse dado cuenta, ella había estado absorbiendo una nueva manera de hacer las cosas. Sus ojos habían ganado en sentido estético para distinguir los trabajos excelentes de lo que era solo aceptable. Gracias al tiempo que había pasado con Masaaki Shibata, el concepto de Ange Peter sobre su propio arte había quedado transformado. Con gran alegría acarició cada nuevo vaso, admirando cómo la influencia de su maestro japonés se había combinado bellamente con su propia personalidad para transformar cada una de sus nuevas creaciones.

UNA FORMA DIFERENTE DE APRENDER

Al igual que los discípulos de Jesús, Ange Sabine Peter había saboreado una forma diferente de aprendizaje. Ella había entrado en un camino antiquísimo, un método de entrenamiento probado por el tiempo, y que había sido común en todo el mundo durante muchos siglos.

Esa era precisamente la forma en que los muchachos aprendían en el tiempo de Jesús. Ellos no tomaban clases de matemáticas. En vez de eso, observaban cómo sus padres tomaban medidas y hacían cálculos cuando construían, y se daban cuenta de la forma en que sus madres contaban las monedas en el mercado. Las chicas no tomaban clases de economía familiar, pero aprendían a desplumar un pollo y cocinarlo al ayudar a su madre y hermanas. Los niños tampoco abrían sus libros de texto de Historia. En vez de eso, aprendían las historias épicas de sus antepasados cuando sus familias se reunían a hablar y contar sus hechos históricos alrededor del hogar durante la noche. Aunque la mayoría de los judíos estaban instruidos en las Escrituras y aunque los niños judíos aprendían a leer en la escuela, el método generalizado de aprendizaje era la experiencia de hacerlo personalmente, imitando a alguien que tenía las habilidades que ellos querían aprender.

Del mismo modo, después de terminar la escuela a la edad de trece años, un niño aprendía su oficio para toda la vida cuando se unía a su padre y hermanos en el negocio familiar. A veces un padre dejaba que su hijo fuera aprendiz de otro artesano y entonces el muchacho se trasladaba a vivir con el maestro y su familia durante algunos años[3]. Al trabajar durante todo el día al lado de su mentor, también llevaba a cabo tareas pequeñas, adquiriendo poco a poco conocimientos al observar las manos expertas del artesano. El aprendizaje no era tanto retener datos en la memoria como aprender conocimiento y sabiduría esenciales para la vida, absorbiéndolos de aquellos a su alrededor. Ese era también el método antiguo mediante el cual los rabinos entrenaban a sus *talmidim* o discípulos.

¿Por qué tenemos que dedicar tiempo a hablar de métodos antiguos de discipulado? Porque nosotros también somos seguidores de un maestro. Como los primeros *talmidim* de Jesús, también tenemos que ser sus discípulos fieles. Y, como a ellos, nuestro Maestro nos ha llamado a hacer «discípulos de todas las naciones» (Mateo 28:19). ¿Recuerda lo que sucedió cuando los primeros seguidores de Jesús llevaron a cabo su gran mandamiento? En unos pocos siglos la naciente iglesia tuvo

TALMIDIM

Talmid (plural: *talmidim*). Un discípulo o estudiante, uno que se entrega al estudio aprendiendo al lado de un rabino su conocimiento de las Escrituras y su manera de vivirlas. En griego, un discípulo es un *mathetes* (plural: *mathetai*). En ambas lenguas las palabras significan «estudiante» o «uno que aprende». Un discípulo femenino sería una *talmidah* en hebreo, o una *mathetria* en griego. ¿Pero había discípulos femeninos? Para nuestra sorpresa en Hechos 9:36 se habla de Dorcas (Tabita) de quien se dice que era una *mathetria* (una mujer discípula).

un crecimiento explosivo, se extendieron los creyentes por todo el territorio del Imperio Romano, y transformaron por completo la faz de la humanidad. Comenzando con un pequeño ejército de solo doce, Dios llenó el mundo con el evangelio, el mensaje de las buenas noticias.

Vayan y hagan discípulos. ¿Cómo entendieron los discípulos estas palabras tan importantes de Jesús? Habían estado siguiendo a Jesús fielmente durante tres años y en ese proceso sus «grandes ramas» fueron cortadas con el fin de que algo nuevo y mejor pudiera empezar a crecer en ellos. ¿Qué era exactamente lo que habían aprendido ellos? ¿Qué nos revela su cultura judía acerca de nuestro llamamiento a ser discípulos transformados de Cristo Jesús?

El llamamiento al discipulado es uno que se ha escuchado a lo largo de los siglos no solo dentro de la iglesia cristiana. También ha caracterizado al judaísmo. Incluso hoy se encarga a los rabinos durante la ceremonia de su ordenación que «formen discípulos», lo cual es una cita del tiempo de Jesús[4]. Quizá podamos recuperar algo de la pasión original y la eficacia de los primeros discípulos de Jesús al indagar cómo funcionaba el discipulado en el antiguo mundo judío.

CÓMO FORMAR UN DISCÍPULO

¿Cuándo desarrollaron los rabinos sus ideas del discipulado? Ellos encontraron su modelo en las Escrituras, especialmente en la relación de dos hombres: los profetas Elías y Eliseo[5].

Elías fue, por supuesto, uno de los más grandes profetas de Israel, conocido por los extraordinarios milagros que realizó, como resucitar muertos y pedir que descendiera fuego del cielo para derrotar a los profetas falsos. Pero a pesar de la forma tan poderosa en que Dios lo usó, o quizá debido a ello, Elías tuvo también sus momentos de desánimo y debilidad, momentos como cuando sus adversarios amenazaron matarlo. Fue después de uno de estos momentos que Dios le habló para instruirle que ungiera a Eliseo como su sucesor, y Elías obedeció:

Elías salió de allí y encontró a Eliseo hijo de Safat, que estaba arando. Había doce yuntas de bueyes en fila, y él mismo conducía la última. Elías pasó junto a Eliseo y arrojó su manto sobre él. Entonces Eliseo dejó sus bueyes y corrió tras Elías.

—Permítame usted despedirme de mi padre y de mi madre con un beso —dijo él—, y luego lo seguiré.

—Anda, ve —respondió Elías—. Yo no te lo voy a impedir.

Eliseo lo dejó y regresó. Tomó su yunta de bueyes y los sacrificó. Quemando la madera de la yunta, asó la carne y se la dio al pueblo, y ellos comieron. Luego partió para seguir a Elías y se puso a su servicio.

(1 Reyes 19:19-21)

Cuando Elías llamó a Eliseo el joven lo dejó todo, abandonando su próspera granja para convertirse en el siervo personal de Elías, atendiendo humildemente a todas sus necesidades y acompañándole a todas partes adonde el profeta iba. Como cualquier discípulo, la meta de Eliseo no solo era aprender de Elías, sino hacerse *semejante* a él con el fin de llevar a cabo su ministerio como profeta de Israel.

Varios aspectos de la vida de Eliseo ejemplifican el discipulado del tiempo de Jesús. Antes que todo, Eliseo se fue a vivir con Elías, pasando años a su lado. Eso tenía sentido, pues la meta no era un simple aprendizaje académico, sino la transformación personal. Como nos lo explica el historiador judío Shmuel Safrai, un discípulo «no comprendía el pleno significado de la enseñanza de su rabino en todos sus matices excepto por medio de una intimidad prolongada con su rabino, a través de una relación cercana con su mente profunda y rica»[6]. Con este fin, el discípulo acompañaba a su maestro en todas sus tareas diarias: ir a los tribunales, ayudar a los pobres, enterrar a los muertos, redimir a los esclavos y muchas cosas así. El discípulo procuraba ser un acompañante humilde y cuidador, que llevaba a cabo acciones personales de servicio y ayudaba a su maestro en todas las cosas.

El evangelio deja bien en claro que esa fue la clase de relación que Jesús tuvo con sus propios discípulos. Sus *talmidim* le siguieron a todas partes. Y al hacerlo así, sus corazones se veían retados y transformados.

Imagínese, por ejemplo, cómo sería la experiencia de entrar con Jesús por la puerta de la casa de Mateo, comer con los recaudadores de impuestos, pecadores que estaban considerados como unos títeres de Roma. Esas personas eran despreciadas por la sociedad judía, no solo porque estaban recogiendo impuestos para un opresor extranjero, sino porque también inflaban los elevados impuestos pagados a Roma con el fin de quedarse ellos con una sustanciosa comisión. Para estos discípulos comer con aquellos individuos tan despreciables sería algo escandaloso. Compartir una comida era considerado una señal de sentida amistad y paz. Así que, ¿cómo unos hombres justos podían sentarse a la mesa con los peores pecadores?

Jesús estaba sorprendiendo todo el tiempo a sus discípulos con sus palabras y sus acciones. Les estaba retando en su manera de mirar a Dios y a los demás seres humanos, recibiendo a los pecadores en su reino y asociándose con personas que los otros rabinos habrían rechazado.

Pero los cambios que él inspiró en las vidas de sus discípulos no tuvieron lugar instantáneamente ni con facilidad. Nuestra cultura está fascinada con arreglos rápidos y reformas extremas. Como Ange Peter, nos fastidian los años que hay que dedicar a capacitarse como aprendiz. Pero el discipulado siempre tiene mucho que ver con un proceso.

Como cristianos podemos llegar a ser adictos a las historias de cambios milagrosos, creyendo que si Dios escucha nuestras oraciones, cada deseo pecaminoso que sentimos quedará sanado inmediatamente. Compare esto con lo que leemos en los Evangelios. Piense en la frecuencia con que los discípulos se equivocaron. Ellos cometieron errores hasta el fin, incluso en la última noche que pasaron con Jesús antes de su muerte. Después de comer juntos la Pascua, sus discípulos más cercanos se rindieron al sueño mientras hombres armados con palos y espadas subían por el monte de los Olivos para arrestar a Jesús. En el preciso momento en que su maestro los necesitaba más, ellos le fallaron.

Si bien los Evangelios registran muchos momentos en los que Jesús sanó las enfermedades de las personas de forma instantánea, no conocemos ni un caso en que movió la mano para arreglar un mal hábito de uno de sus discípulos. En vez de hacerlo, siguió enseñándoles y corrigiéndoles, dándoles tiempo para crecer.

Parece que en la mayoría de las ocasiones Dios trabaja de esa manera en nuestras propias vidas. Deja que nuestras debilidades y dificultades nos lleven hacia él y nos mantengan cerca. Los milagros suceden, pero la transformación interna que deseamos tan intensamente solo se puede conseguir con el tiempo. Parece que Dios prefiere esa manera, quizá debido a que sabe que solo podemos llegar a ser como él manteniendo una constante e íntima comunión.

COMPROMISO TOTAL

Debió resultar una experiencia notable para Eliseo darse cuenta de que Elías le había llamado a ser su sucesor. Pero, de todas formas, Eliseo vaciló. Él quería seguir al gran profeta, pero también quería despedirse de sus padres. Pero tan pronto como Elías le retó en su compromiso y dedicación, Eliseo rápidamente sacrificó un par de bueyes, quemó el arado y lo dejó todo para seguirle. Dijo adiós a la riqueza, a la vida cómoda del hogar, a la familia, e incluso a su capacidad para ganarse la vida. Es evidente que Eliseo no había adquirido un nuevo pasatiempo ni se había apuntado en una clase de escuela dominical a la que podía faltar cada vez que estuviera muy ocupado en su vida.

Jesús se refirió a esta historia cuando respondió a la solicitud de un posible discípulo que quería seguirle, pero no de manera inmediata. Primero, el hombre quería regresar a su hogar y decirle adiós a su familia (Lucas 9:62). Las palabras de Jesús a este discípulo en ciernes son reveladoras: «Nadie que mire atrás después de poner su mano en el arado es apto para el reino de Dios». Este es uno de los lugares en los que Jesús aludió a las Escrituras para impartir una enseñanza. Le estaba recordando a aquel hombre «el arado de Eliseo», una metáfora que mostraba su compromiso mediante un sacrificio.

Jesús con frecuencia habló de dejarlo todo, diciendo que ni él mismo tenía dónde recostar su cabeza (Lucas 9:57-58). Con esto estaba hablando de que su llamamiento era a una vida de servicio a Dios como un rabino itinerante que iba de aldea en aldea, y de pueblo en pueblo, para enseñar a las personas y llevarlas al reino de

Dios. Era una existencia difícil. Pasaba muchas horas subiendo y bajando los montes calientes y polvorientos de Galilea, predicaba a todo el que estuviera dispuesto a escuchar, y dependía de la hospitalidad de los demás para la mayoría de sus necesidades básicas. Esta es la manera en que otros rabinos describieron esta clase de vida: «Este es el camino de la Tora: un bocado con sal es lo que comerás, y beberás agua con medida, y dormirás sobre el suelo; y vivirás una vida de dolor, y a la Tora estarás dedicado. Y si así lo haces, serás feliz y te irá bien»[7].

Los discípulos participaban de esta vida tan difícil con su maestro. Pero ellos también experimentarían gran gozo en medio de todo aquello. Después de todo, estos eran los *talmidim* de un rabino extraordinario, y aprendían de él las cosas profundas de Dios.

Los cristianos modernos se han sentido a veces confundidos sobre lo que era de verdad el discipulado, equiparándolo a «disciplina». Por supuesto, la disciplina es vital en la vida espiritual. Jesús mismo dijo: «Si alguno quiere ser mi discípulo [...] que se niegue a sí mismo, lleve su cruz y me siga» (Marcos 8:34). Pero la meta suprema del discipulado no es solo crecer en la autodisciplina, sino ser transformado a la semejanza de Cristo.

Imagínese por un momento que alguien definiera la *paternidad* solo como disciplina. Por supuesto, los hijos necesitan disciplina. Pero nos sentiríamos muy preocupados si la disciplina fuera lo único en que se enfocara un padre.

A veces escuchamos la palabra «discípulo» y concluimos que serlo es demasiado duro y exigente. Pero piense en la alternativa. Rehusar ser discípulos de Jesús es limitarse a sí mismo a una perpetua inmadurez y condenarse a una vida desperdiciada y frustrante. Mientras más profundicemos en la relación con el rabino Jesús, más gozo experimentaremos. Hacernos más como Jesús nos llevará a profundizar nuestras relaciones y nos permitirá vivir vidas más auténticas. Puede que no siempre resulte fácil, pero sin duda será bueno, y, a medida que le seguimos, nos veremos viviendo con mayor pasión y propósito, y experimentando una vida de mayor realización.

EL VÍNCULO ENTRE EL MAESTRO Y EL DISCÍPULO

Con el tiempo, la relación entre Elías y Eliseo se hizo cada vez más profunda, como la de un padre y un hijo. En el último día de la vida de Elías en la tierra, Eliseo le seguía a todas partes, aferrándose a él como si así pudiera retenerlo un día más en la tierra. Cuando los carros de fuego celestiales arrebataron al fin a Elías, Eliseo no se pudo contener, rasgó sus vestidos en señal de duelo y se puso a gritar de forma angustiada: «¡Padre mío, padre mío!» (2 Reyes 2:12). La pérdida de su amado maestro le abrumó.

A semejanza de estos dos profetas del Antiguo Testamento, se esperaba que un maestro y su discípulo formaran un lazo de unión íntimo y personal, lo que no sorprendía a nadie dada la cantidad de tiempo que pasaban juntos y la importancia de los asuntos sobre los que constantemente hablaban. Esta intimidad entre maestro y discípulo era considerada esencial para el proceso de aprendizaje. Se ha dicho que, así como una vela enciende a otra solo si se las pone juntas, un rabino solo puede enseñar bien cuando está muy cerca de sus *talmidim*.

Durante el tiempo de Jesús, el discípulo consideraba a su maestro tan cercano y querido como su propio padre, y era tradicional entre los discípulos mostrar la misma reverencia por sus maestros como hacia su padre, o incluso más. Se solía decir: «Tu padre te trajo a este mundo, pero tu rabino te llevará a la vida del mundo venidero»[8].

Encontramos declaraciones como estas: «Si el padre y el rabino de un hombre son hechos prisioneros, un discípulo debe rescatar primero a su rabino», y «Si su padre y su rabino están llevando sobre sus hombros cargas pesadas, él ayuda primero a su rabino y después a su padre»[9]. El propósito de esos dichos era el de resaltar la profunda devoción que un discípulo debía mostrar hacia su maestro. Los rabinos también estaban comprometidos y dedicados a sus discípulos, como lo evidencian dichos como este: «Si a un discípulo lo destierran, su maestro debería ir con él»[10]. Un sabio famoso llamado el Rabino Akiva una vez cuidó de un discípulo enfermo, yendo a su casa a verle y realizando incluso tareas domésticas hasta que él recuperó su salud.

No nos sorprende que Pedro le dijera a Jesús: «¿Qué de nosotros, que lo hemos dejado todo y te hemos seguido?» (Marcos 10:28), y más tarde: «Aunque tenga que morir contigo [...] jamás te negaré» (Marcos 14:31). Él estaba expresando la profunda devoción que solían sentir los discípulos por sus rabinos en ese tiempo. La devoción de Pedro se presenta en fuerte contraste con la deslealtad de Judas, resaltando cuán impensable era que un discípulo traicionara a su maestro con un beso. Al conocer y entender el vínculo tradicional entre el maestro y el discípulo también podemos sentir la profunda angustia de Pedro después de haber negado a Jesús tres veces, y luego su extraordinaria gratitud a orillas del mar de Galilea cuando el Cristo resucitado le preparó un desayuno y le restableció en su discipulado (Juan 21:17).

AL SERVICIO DEL MAESTRO

Como Eliseo, se suponía que los discípulos se convirtieran en siervos de sus maestros y les atendieran en sus necesidades personales. De Eliseo se habla como «el que servía a Elías» (2 Reyes 3:11). Cuán apropiado era aquello, puesto que, en un sentido, Eliseo era el «aprendiz» de Elías.

Los Evangelios nos dicen con claridad que los discípulos también le servían a Jesús. Ellos entraron a un pueblo para comprar pan (Juan 4:8), e hicieron los arreglos necesarios para celebrar la Pascua según sus instrucciones (Lucas 22:8). Se esperaba que los discípulos tomaran turnos en la preparación de la comida y en el servicio a todos en el grupo. Se decía: «Todas las cosas que un esclavo hace por su amo, las lleva a cabo un discípulo por su maestro, excepto desatarle las sandalias»[11]. Se consideraba degradante desatar a alguien las sandalias; esa era la tarea de un esclavo. Con ese trasfondo en mente, podemos entender el comentario de Juan el Bautista acerca de que él se sentía indigno de desatar las sandalias de Jesús (Juan 1:27).

Se suponía que los discípulos eran los siervos del maestro porque como Safrai señala, «algunas leyes no podían ser estudiadas solo teóricamente o hablar sobre ellas, sino que solo se podían aprender sirviendo al maestro»[12]. Al aprender a obedecer las direcciones del maestro, un discípulo aprendía a sentir reverencia por la realización de la voluntad de Dios. Y al ponerse a sí mismo en la posición de siervo, se abría a la corrección a fin de que su conducta pudiera ser afilada y refinada. Además, los maestros creían que la humildad era una condición indispensable para aprender: «Así como el agua desciende de un punto alto y se acumula en un punto bajo, del mismo modo la Palabra de Dios solo permanece con aquel que es humilde en su conocimiento»[13].

Al igual que otros muchos antes que él, Jesús comparó la relación entre el maestro y el discípulo a la de un amo y su siervo cuando dijo: «El discípulo no es superior a su maestro, ni el siervo superior a su amo» (Mateo 10:24). Como ya hemos visto, el título «maestro» significa literalmente «mi amo». Era el mismo término que un esclavo usaba para dirigirse a su dueño. A pesar de la humildad propia de Jesús, sus expectativas para sus seguidores era bien claras, como lo ilustran expresiones como: «¿Por qué me llaman ustedes "Señor, Señor", y no hacen lo que les digo?» (Lucas 6:46).

Volvamos de nuevo a la escena del aposento alto. Cuán consternado se debió sentir Jesús al ver que después de tres años instruyendo a sus doce discípulos, ellos no habían captado para nada lo principal. En vez de actuar como siervos humildes, estaban buscando puestos, discutiendo sobre quién sería el principal entre ellos (Lucas 22:24-30). ¿Qué se necesitaría para que el mensaje penetrara en sus duras cabezas? Jesús entonces se arrodilló e hizo lo que era impensable. Se envolvió una toalla alrededor de la cintura e hizo exactamente lo que hubiera hecho un esclavo: empezó a lavar los pies de ellos. Después dijo:

> «Ustedes me llaman Maestro y Señor, y dicen bien, porque lo soy. Pues si yo, el Señor y el Maestro, les he lavado los pies, también ustedes deben lavarse los pies los unos a los otros. Les he puesto el ejemplo, para que hagan lo mismo que yo he hecho con ustedes» (Juan 13:13-15).

DISCIPULAR POR MEDIO DEL EJEMPLO

Así, pues, vemos que en la noche antes de su muerte, Jesús se arrodilló y lavó el polvo y sudor acumulado en los pies de sus discípulos. Este acto asombroso e íntimo de amabilidad encarnaba otro método rabínico: un maestro tenía que convertirse en un modelo de cómo vivir, usando ejemplos de su propia vida.

Pablo hizo lo mismo al decirles a los corintios: «Mediante el evangelio yo fui el padre que los engendró en Cristo Jesús. Por tanto, les ruego que sigan mi ejemplo. Con este propósito les envié a Timoteo, mi amado y fiel hijo en el Señor. Él les recordará mi manera de comportarme en Cristo Jesús, como enseño por todas partes y en todas las iglesias» (1 Corintios 4:15-17). Pablo les estaba instando a los creyentes corintios a que le imitaran como él estaba imitando a Cristo (vea 1 Corintios 11:1).

Como otros maestros, Pablo se veía a sí mismo como un «padre» al enviar a su amado discípulo Timoteo, a quien él tenía como su «hijo». Él quería que los corintios supieran acerca de su propia manera de vivir por medio del ejemplo de Timoteo. Pablo estaba usando el método de «toda la persona» al discipular, a fin de transformar sus vidas.

¿Pero no advirtió Jesús a sus discípulos, diciendo: «Pero no permitan que a ustedes se les llame "Rabí", porque tienen un solo Maestro y todos ustedes son hermanos. Y no llamen "padre" a nadie en la tierra, porque ustedes tienen un solo Padre, y él está en el cielo. Ni permitan que los llamen "maestro", porque tienen un solo Maestro, el Cristo» (Mateo 23:8-10)? Jesús conocía demasiado bien la tendencia humana a la exaltación propia.

En una reciente columna editorial que escribió en el *New York Times*, David Brooks hizo un comentario perspicaz sobre uno de los cargos más poderosos del mundo, el de la presidencia de los Estados Unidos de América:

> La presidencia es una bacteria. Encuentra las heridas abiertas de las personas que desempeñan esa posición. Las infecta, y eso resulta en escándalos que infectan la presidencia y al país. La persona con el menor número

de heridas es generalmente la mejor en la Casa Blanca, y eso es lo mejor para el país.

Los comentarios de Brooks nos ofrecen una variante del antiguo dicho de que «el poder corrompe, y el poder absoluto corrompe absolutamente». Jesús es el único a quien se le puede entregar con seguridad el poder. Y en ese sentido él es único maestro verdadero.

Aunque Cristo invitó a sus seguidores a que fueran por todo el mundo e hicieran discípulos, él no estaba fomentando un modelo de liderazgo que los llevara a creer que ellos eran importantes. Un estilo autoritario de liderazgo tiene muy poco que ver con Cristo y mucho que ver con el ego humano. Algunos cristianos, por ignorancia o pasividad, se han olvidado de la responsabilidad personal por sus vidas. Lamentablemente algunos líderes los han animado a hacerlo.

No obstante, por el hecho de que haya habido abusos no debemos ahora mostrarnos suspicaces ni carentes de respeto por la autoridad legítima que Dios ha dado a los líderes en la iglesia. A pesar de la imperfección humana todavía estamos llamados a discipular a otros. Eso se le aplicaba a Pablo, aunque él se llamaba a sí mismo «el primero» de los pecadores (1 Timoteo 1:15). Y en ocasiones eso es también cierto de nosotros. Los padres, por ejemplo, deben discipular a sus hijos. Saber que Cristo es nuestro verdadero Maestro nos ayudará mucho a discipular con humildad a otros.

Las palabras de Cristo de «no llamen a nadie maestro» deben ser un aviso para no pensar en nosotros como «maestros», y hacernos con discípulos que terminarán siendo como nosotros. Con todo, el discipular es algo que sucede ya sea que queramos nosotros o no. Por ejemplo, cualquier progenitor le va a decir que los niños son unos asombrosos imitadores. Ann recuerda cuando su hija Katie tenía un año de edad. «Tenía como nueve meses cuando la adopté en China», explica ella, «de modo que le llevó un poquito de tiempo el adaptarse a la nueva lengua. Un día cuando Katie estaba soltando una retahíla de balbuceos propios de los bebés, mi madre comentó que a ella la sonaba igual que cuando yo era pequeña. Mi madre no estaba tratando de ofenderme por mi forma de hablar el inglés. Tan solo estaba indicando que mi hija ya había logrado imitar mis inflexiones».

Esta tendencia a la imitación no termina cuando usted ha crecido. En la época en que Lois se encontraba enseñando clases de biología en la universidad, ella les decía a sus estudiantes cómo llevar a cabo un trabajo en el laboratorio y luego les mostraba exactamente cómo hacerlo. Al poco tiempo notó algo interesante. Si ella tomaba un atajo o ignoraba uno de los pasos al hacer la demostración del proceso, los estudiantes hacían lo mismo. Invariablemente, ellos imitaban sus *acciones* más bien que sus *palabras*.

A lo largo de los años Lois se hizo cada vez más consciente de su influencia, y se dio cuenta, por ejemplo, de que no podía pedir a los estudiantes que hacían la investigación que trabajaran largas horas en un proyecto si ella planeaba marcharse temprano cada noche. Ella también sabía cuán importante era mantener buenos registros de laboratorio y expresar entusiasmo por su investigación. Si era descuidada o apática, lo más probable era que sus estudiantes terminaran siendo como ella. Como Jesús dijo: «Basta con que el discípulo sea como su maestro, y el siervo como su amo» (Mateo 10:25).

«Hablando de nuestra tendencia a imitar», dice Lois, «encuentro que mi propia mente es muy maleable, capaz de impresionarse por cualquier cosa que lea o por algún modelo a mi alrededor. Una dieta de comentarios políticos cínicos siempre me hacer ser más negativa. Estar con amigos que chismean me puede hacer más descuidada en mi forma de hablar. Nadie es tan maduro que no pueda ser influenciado por otros. La cuestión es: ¿Quién o qué queremos que dé forma a nuestra vida? Incluso la cultura a nuestro alrededor va a tratar de "discipularnos" si no nos sometemos a la influencia transformadora de Cristo Jesús».

¿Recuerda la analogía que hicimos al principio de este capítulo al citar la escena de la película *El joven Frankenstein*, donde Igor le insta al doctor Frankenstein a «caminar por aquí»? Meses después de desarrollar la analogía entre esta escena en la película y la manera en que los rabinos entrenaban a sus discípulos, Ann escuchó un sermón en el que un pastor contaba la historia de un amigo que no hacía mucho había regresado de un viaje a Israel. Un día, mientras este hombre estaba en Jerusalén, vio a un maestro que caminaba inclinado por las calles. Detrás del maestro iban varios hombres, que supuestamente eran sus discípulos. Le impresionó notar que esos hombres también caminaban inclinados hacia adelante[15]. ¡Qué escena excelente del modelo rabínico de aprender por medio de la imitación!

UNA PERSPECTIVA ORIENTAL DEL DISCIPULADO

«Yo solía pensar», dice Lois, «que el mandamiento de Jesús de ir y hacer discípulos solo significaba enseñar a las personas ciertas creencias acerca de Dios, ayudarlas a aceptar a Cristo como Señor y después educarlas en las verdades doctrinales poco a poco. Aunque todo eso es importante, esta forma de definir el discipulado me mostró que yo, como muchos occidentales, consideraba el evangelio principalmente como información». Lamentablemente, ese enfoque tiende a producir esfuerzos de evangelismo que son intentos poco disimulados de controlar a los demás. Procuramos inculcar a otros nuestro sistema de creencias por la fuerza, debatiendo con la gente hasta que ellos reconocen que nuestro camino es el mejor.

La perspectiva oriental del discipulado parece estar más a tono con el evangelio. El enfoque oriental abarca el entendimiento de que Jesús murió por nuestros pecados y que pertenecer a él incluye el arrepentimiento y recibirle como Señor. Pero también reconoce que Jesús vivió de forma transparente frente a sus discípulos con el fin de enseñarles cómo vivir. Ellos a su vez tenían que vivir de forma transparente delante de los demás, enseñándoles con humildad el camino de Cristo. Su enfoque implica no solo *información* sino *transformación*. La meta de Dios no es llenar el mundo de personas con creencias correctas, sino llenar el mundo de hombres y mujeres que fulgurarán con el brillo de Cristo.

El pastoreo en Israel es una maravillosa metáfora de esta clase de discipulado. En muchos países, las ovejas pasan su vida en lugares de pastos cercados donde están todo el tiempo comiendo y dando vueltas. Muchos cristianos parecen pensar que la Gran Comisión es solo cuestión de meter ovejas «dentro del redil», invitando a las personas a que acepten a Cristo, que es el momento más elevado en su vida espiritual. En Israel, sin embargo, donde el pasto tiene dificultad en crecer debido a la aridez del terreno, las ovejas tienen que conocer a su pastor, siguiéndole obedientemente de una zona de pasto a otra. Pastorear allí es una tarea mucho más activa.

Judith Fain es una candidata al doctorado en la Universidad de Durham. Como parte de sus estudios, ella pasa varios meses cada año en Israel. Un día mientras caminaba por una carretera cerca de Belén, Judith observó a tres pastores que convergían en un prado con sus rebaños separados de ovejas. Los tres hombres se saludaron unos a otros y luego se pararon a conversar un rato. Mientras hablaban, sus ovejas se mezclaron, y formaron todas juntas un gran rebaño. Preguntándose cómo serían capaces los tres pastores de identificar a sus propias ovejas, Judith esperó hasta que los tres hombres se despidieron. Ella observó fascinada como cada uno de los pastores llamaba a sus ovejas. Al sonido de la voz de cada pastor, como algo mágico, las ovejas se separaron en tres rebaños. Al parecer, algunas cosas no han cambiado en Israel en miles de años.

Al igual que esas ovejas, lo que nos distingue no es tanto el «redil» en el que habitamos como el pastor al que seguimos. Algunas personas vienen corriendo tan pronto como oyen que el pastor las llama, pero otras tienen alguna dificultad para seguir su liderazgo, desviándose en otras direcciones cada vez que les sobreviene una tentación. También requiere mucha más energía seguir a un pastor itinerante que estar encerrado en un redil.

Sin embargo, estamos llamados a ser discípulos de un Maestro que está siempre en movimiento, uno que quiere que vayamos con él, haciendo discípulos hasta los confines de la tierra. Tenemos que aprender a reconocer su voz, ir a donde él quiere que vayamos, servir e imitarle en su manera de ser y vivir, a fin de que podamos dar a conocer sus buenas noticias al mundo.

A LOS PIES DEL MAESTRO

1. El discipulado involucra una serie gradual de cambios a lo largo de los años. Pídale a un amigo, que le conozca a usted bien, que le comente los cambios que él o ella ha observado en usted al ir madurando como discípulo de Cristo.

2. Se espera que los discípulos sirvan a su maestro con humildad y que aprendan por medio de ese servicio. Pregúntese a sí mismo cuánto ha estado usted sirviendo a Cristo en su vida diaria. ¿Qué es lo que ha estado él enseñándole por medio de ese servicio?

3. ¿Qué características de sus padres, incluso las que no le gustan, son evidentes en su propia vida? Pídale a Dios que le muestre cómo mejorar el ejemplo que usted está dando a sus hijos.

4. Alguien dijo una vez que deberíamos estar siempre discipulando al menos a una persona y ser discipulado por otra. ¿A quién está usted discipulando? ¿Quién le está discipulando a usted?

CAPÍTULO 5

BÚSQUESE ALGUNOS *HAVERIM*

Mucho he aprendido de mis maestros,
aún más de mis *haverim*,
pero de mis discípulos la mayor parte.
Talmud Babilónico, *Taanit 7a*

Si usted abre de par en par la puerta del aula de estudio de una *yeshiva* ortodoxa judía (seminario), quizá espere que le saluden con un silencio absoluto. Después de todo, los estudiantes necesitan aprender cantidades enormes de información. Pero si usted anticipa una escena en la que todas las cabezas están inclinadas, con cada estudiante examinando silenciosa e intensamente los antiguos textos, se equivoca.

En vez de eso, lo que le va a saludar es el murmullo de múltiples conversaciones. Verá parejas de estudiantes sobre estrados uno frente al otro, dialogando en forma muy animada sobre los distintos puntos de un texto. Estudiantes con lentes tendrán una mano puesta sobre un volumen abierto, mientras que con la otra gesticulan sin cesar, y el debate va y viene con sus altibajos. Si un estudiante no entiende un pasaje, el otro trata de explicárselo. Juntos piensan en las posibles interpretaciones del texto. A esta reunión de estudiantes la llaman un *havruta*, y cada estudiante está estudiando con un *haver*, que literalmente significa un «amigo», para dominar el texto.

YESHIVA
Una *yeshiva* es una escuela ortodoxa judía moderna para el aprendizaje religioso. En algunas *yeshivas* se enseña a los estudiantes más jóvenes, mientras que otras están destinadas a enseñar a adultos para que se ordenen de maestros.

A primera vista, esta parece una técnica de estudio un tanto extraña. Pero a lo largo de los siglos los eruditos judíos han considerado que es vital para el estudio de las Escrituras hacerlo en presencia de otras personas. Hay un famoso consejo rabínico desde antes del tiempo de Jesús que dice: «Búscate un rabino para ti, y búscate también un *haver*»[1]. El uso común de la palabra *haver* se puede referir a un compañero o amigo cercano. Pero aquí en realidad se refiere a alguien que esté dispuesto a asociarse contigo para habérselas con las Escrituras y con los textos rabínicos.

Con todo lo importante que era estudiar con un maestro, era considerado esencial contar con una o dos personas que pudieran aprender junto con uno. Los condiscípulos se podían hacer unos a otros preguntas que resultaba muy embarazoso hacérselas a los maestros. Además, los compañeros podían aprender el uno del otro.

> **HAVER, HAVERAH**
> Un *haver* (plural: *haverim*) es un estudiante masculino que se asocia con otro estudiante para mejorar el aprendizaje. Los haverim estudiaban y dialogaban juntos sobre los textos religiosos. Una condiscípula (un socio femenino) es una *haverah* (plural: *haverot*).

¿Tenía Jesús conocimiento de ese método del estudio de las Escrituras? Piense en las palabras de algunos maestros antiguos: «Cuando dos se sientan juntos e intercambian palabras de la Tora, entonces la Presencia Divina mora entre ellos»[2]. Escuche ahora las palabras de Jesús: «Porque donde dos o tres se reúnen en mi nombre, allí estoy yo en medio de ellos» (Mateo 18:20). Es difícil no darse cuenta de la semejanza. Al igual que otros maestros judíos de esa época, Jesús afirmó que sus seguidores necesitaban a la comunidad. Lo que es más, dado que Jesús mismo es la Palabra de Dios, tiene sentido que él prometiera estar presente cuando nos juntáramos para el estudio de las Escrituras.

Nuestras mentes occidentalizadas pueden tener dificultades con esta idea. Tenemos la tendencia a creer que la única forma de tener un encuentro profundo con Dios es por medio de la oración y el estudio solitario. Pero Jesús nos da a entender que su presencia será sentida con *más frecuencia* en la presencia de un pequeño grupo de *haverim*.

A lo largo de los siglos, los judíos han hecho mucho hincapié en la familia y las relaciones. Jesús mismo era parte integral de ese escenario cultural oriental, y sus palabras reflejan este énfasis en la comunidad. Veamos lo que podemos aprender de la cultura de Jesús sobre la importancia de la comunidad y de tener *haverim*.

LA COMUNIDAD, PASADO Y PRESENTE

En su primer viaje a Israel, Lois visitó una clase de muchachos judíos ortodoxos comprendidos en las edades de trece a dieciséis años. Cuando los muchachos guiaron al grupo de Lois en un recorrido informal por su sinagoga, llevaron consigo un par de rollos antiguos de la Tora, poniéndolos con orgullo en la *bimah* (facistol). Al ir desenrollando cuidadosamente aquellos rollos escritos a mano en hebreo sobre pergaminos que ya aparecían amarillentos, alguien les preguntó a los muchachos qué pasaje de las Escrituras habían estado estudiando esa semana. Dado que los rollos no tienen ninguna indicación de capítulos ni versículos, ellos tenían que confiar en su propia familiaridad íntima con el texto para encontrar el pasaje. Revisando columna tras columna escritas con una bella caligrafía, los muchachos tuvieron que trabajar con diligencia con aquellos enormes rollos para encontrar el pasaje. Por supuesto, ellos lo encontraron con facilidad.

Con todo lo interesante que puede parecer este ejercicio, fue aún más fascinante la manera en que uno de los estudiantes describió el texto bíblico semanal. Esto es lo que él dijo: «Estamos leyendo la historia de cómo Dios nos sacó de Egipto y nos salvó de los egipcios». Note que él dijo «nos», no «los sacó», como si él y sus compañeros de clase hubieran cruzado el mar Rojo junto con Moisés y los israelitas.

Debido a que los judíos entienden que las Escrituras cuentan la historia de su pueblo, ellos por lo general usan el pronombre «nosotros» cuando dialogan sobre historias bíblicas. Esos estudiantes estaban leyendo la Biblia como si fuera su propia historia familiar, considerándose a sí mismos tan parte de ella como lo fueron sus antepasados miles de años atrás.

En su autobiografía, el líder judío Nahum Goldmann describe cómo un judío tradicional tiene un sentido de estar vinculado incluso con esos personajes bíblicos o figuras históricas de la antigüedad. «Cuando era niño, mientras aprendía acerca de Moisés, lo veía no como un personaje mítico, sino como un importante tío, aunque quizá un poco distante», explica Goldmann. «Cuando era estudiante de una academia rabínica, la *yeshiva*, analizaba al Rabino Akiba o al Rabino Judah y no era un anticuario que estudiaba historia, sino más bien un hombre envuelto en una viva discusión con un familiar más anciano y sabio que él»[3].

Quizá esa sea una de las razones por las que los judíos le tienen tanto amor al estudio de esos textos antiguos y los ven como recuerdos familiares muy apreciados. Cuando ellos leen acerca de las debilidades y pecados de sus antepasados, pueden sentir empatía porque están leyendo acerca de su propia carne y sangre.

«Qué contraste», dice Lois, «con la manera en que yo acostumbraba a leer acerca de los israelitas que peregrinaban por el desierto. No podía evitar preguntarme cómo es que Dios había elegido a una gente tan quejosa. Nunca se me había ocurrido pensar en ellos como *mi* pueblo. Si hubiera aprendido a leer las Escrituras de la manera en que los estudiantes judíos lo hacen, me habría visto a mí misma caminando por el desierto junto con ellos, comiendo maná un día tras otro y después quejándome como ellos solían hacerlo. Puesto que los cristianos enfatizan la realidad de la condición pecaminosa universal de la raza humana mucho más que los judíos, yo habría estado entre las primeras en identificarme con sus fallos y caídas»[4].

El reconocido autor cristiano Eugene Peterson hace hincapié en nuestra necesidad vital de vincularnos con nuestros antepasados espirituales. Señalando que descartaríamos como frívola una encuesta en la que solo se

RAMAS DEL JUDAÍSMO

Los judíos ortodoxos creen que las Escrituras son inspiradas, que Dios ha llamado a los judíos a vivir conforme a la Tora, y que un día enviará un Mesías. Los judíos ortodoxos se adhieren estrictamente a las leyes alimentarias y a otras tradiciones judías, pero por lo demás adoptan prácticas modernas. Esta forma particular de judaísmo ha existido desde el siglo I hasta la fecha.

Los judíos ultra-ortodoxos (hasídicos) pertenecen a una rama del judaísmo que empezó a finales del siglo XVIII. Más estrictos que los ortodoxos, esta pequeña minoría enfatiza el misticismo y la obediencia gozosa. Los podemos reconocer por su forma de vestir distintiva. Como los ortodoxos, ellos creen en la venida del Mesías.

Los judíos conservadores aceptan generalmente las creencias y prácticas tradicionales judías, pero creen que esas prácticas pueden ser adaptadas a la cultura moderna. Sus puntos de vista sobre la inspiración y la autoridad de las Escrituras están a medio camino entre los de los judíos ortodoxos (alta) y los judíos reformados (baja).

Los judíos reformados creen que la Biblia fue escrita por seres humanos y que contiene enseñanzas sabias que pueden adaptarse a la cultura de los tiempos. Ellos en general no creen en un Mesías. Ese movimiento empezó en Europa en el siglo XIX.

hubiera entrevistado a una persona para sus opiniones sobre un programa especial de televisión que había visto durante solo diez minutos, Peterson comenta: «Esa es exactamente la clase de evidencia que demasiados cristianos aceptan como la verdad final sobre demasiados asuntos que son mucho más importantes, asuntos tales como las oraciones respondidas, el juicio de Dios, el perdón de Cristo y la salvación eterna. A la única persona que ellos consultan es a sí mismos, y la única experiencia que evalúan es la de los diez minutos más recientes». Necesitamos aprender de los siglos de experiencia provistos por nuestros hermanos de la iglesia y de la Biblia. Peterson continúa:

> Un cristiano que tiene a David en sus huesos, a Jeremías en su sangre, a Pablo en las yemas de sus dedos y a Cristo en su corazón sabrá si atribuir mucho o poco valor a sus propios sentimientos momentáneos y su experiencia de la semana. Permanecer intencionalmente ignorante de las peregrinaciones de Abraham en el desierto, de la esclavitud de los hebreos en Egipto, de las batallas de David con los filisteos, de lo que Jesús discutía con los fariseos y de lo que escribía Pablo a los corintios es como decir: «Rehúso recordar que cuando le di una patada a aquel perro negro la semana pasada él me mordió la pierna». Si no lo recuerdo, en el siguiente arrebato de enojo le volveré a pegar otra patada y él me morderá de nuevo[5].

Peterson y los muchachos judíos que Lois conoció en Israel sabían cuán sabio era estar vinculados con nuestros antepasados espirituales, tener a David en nuestros huesos y a Jeremías en nuestra sangre. Ese sentido de relación ininterrumpida con el pasado es muy prominente en la Pascua, cuando se les pide a todos los participantes que se imaginen a sí mismos redimidos de Egipto. Escuche lo que nos dice Éxodo 12:26-27:

> «Y cuando sus hijos les pregunten: "¿Qué significa para ustedes esta ceremonia?", les responderán: "Este sacrificio es la Pascua del Señor, que en Egipto pasó

de largo por las casas israelitas. Hirió de muerte a los egipcios, pero a nuestras familias les salvó la vida"». Al oír esto, los israelitas se inclinaron y adoraron al SEÑOR.

Por la manera en que los maestros leen este texto, Dios no les estaba diciendo solo a los primeros israelitas que ellos contaran aquella experiencia a sus hijos. Él estaba hablando también a los lectores futuros, exhortándolos a que se dieran cuenta que Dios también había librado sus hogares.

En la Pascua, las familias judías se reúnen para disfrutar de una buena comida y después volver a contar la historia de la redención de su «familia». ¿No sería estupendo que las familias cristianas estuvieran dispuestas a hablar de sus propias historias al menos una vez al año, contando cómo Dios ha actuado a favor de ellos?

Sin haberlo pretendido, mi familia ha creado una tradición de contar esas historias. Yo desciendo de un largo linaje de Tverbergs luteranos. Durante más de sesenta años, nuestro clan de los Tverbergs ha venido disfrutando de esa clase de reuniones familiares que Garrison Keillor hubiera envidiado. Somos tan luteranos que en realidad en cada reunión celebramos un culto completo del domingo por la mañana, hasta con un coro. Aunque los luteranos solemos ser muy fieles en la asistencia al templo, por lo general somos muy reservados con respecto a nuestros sentimientos religiosos.

Para sorpresa nuestra, a pesar de nuestro hermético sentido noruego de la privacidad, ha sido en esos momentos familiares de adoración cuando los miembros de nuestra familia se han puesto en pie y han contado lo que Dios ha estado haciendo en sus vidas. En uno de esos servicios mi primo nos contó los detalles de una prueba tremenda que había sucedido unos pocos meses antes. Sabíamos que dos jóvenes habían entrado en su casa en medio de la noche, le habían apuñalado y le habían dejado muy mal herido. Pero aquella mañana nos enteramos del resto de la historia.

En el momento en que le estaban atacando, una mujer de la iglesia se despertó de su sueño profundo con un impulso abrumador de orar por él. Asombrosamente, la esposa de mi primo pudo arrebatar el cuchillo de la mano del joven y evitar de ese modo que le dañara los órganos vitales. Aunque mi primo sufrió un gran trauma, fue rescatado de la muerte en parte gracias a la ayuda de un hábil cirujano que tenía que estar fuera de la ciudad aquel día, pero que a última hora tuvo un cambio de planes. Varios otros notables detalles mostraron la presencia poderosa de Dios en aquella hora tan oscura.

PESACH

Pesach es la palabra hebrea que se traduce «Pascua», fiesta que se celebra en marzo o abril, y es la primera de las siete fiestas bíblicas. Recuerda los sucesos del Éxodo (salida) de Egipto. Los judíos todavía celebran esta fiesta tan antigua una vez al año con una comida ceremonial especial, o *Seder*, que generalmente comen en casa.

Conocer experiencias personales como estas ha tenido un impacto mucho mayor en mi fe que los mejores sermones que jamás haya oído. ¿Cómo no podría ser así, puesto que la fe no es asentir a una lista de verdades abstractas? Se trata de mi propia familia en sus encuentros reales y transformadores de la vida con Cristo Jesús.

Del mismo modo, cuando Dios le dijo a su pueblo que recordara y contara la experiencia de su redención en la Pascua cada año, él sabía cuán importante sería para ellos recordar su historia familiar. Él quería que las nuevas generaciones entendieran exactamente lo que había hecho por ellos.

¿No sería una gran bendición que pudiéramos encontrar la forma de identificar nuestra propia historia cristiana de la manera en que el pueblo judío se identifica con su sagrada historia? Quizá haya llegado el momento en que nos volvamos a familiarizar con la vida y las grandes experiencias de hombres y mujeres de la fe a lo largo de los siglos, personas como Perpetua, una de las primeras mártires cristianas, o Mónica y su famoso hijo Agustín de Hipona, o Francisco de Asís, o William y Catherine Booth, o Dietrich Bonhoeffer. Las historias de los siervos fieles de Dios son tan variadas como las vidas de aquellos en nuestra familia cristiana que las han vivido. Su gracia es hoy tan generosa como lo era cuando Jesús vivía y como lo ha sido a lo largo de todos los siglos que han pasado.

RECONSIDEREMOS LA SOLEDAD

Cierre sus ojos y vea la primera imagen de Jesús que llegue a su mente. Lo más probable es que le aparezca representada la figura de Jesús en una escena de retiro y soledad, orando en Getsemaní, o sosteniendo en brazos a un cordero, o crucificado en la cruz. Desde los primeros tiempos Jesús ha aparecido representado como un hombre que meditaba en la soledad.

Por supuesto, Jesús tuvo momentos de soledad. Los Evangelios nos cuentan que él a veces se fue solo a orar a un lugar apartado. Incluso pasó cuarenta días solo en el desierto ayunando y orando. Debido a eso, muchos han tratado de imitar a Cristo buscando la soledad. Los primeros monjes que veían el ayuno de Cristo en el desierto como la esencia de la espiritualidad y del discipulado, con frecuencia se encerraron en sus celdas para orar durante horas e incluso días sin fin. Y otros también han hecho hincapié en la necesidad de la soledad. Vea las cuatro recomendaciones principales de un autor para desarrollar la disciplina espiritual:

1. Soledad
2. Silencio
3. Ayuno
4. Memorización de las Escrituras

Aunque estas disciplinas pueden ser útiles y ayudarnos, el autor deja fuera de la lista algo esencial. ¿Qué dice acerca de la comunidad? Si la meta del discipulado es la de llegar a ser semejantes a Cristo, es importante que dediquemos tiempo a los demás, aprendiendo cómo amar y ser amado y permitiendo que sean limadas nuestras aristas. Necesitamos aprender a tolerarnos los defectos unos a otros y a admitir nuestras propias deficiencias con el fin de que Cristo nos pueda refinar y reformar.

Incluso los que son extrovertidos de entre nosotros no se involucran con frecuencia en la clase de comunidad que es necesaria para el discipulado. ¿Y qué hay acerca de los que, a causa de nuestra personalidad, encontramos atractivo el discipulado solitario? Para algunos de nosotros, estar solos es una forma de evitar relacionarnos con personas que nos molestan o nos desafían. Pero las palabras de Jesús acerca de estar presente cuando dos o más se reúnen en su nombre deberían llevarnos a pensar dos veces antes de convertirnos en Llaneros Solitarios.

Como individualistas occidentales, nos olvidamos de lo que Jesús era en realidad. Piense y vea que la mayor parte de su ministerio lo pasó al lado de sus fieles *talmidim*, viajando con ellos a pie de pueblo en pueblo, acampando en todo lugar adonde fueron. Disfrutaron de muchas cenas con extraños que los invitaban con generosidad a comer en sus casas, como era costumbre hacerlo con los maestros itinerantes. Aun cuando Jesús insistía en alejarse de la multitud vociferante, él por lo general lo hacía en compañía de sus discípulos. Es notable ver que Jesús nunca envió a sus discípulos solos, sino siempre en parejas. Él sabía de su necesidad vital de *haverim*.

Es evidente que Jesús disfrutaba mucho de la compañía de los demás. Los discípulos se asombraron, por ejemplo, de la alegría que le daba la presencia de los niños pequeños. En una ocasión, cuando ellos querían despedir a la multitud hambrienta, Jesús multiplicó unos pocos panes y peces con el fin de que cada uno tuviera algo para comer juntos. De hecho, su ministerio público comenzó en medio de una fiesta, cuando cambió el agua en vino en una fiesta de bodas. Seguir a Jesús significa participar de la vida en la comunidad, donde se ven y se disfrutan más las riquezas de la vida.

No obstante, debemos valorar la soledad en medio de la agitación del mundo moderno. Pasar tiempo a solas con Dios y lejos de las presiones diarias puede ayudarnos a discernir la voz apacible y suave de Dios. Pero para la mayoría de nosotros la soledad no debería ser la norma. En su lugar debemos buscar oportunidades para relacionarnos con los demás en formas significativas, en especial porque la cultura moderna parece que solo gira alrededor de sí misma, y cada persona queda cada vez más aislada.

Como escritoras, las dos sabemos muy bien lo que significa pasarnos el día solas frente a nuestra computadora. Muchos otros pasan ocho horas cada día en una oficina sentados en cubículos que parecen tumbas. ¿Qué sucede cuando las personas regresan a casa y encienden el televisor? Los programas de televisión, los juegos electrónicos y los canales de satélite son pobres sustitutos de la risa y del amor de los familiares y amigos.

El pastor Robert Stone señala que los estadounidenses están entre las personas más solitarias del planeta, y agrega que en la mayoría de las sociedades, la gente no experimenta la soledad tan aguda que tienen los estadounidenses. «En otras culturas las personas rara vez están solas, física o emocionalmente. Los familiares, los amigos e incluso los extraños son normalmente parte de la vida de los demás», observa Stone. «No así en los Estados Unidos»[6]. Nuestro individualismo y nuestra riqueza nos han permitido minimizar nuestro contacto con los demás, para perjuicio nuestro. Este problema de falta de amistades existe incluso en nuestras iglesias. Larry Richards, en su libro *The Friendless American Male*, [*El hombre americano sin amigos*] habla de que «en las iglesias nos sentamos juntos y cantamos juntos, y nos saludamos unos a otros cortésmente cuando nos marchamos al final del culto. Hacemos estas cosas a veces durante años, sin formar en realidad verdaderas relaciones cristianas. Nuestras palabras parecen con frecuencia superficiales. El templo, por lo tanto, se convierte en un lugar donde los cristianos viven solos todos juntos»[7]. Asistir a un templo puede facilitarnos escuchar un gran sermón e himnos inspiradores, pero nos perdemos algo importante si no estamos también formando amigos y relacionándonos unos con otros en formas más profundas.

LLEGUEMOS A SER *HAVERIM*

«Examinando mi vida en retrospectiva», dice Lois, «puedo ver la sabiduría de contar con un *haverim*. Cuando soy parte de un excelente grupo de estudio bíblico, aparecen perspectivas y opiniones diferentes que yo no podría encontrar por mí misma. Y cuando escucho historias de cómo Dios está obrando en las vidas de otros, eso hace que mi lectura de las Escrituras sea más profunda y eficaz. Algunas de las mejores relaciones que he desarrollado han sido con mis *haverim*. Resulta mucho más fácil intimar con otros cuando estás pasando tiempo en el estudio de la Palabra de Dios con ellos y orando unos por otros».

No obstante, hay mucho más en ser un *haver* que en ser un amigo cristiano. Un *haver* es un condiscípulo y compañero que desea ardientemente luchar junto a otros por asuntos de fe, alguien que quiere ahondar en la Palabra de Dios, para ser refutado y refinado. Un *haver* es como un «compañero de trote espiritual», alguien por quien uno es capaz de salir de la cama temprano en un día de lluvia y ponerse sus tenis de correr en vez de parar el despertador que le recuerda que es hora de levantarse. Una vez que están levantados y trotan juntos, su paso es cada vez más animado y llegan un poco más lejos. Se sienten estimulados espiritual e intelectualmente. Si de verdad queremos madurar en la fe y como discípulos, necesitamos cultivar relaciones que nos fuercen a crecer, y lo conseguimos cuando nos hacemos con un *haver*.

Ser un *haver* no es un compromiso descuidado. Se requiere esfuerzo y persistencia. Necesitaremos encontrar tiempo para la preparación y el estudio, bregando con el texto de las Escrituras que tenemos con anticipación con el fin de tener algo para aportar. Para la mayoría de nosotros eso será un reto, pero debemos prestar atención al consejo del maestro que dijo: «No diga: "Estudiaré cuando disponga de más tiempo". ¡Puede que ya no tenga más tiempo!»[8].

Por otra parte, es imposible ser un buen *haver* si usted se aferra a un sentido extremo de privacidad en los asuntos espirituales. Muchos grupos de estudios bíblicos nunca han ido más allá de una conversación impersonal y superficial. Los *haverim* necesitan aprender a confiar unos en otros, expresar abiertamente sus pensamientos y sentimientos, con la seguridad de que lo que expresamos dentro del grupo no va a salir del grupo. Ellos también deben aprender el arte de estar en desacuerdo respetuosamente, impugnándose unos a otros cuando sea necesario. Recuerde, el debate era una parte normal de la vida de los discípulos, un elemento esencial para aprender.

Convertirse en *haverim* el uno para el otro es una manera eficaz de llevar a cabo el mandamiento de Jesús de hacer discípulos. Más bien que vernos como el «maestro» y a los otros como nuestros «discípulos», el hacernos *haverim* nos permite asumir el papel de «condiscípulos». Podemos ayudar a otros a crecer aprendiendo a su lado mientras vamos por el camino.

«Yo no era la cristiana más madura cuando estudiaba en la universidad», observa Lois. De hecho, la piedad evidente de algunos de los estudiantes la desanimaba: la Biblia que llevaban a cada clase, sus grupos de oración en la cafetería, cómo parecían estar siempre muy unidos. *¿Son de verdad reales?*, se preguntaba ella. *¿Son ellos capaces de ser amigos de otros cristianos que no tengan esa gran profundidad espiritual?* Ella decidió probarlos comportándose como si fuera un poco más mundana de lo que era, diciendo cosas que se pasaban un poco de los límites. «Hice mi papel tan bien», dice ella, «que para vergüenza mía ellos sacaron la conclusión de que yo no era ni siquiera cristiana».

«No fue sino hasta unos pocos meses más tarde, cuando me uní a un grupo de estudio bíblico con ellos, que de verdad empezaron a ser buenos amigos míos. Una vez que se dieron cuenta que yo era de verdad cristiana, se relajaron y empezaron a contarme de sus propias luchas internas. Fue entonces cuando descubrí cuán semejantes a Cristo podían ser ellos. Brian, que estaba en muchas de mis clases, me mencionó que se hallaba dispuesto a dejar su tiempo de estudio para aconsejar a otro estudiante que estaba pasando por problemas emocionales. Inmediatamente mi instinto competitivo se rebeló. No me podía imaginar que alguien arriesgara su éxito para ayudar a otra persona.

»Otra amiga, Steph, me asombró por su forma tan natural y hábil para hacerse amiga de estudiantes extranjeros, personas que a veces se sentían como extraterrestres en la universidad. Con mi trasfondo rural de Iowa, no tenía ni idea de cómo ella podía hacer eso. Lentamente, su habilidad personal para ganar personas de otras culturas se me fue contagiando, y desde entonces he desarrollado valiosas relaciones con personas de otras nacionalidades».

El Cristo que Lois vio en sus amigos de la universidad fue un reto para ella a fin de cambiar la forma en que vivía. Irónicamente, su ansiedad inicial acerca de su condición espiritual era lo que les había frenado a ellos de hablarle eficazmente del evangelio. Esos jóvenes cristianos pensaron que su tarea era lograr meterla en el «redil de las ovejas» mediante la predicación de un sermón perfecto y ayudándola a decir ciertas oraciones. Pero el asunto no era que ella estuviera «perdida». Lois necesitaba convertirse en una mejor discípula. «Una vez que ellos se dieron permiso a sí mismos para ser sinceros y auténticos», dice ella, «se convirtieron en mis *haverim*, sus vidas llegaron a ser testimonios poderosos para mi madurez».

Muchos de nosotros vemos el proceso de hacer discípulos como algo que solo sucede en la «cerca». Nos parece que nuestra tarea principal es lograr que las personas entren al aprisco. Pero muchas ovejas son como Lois: ya están dentro de la cerca pero solo pensando en comer del pasto. Ellas necesitan que las lleven más cerca de Cristo para convertirse en verdaderos discípulos.

¿Qué decir de aquellos que no están para nada interesados en Jesús o de aquellos que están de verdad enojados o son hostiles hacia la iglesia? ¿Cómo debemos relacionarnos con ellos? Quizá la solución es *vivir de forma transparente alrededor de todo el mundo,* sin importar cuál es su fe o si le falta la misma. Podemos hablar con sinceridad y sensibilidad de nuestras propias luchas y de lo que Cristo está haciendo en nuestras vidas sin preocuparnos dónde están las personas con respecto a la «cerca». Entonces cada parte de nuestra vida será una fuente de testimonio, sin importar quiénes son nuestros amigos. A veces abriremos la puerta e invitaremos a que entren algunos, pero con igual frecuencia nos veremos ayudando a otros creyentes a ser discípulos más eficaces. En el proceso descubriremos que también estamos siendo discipulados. La clave está en permanecer lo más cerca posible de Jesús, viviendo con transparencia mientras procuramos seguir a nuestro Maestro.

Una forma de fortalecer nuestro discipulado y permanecer cerca de Jesús es por medio de la profundización de nuestra vida de oración. Imagínese lo que debió ser para los discípulos pasar noche tras noche bajo las estrellas y despertar al amanecer para ver que su Maestro estaba ya levantado, orando al Padre celestial. Ellos sintieron curiosidad por la vida espiritual de Jesús, y por eso le rogaron: «Señor, enséñanos a orar» (vea Lucas 11:1). ¿Qué podemos aprender de la manera en que el pueblo judío oraba en el siglo I? ¿Qué podemos aprender de la oración del Maestro más grande de todos los tiempos?

A LOS PIES DEL MAESTRO

1. Si usted no tiene un compañero de estudio, un *haver,* pídale a Dios que le envíe uno. Quizá su cónyuge pueda ser su *haver* o *haverah.* Ya sea que usted esté casado o soltero, busque otra persona en su vecindario, su iglesia o lugar de trabajo, o entre su círculo de amigos, que comparta su interés por las Escrituras. Asegúrese de que su *haver* sea

alguien capaz de instarle a profundizar en vez de alguien que siempre está de acuerdo con todo lo que usted dice. Recuerde que el debate es un método eficaz de aprendizaje.

2. Piense en la posibilidad de tener un *havruta*, una sesión de estudio en su cada o en su iglesia. Invite a una o más personas a estudiar un texto en particular con usted. Si se presentan varias personas, haga arreglos para que conversen por parejas y pídales que dialoguen sobre el texto en voz alta. Antes de empezar, deles un poco del trasfondo de este método de estudio. Vea qué perspectivas surgen al ir desarrollándose la sesión.

3. La próxima vez que lea la Biblia, trate de relacionarse con los israelitas como si ellos fueran parte de su propia familia: sus tías, tíos y parientes. ¿Cómo cambia su reacción emocional cuando usted considera al pueblo en los relatos bíblicos como «nosotros» en vez de «ellos»?

4. Anime a los familiares de más edad a que cuenten sus historias de cómo Dios ha obrado en sus propias vidas, en especial en los momentos difíciles. Piense en las formas de dejar constancia de las historias de fe de los miembros de su familia, preservándolas para las futuras generaciones.

5. Una iglesia que conocemos dedica un culto completo en cada primavera a celebrar las grandes cosas que Dios ha hecho a lo largo del año anterior. Cada persona que tiene una historia que contar se pone de pie y la relata, y toda la iglesia después celebra y disfruta de una fiesta con comida. Piense en tener una celebración similar en su propia iglesia.

CAPÍTULO 6

MAESTRO, ENSÉÑANOS A ORAR

La oración es una invitación para que
Dios intervenga en nuestras vidas,
para dejarle que prevalezca en todos
nuestros asuntos;
es abrir una ventana para él en nuestra
voluntad, un esfuerzo
para hacer que él sea el Señor de nuestra
alma.

Rabino Abraham Joshua Heschel[1]

¿Recuerda el vuelo de Ann en El Al de Nueva York a Tel Aviv? Tan pronto como llegaron a Israel, ella se dirigió en taxi hasta Jerusalén, una de las ciudades más religiosas del mundo. En todas partes adonde fue vio a hombres que caminaban a zancadas cubiertos con sombreros negros, trajes oscuros y camisas blancas. Otros hombres llevaban largas barbas con largos rizos que colgaban de debajo de unos sombreros de piel en forma de barril. Y había mujeres vestidas con blusas de manga larga y faldas hasta los tobillos. Si es que fuera posible, la ciudad le pareció aún más religiosa que en otras visitas anteriores. Aunque ninguna de las personas que Ann vio ese día estaba haciendo ninguna declaración sobre modas, todos ellos estaban diciendo en tono muy alto algo acerca de sus creencias religiosas y de la comunidad a la que pertenecían.

«No pude evitar quedar impresionada por esa demostración externa de devoción», comentó Ann, «¡especialmente durante la parte más cálida del verano! E incluso me pregunté qué ocurriría si Jesús apareciera en la escena caminando. ¿Se integraría a la multitud con más facilidad que yo, que estaba vestida con mis pantalones de viaje resistentes a las arrugas y blusa de mangas cortas; que llevaba mi cámara colgando de mi hombro y una pequeña cruz de oro sujeta a una cadena alrededor de mi cuello? Me preguntaba también si las costumbres y hábitos de los observantes judíos se asemejarían en algo a los que tuvo Jesús y sus contemporáneos.

«Yo sabía que sería tonto proyectar tradiciones religiosas posteriores sobre Jesús al asumir que el judaísmo de hoy era idéntico a las prácticas de los antiguos judíos. ¿Pero podía haber allí algunas similitudes? ¿Llevaron Jesús y sus discípulos *tefilim* (filacterias), *yarmulkes*, o mantillas de oración? ¿Recitaron ellos algunas de las oraciones que los judíos usan hoy? ¿Debería imaginarme yo a Jesús y a sus discípulos *davening*, es decir, balanceándose rítmicamente hacia adelante y atrás mientras oraban, como la jovencita que se sentó a mi lado en el vuelo desde Nueva York?

«Como estaba a punto de descubrir, la historia y los relatos de los Evangelios revelan una sorprendente relación entre ciertas costumbres distintivas de los judíos ortodoxos y las que practicaban los judíos del tiempo de Jesús».

Por ejemplo, la costumbre de sujetar los *tefilim*, las pequeñas cajas de cuero negro, en la cabeza y el brazo contaba ya con cientos de años de antigüedad cuando Jesús nació. En 1969, en una de las cuevas de Qumram cerca del mar Muerto, los arqueólogos encontraron unos *tefilim* de la época del siglo I que todavía tenían versículos bíblicos en su interior[2]. Las cajas eran muy pequeñas, como del tamaño de una estampilla de correos.

Jesús probablemente llevó *tefilim* (filacterias) la mayor parte del tiempo, no solo durante la oración, como es la costumbre hoy. Los manuscritos antiguos describen cómo los hombres judíos las llevaban durante las horas del día, quitándoselas solo para comer, trabajar o al entrar en algún lugar impuro. Si esa era su práctica, entonces con toda seguridad Jesús llevaba pequeños *tefilim* cuando criticó a aquellos que llevaba grandes *tefilim* con el propósito de que todos supieran de su gran piedad (Mateo 23:5)[3].

TEFILIM

Los *tefilim* o filacterias son cajitas de cuero que contienen versículos bíblicos y que se llevan en la frente y el brazo derecho para cumplir con el mandamiento de Deuteronomio 6:8: «Átalas a tus manos como un signo; llévalas en tu frente como una marca». En el tiempo de Jesús, los *tefilim* se llevaban durante todo el día. Hoy los llevan solo durante el momento de oración.

DAVENING

Davening es la palabra yiddish que significa «orar». Se usa con frecuencia para describir la práctica de balancearse mientras se recitan oraciones. Esta costumbre surgió entre los judíos en la Edad Media.

Jesús, sin embargo, no habría llevado un *yarmulke* (o *kippah*), una prenda que los hombres usan para cubrirse la cabeza. Eso se convirtió en costumbre varios siglos después, y empezó entre los judíos de Babilonia[4]. En 1 Corintios 11, Pablo nos dice que los hombres no cubrían sus cabezas, mientras que las mujeres sí lo hacían.

Aunque Jesús probablemente llevó la borla ceremonial *(tzitzi-yot,* plural de *tzitzit),* no llevó una mantilla de oración, que se desarrolló más tarde. La intención de las mantillas de oración es llevar las borlas y solo se usa para la oración o las ocasiones religiosas. En el caso de Jesús, las borlas estarían sujetas al manto exterior que llevaría cada día. Lo vemos en Mateo 9:20, cuando una mujer tocó el borde de su manto y quedó sanada. La práctica de Jesús de llevar *tzitziyot* todo el tiempo, y no solo durante las oraciones, continúa hoy entre los judíos ortodoxos y hasídicos. En los tiempos de Jesús, no se requería que las mujeres llevaran borlas, pero algunas las llevaban de todas formas en la parte exterior de su manto, porque ocasionalmente algunos esposos pedían a sus esposas que les dejaran sus mantos[5].

También los largos rizos laterales (*peyot*) que algunos hombres judíos llevan con el fin de observar Levítico 19:27 («No se corten el cabello en redondo ni se despunten la barba») son tradiciones más recientes observadas por algunos grupos en los últimos siglos, principalmente en Polonia y Rusia. Es interesante notar que una tradición vincula los rizos con el mandamiento que encontramos en Levítico 19:9-10:

> «Cuando llegue el tiempo de la cosecha, no sieguen hasta el último rincón de sus campos ni recojan todas las espigas que allí queden. No rebusquen hasta el último racimo de sus viñas, ni recojan las uvas que se hayan caído. Déjenlas para los pobres y los extranjeros. Yo soy el Señor su Dios».

Algunos piensan que al dejar las esquinas de su cabello sin cortar, estos hombres judíos se recordaban a sí mismos y a otros la importancia de dejar las esquinas de sus campos sin cortar, es decir, de proveer para los pobres[6].

Del mismo modo, las chaquetas de lana y los sombreros de piel surgieron entre los judíos hasídicos a partir de modas polacas del siglo XVII. Y el *davening* empezó en Europa en la Edad Media. No todas las cosas judías representan una imagen de Jesús.

No obstante, algunas de las costumbres que nos parecen de las más extrañas, como llevar *tefilim* (filacterias) y borlas, sí que eran una parte auténtica de la experiencia diaria de Jesús. Ahora que lo pienso, puede que Jesús se hubiera sentido más a sus anchas durante mi vuelo con El Al desde Nueva York de lo que yo me sentí. Él se habría sentido muy familiarizado con las oraciones que recitaban los pasajeros, especialmente dado que las decían en hebreo, la lengua de las oraciones desde los días de Jesús[7].

Seguramente se hubiera unido a ellos cuando recitaban la *Shemá*, tres pasajes de las Escrituras que constituyen una declaración de profunda devoción. Jesús debe haberlos recitado cada mañana y tarde, como lo han hecho los judíos por miles de años. La *Shemá* viene de las primeras palabras de la primera línea: «Escucha (*Shemá*), Israel: El Señor nuestro Dios es el único Señor. Ama al Señor tu Dios con todo tu corazón y con toda tu alma y con todas tus fuerzas»[8]. (El texto completo de la *Shemá* aparece en el Apéndice A.)

Cuando un maestro de la ley le preguntó a Jesús cuál era el más grande de los mandamientos, Jesús respondió citando la *Shemá* (Marcos 12:28-30). Esta oración expresaba la esencia de su propio y profundo compromiso con el Padre. Para muchos judíos las palabras de la *Shemá* son las últimas palabras que pronuncian sus labios antes de morir, confirmando así su devoción a Dios.

¿Qué otras oraciones podían haber estado recitando los pasajeros durante mi vuelo a Israel? Lo más probable es que estuvieran recitando una serie de bendiciones que se cree que se remontan al tiempo de Nehemías, cientos de años antes de que Jesús naciera. El *Amidah*, conocido también como las *Dieciocho Bendiciones* (ahora hay diecinueve), forma el corazón de la adoración judía. A veces las personas se refieren a él solo como el *Tefillah*, que significa «Oración», debido a que es muy central en la adoración[9].

Dos veces al día, desde su niñez, Jesús escucharía a su padre José recitar estas tradicionales oraciones[10], aunque quizá no con las mismas palabras exactas que se repiten hoy. El *Amidah* no fue estructurado como una liturgia formal sino hasta unos cincuenta años después del tiempo de Jesús por el nieto de Gamaliel, el gran maestro con el que se educó Pablo[11]. Desde entonces, y durante casi dos mil años, ha permanecido prácticamente inalterado. Junto con las oraciones de alabanza y acción de gracias, el *Amidah* incluye peticiones para que Dios envíe el Mesías y conceda sabiduría, perdón, sanidad y liberación. Como todas las oraciones judías, está lleno de referencias a las Escrituras, especialmente los Salmos. (Vea el Apéndice A para el texto.)

La bellísima liturgia del *Amidah* empieza con las palabras: «Bendito seas, tú Señor, nuestro Dios y Dios de nuestros padres, Dios de Abraham, Dios de Isaac, y Dios de Jacob». Al comentar cuán repetitiva es esta oración de apertura, el maestro Wayne Dosick observa:

> Los escritores del libro de oración entendieron que cada uno de estos «padres fundadores» del judaísmo tenía que formar una relación separada, individual y personal con Dios, cada uno de ellos en su tiempo. El mundo de Isaac no era el mundo de su padre; el mundo de Jacob no era el mundo de su padre ni de su abuelo. Cada hombre tenía que descubrir a Dios por sí mismo, porque cada hombre tenía sus propias necesidades y expectativas de Dios[12].

Además del *Amidah*, las personas comunes hacían otras muchas oraciones a principios del siglo I. La vida judía, en realidad, estaba saturada de oraciones. Después de la destrucción del templo en el año 70 d. C. los judíos llegaron a pensar que sus oraciones eran un sustituto de los sacrificios que ya no se podían ofrecer. Tres veces al día —mañana, tarde y noche— el momento de las oraciones se ha establecido conforme al tiempo de los sacrificios en el templo.

Los judíos oran antes de comer, antes de disfrutar de algún placer de la vida, e incluso en medio de las dificultades. Un judío devoto recita al menos un centenar de bendiciones al día. La prioridad que ponen en la oración se evidencia en el hecho de que el primer libro (o tratado) de la Mishná, titulado «*Berakhot*» (que significa «bendiciones»), está dedicado por entero al tema de cómo y cuándo orar.

Jesús también tuvo la oración como una prioridad. La evidencia que encontramos a lo largo de los Evangelios es que él siguió la rica costumbre judía de orar. Con frecuencia se levantaba temprano y se marchaba solo a orar. Enseñó sobre la oración, contó parábolas sobre la oración e incluso les dio a sus discípulos notas resumidas con palabras que podían usar para orar al Padre. ¿Qué podemos aprender de la costumbre judía sobre la oración que nos pueda ayudar a orar más como lo hizo él?

ENSEÑANZAS JUDÍAS EN LA ORACIÓN MODELO DE JESÚS

Conocer cómo practicó Jesús las costumbres de su propia cultura religiosa puede ofrecernos mucho conocimiento sobre sus enseñanzas acerca de la oración. Piense por un momento en la oración modelo conocida como el Padrenuestro. Con todo lo querida que es, muchos nos rascamos la cabeza sobre frases como «santificado sea tu nombre» o «venga tu reino». Esas líneas son al mismo tiempo familiares y extrañas. Bregamos para entenderlas no porque seamos cortos de entendimiento, sino porque las palabras de Jesús son muy judías. Sus enseñanzas sobre la oración se apoyan en temas clásicos que todavía entienden los judíos hoy.

Se ha sugerido que el Padrenuestro es un resumen de la *Amidah* porque abarca varios de sus temas[13]. Otros maestros del tiempo de Jesús también enseñaron versiones resumidas de la *Amidah* con el propósito de ilustrar cuál debería ser la esencia de la oración. Además, la iglesia primitiva solía orar recitando el Padrenuestro tres veces cada día, tal como se hacía con la *Amidah*[14]. Ya sea que Jesús tuviera la *Amidah* en mente o no cuando les enseñó a orar a sus discípulos, el hecho de que contenga temas similares muestra que las oraciones de Jesús ejemplificaban la sabiduría de la oración judía.

Incluso las dos primeras palabras de la oración modelo —«Padre nuestro»— nos pueden enseñar muchas cosas. El Padrenuestro refleja la tradición judía de usar la frase «Padre nuestro» en vez de «mi Padre». A diferencia de la tendencia nuestra a concentrarnos en nuestras necesidades individuales, las oraciones judías tendían a involucrar oraciones comunitarias pensando en las necesidades de todos. Incluso hoy, algunas oraciones no pueden ofrecerse a menos que una *minyan* (diez varones adultos judíos[15]) esté presente para representar a la comunidad como un todo.

LA AMIDAH

La *Amidah* es la oración central de la liturgia judía y la recitan tres veces al día desde los días del siglo I d. C. También la llaman la *Shmoneh Esreh*, que significa «dieciocho» porque originalmente fue compuesta con dieciocho bendiciones; una decimonovena petición fue añadida unos cien años después que Cristo viviera.

Notemos, sin embargo, que aunque Jesús enseñó a sus discípulos a dirigirse a Dios como «Padre nuestro», él en lo personal habló con Dios llamándole «mi Padre», en singular. En la oración judía a veces se dirigían a Dios llamándole «Padre nuestro», pero «mi Padre» era atrevido, casi desconocido. Para muchos eso habría sido como una evidencia de que él era el Mesías, porque varias profecías describen al Mesías como alguien que tendría una relación especialmente íntima con Dios[16]. Cada vez que Jesús se refería a Dios como «mi» Padre, sus oyentes lo entendían como una afirmación audaz.

Es notable observar que Jesús habló de Dios como «mi Padre» cuando solo tenía doce años de edad. Recuerde su respuesta a sus padres cuando le hallaron conversando en el templo con los maestros de las Escrituras: «¿Por qué me buscaban? ¿No sabían que tengo que estar en la casa de mi Padre?» (Lucas 2:49). Al parecer, el niño Jesús estaba bien consciente de su identidad y misión.

¿Qué podemos decir de la frase «Danos hoy nuestro pan cotidiano»? ¿Por qué Jesús nos dice que oremos por «pan»? ¿Por qué no nos habla de orar por una chuleta o por plátanos? En hebreo, la palabra que se traduce pan, *lechem*, también puede significar alimento en general. Cuando Jesús levantó el pan, lo partió y dio gracias al Padre celestial, estaba dando gracias por toda la comida, como un padre judío lo hubiera hecho. *Lechem* representa no solo todo el alimento, sino también el sustento de Dios como un todo. Cuando oramos de esa manera, le estamos pidiendo a Dios que provea para cubrir todas nuestras necesidades. Darnos cuenta de esto puede ampliar nuestra comprensión de lo que Jesús estaba diciendo al afirmar: «Yo soy el pan de vida» (Juan 6:35). Jesús mismo es el sustento profundo y completo que necesitamos.

Incluso hoy el pan tiene un significado especial en el pensamiento judío. Algunas personas piensan que el pan nunca debe ser desechado, porque al hacerlo mostramos ingratitud por la amorosa provisión de Dios. Josa Bivin, un estadounidense que ha vivido en Israel por muchos años, escribe:

> En vez de tirar su pan junto con el resto de la basura al carretón de la basura que está parqueado en la calle, ellos [los israelitas] recogen su pan en bolsas de plástico y lo cuelgan de los salientes de metal a los lados de los carretones (que se usan para volcar los mismos en los camiones de la basura). De esa forma, el pan puede estar potencialmente disponible para los pobres[17].

La sensibilidad hacia los pobres y la gratitud por la provisión divina es admirable. Lois recuerda haber hablado una vez con un pastor de Uganda del que se había hecho buena amiga mientras estudiaba en un seminario cercano. «Le pregunté a mi amigo qué recordaría él más acerca de la vida en los Estados Unidos cuando regresara a casa, y su respuesta me dejó sorprendida», dijo ella. «"Nunca olvidaré en toda mi vida", contestó él, "el haber vivido este año sin estar nunca preocupado por el alimento". ¡Me costaba creer que un amigo mío hubiera pasado buena parte de su vida preocupado por conseguir lo suficiente para comer!». La oración de Jesús por «nuestro pan cotidiano» tiene mucho sentido a la luz de esta ansiedad básica que ha padecido la mayor parte de la gente a lo largo de la historia humana.

¿Qué podemos decir de la frase «líbranos del maligno»? ¿De qué clase de mal o maligno está hablando Jesús? ¿Podemos encontrar pistas en las Escrituras y en las oraciones judías? En varios lugares del Antiguo Testamento Dios habla de «librar [a alguien] del mal o del maligno»[18]. Pero la palabra hebrea que se traduce como mal, *ra*, es amplia, y significa peligro o desgra-

MINYAN

Un *minyan* es una reunión de al menos diez varones judíos adultos, que se requiere para ciertas oraciones públicas. En el primer siglo de la era cristiana, las mujeres también podían ser incluidas en ese número.

cias, como también pecado. Los maestros se daban cuenta que la palabra *ra* podía abarcar muchas cosas, por eso una oración que apareció alrededor del año 200 d. C. pide específicamente: «Líbrame de [...] una mala persona, de una mala compañía, de una mala herida, de una mala inclinación, y de Satanás, el destructor». Se usa cuatro veces la palabra *ra* en hebreo, la primera como una forma de pedir protección física, pero luego se pide protección de ser tentado a hacer el mal a otros, así como también de nuestros deseos, e incluso de Satanás. Esta oración pide ayuda a Dios en el área física como la espiritual para evitar aquellas cosas que pueden al final destruir nuestras vidas.

Quizá esta antigua oración rabínica pueda ayudarnos a entender mejor la enseñanza de nuestro propio Maestro. Palabras judías análogas a las de Jesús «Y no nos dejes caer en tentación» vienen a decir: «No permitas que sucumbamos a nuestras propias malas inclinaciones. Ayúdanos a evitar la tentación y el pecado». Ciertamente no nos equivocaremos si oímos las palabras de Jesús como una súplica para que Dios nos proteja del mal que está dentro y fuera de nosotros[19].

CÓMO *NO* ORAR

Volveremos a la oración del Padrenuestro en el capítulo 13, cuando examinemos más en detalle la frase «Venga tu reino», pero dediquemos ahora un momento a considerar otro aspecto de la oración judía, es decir, cómo *no* orar.

Quizá usted se pregunte si los judíos solo hacían oraciones fijas en momentos fijos del día. Aunque ellos contaban con muchas oraciones ya hechas, el pueblo judío también oraba de manera espontánea. Un rabino del siglo I llegó incluso a advertir acerca de hacer nuestras oraciones como rezos «fijos», refiriéndose a oraciones varias, rutinarias y simples repeticiones[20]. Parece como que estaba diciendo lo mismo que Jesús dijo acerca de orar con «vanas repeticiones» de una manera rutinaria. Otros maestros aconsejaron sobre cómo deberíamos orar en nuestros momentos espontáneos y reflexivos. Es interesante notar que ellos, a semejanza de Jesús, hablaron de lo que significaba «orar en vano». Uno dijo:

Si la esposa de uno está embarazada y él dice: «Que tu voluntad sea que ella dé a luz un varón», eso sería orar en vano. Si él venía por el camino y escucha un ruido de clamor en la ciudad y dice: «Que sea tu voluntad que los que lloran no sean miembros de mi familia», eso sería orar en vano[21].

¿Por qué son estas oraciones en vano y vacías? Porque no hay razón para pedirle a Dios que cambie el sexo de la criatura que no ha nacido, porque es algo que Dios ya ha determinado desde el momento de la concepción. Orar pidiendo que Dios cambie el sexo de una criatura sería como pedirle que alterara la historia, que cambiara por arte de magia la realidad para satisfacer nuestro deseo. La segunda idea es que si oímos gritos de angustia, deberíamos abstenernos de orar pidiendo que no procedan de miembros de nuestra propia familia. De nuevo, eso sería como pedirle a Dios que cambiara la historia. Aun peor, estaríamos deseando el mal para otros, al pedirle a Dios que envíe dificultades a otros por amor a las personas que queremos.

UN SENTIDO DE LA PRESENCIA DE DIOS

A muchas personas del mundo moderno Dios les parece remoto y despreocupado, viviendo a años luz de distancia en otra dimensión llamada «cielo». ¿Se preocupa de verdad el Creador de todo el universo por nuestros problemas infinitesimalmente pequeños? La mayoría diría que sí, porque sabemos que esa es la manera en que debemos responder a la pregunta. Pero ansiamos un sentido más profundo e inmediato de la presencia y cercanía de Dios. Queremos una seguridad firme de su fiel cuidado.

¿Por qué resulta a veces tan difícil creer que Dios se interesa por nosotros? Muchos de nosotros no hemos sido formados por una cosmovisión bíblica, sino por una secular. Nuestro mundo occidental ha estado fuertemente influido por los filósofos de la Ilustración que se imaginaron a Dios como un «relojero», un ser que puso el universo en marcha y luego se sentó para verlo funcionar. Pero la Biblia nos dice lo opuesto. Nos presenta a Dios, no como alguien lejano, sino íntimamente cercano, que habla a personas como Abraham, Jacob, José y Moisés. Él interviene de manera activa a favor de su pueblo, sacándolos de Egipto y llevándolos a la Tierra Prometida. Siglos más tarde, Dios vino a la tierra en la persona de Cristo Jesús. Y ahora su Espíritu está vivo y activo entre los creyentes. Las Escrituras nos revelan a un Dios que no está distante ni despreocupado, sino intensamente involucrado en el mundo que creó. Pero la filosofía occidental nos ha llevado a dudar de la imagen bíblica de Dios.

Para recordar a las personas la presencia activa de Dios en el mundo, algunas sinagogas tienen grabadas las palabras *Da Lifne Mi Atah Omed*, que significan: «Conoce a Aquel delante del cual estás», encima del armario bellamente ornamentado donde guardan el rollo de la Tora en el frente de la sinagoga. Estas palabras inspiran un sentido de reverencia, puede que incluso un cierto temor, porque están diciendo: *No olvides que estás parado en la presencia del mismísimo Dios.*

La idea de que estamos continuamente en la presencia de Dios se recalca mucho en algunas ramas del judaísmo. La razón por la que muchos hombres judíos llevan *yarmulkes* es para recordarse a sí mismos que deben ser humildes ante la grandeza de la presencia divina a su alrededor[22]. La escritora Annie Dillard tiene una forma memorable de destacar la relativa desnudez de los cristianos ante Dios, al recalcar el descuido con que tratamos el privilegio de estar en la presencia de Dios domingo tras domingo.

¿Por qué las personas en el templo parecen más bien turistas frívolos e insensatos de un tour empaquetado del Absoluto?[...] ¿Tiene alguien la más remota idea de la clase de poder que ellos alegremente invocan? ¿O, como sospecho, ninguno de ellos cree ni una palabra de todo ello? Las iglesias son como niños que juegan en el suelo con sus instrumentos de química, mezclando una cantidad de TNT para matar un domingo por la mañana. Es una locura que las señoras lleven al templo sombreros de paja. Todos deberíamos llevar cascos protectores[23].

En cierto sentido, eso es lo que son los tocados de cabeza judíos: unos pequeños «cascos protectores» para recordarse a sí mismos que están frente al Dios infinitamente poderoso, y a la vez tan cercano.

¿Es posible cultivar un sentido de la presencia de Dios, en particular durante la oración? Hay una palabra hebrea que tiene que ver con esa cuestión: *kavanah*, que significa «intención» o «dirección». La palabra transmite la idea de estar profundamente consciente de Aquel a quien usted está hablando cuando dirige su corazón hacia el cielo. «Una oración sin *kavanah* es como un cuerpo sin alma», dicen los maestros. Es un cadáver, un cuerpo sin vida. Debido a que muchas de las oraciones judías son repeticiones, los maestros recalcan la necesidad de *kavanah*, de modo que, cada vez que una persona ora, las palabras están frescas y llenas de pasión, con un sentido de reverencia por el Dios sobrecogedor que es el centro de su atención.

Ann recuerda una vez que estaba frente a la Muralla Oriental de Jerusalén, a mediados del verano, durante la parte más caliente del día. Conocida como el «Muro de las Lamentaciones» es parte de lo que queda del antiguo muro del Monte del templo y es el lugar más sagrado del judaísmo. Aunque

> **YARMULKE**
> Un *yarmulke*, conocido también como *kippah*, es un casquete de tejido que llevan tradicionalmente los varones judíos. Algunos hombres lo llevan todo el tiempo, mientras que otros lo llevan sólo en ceremonias religiosas.

el calor era sofocante, ella piensa que aquel día fue el más memorable de su viaje a Israel. «Es difícil describir el sobrecogimiento que sentí», explica, «no por aquellas antiquísimas piedras, sino por el sentido de estar en la presencia del Padre. Si pudiera elegir solo dos palabras para describir la experiencia, serían: *inmensa* y *amor*. Yo había estado allí frente a la Muralla Oriental en un viaje anterior y no había sentido nada fuera de lo común. Pero ahora, aquí en este lugar, toda la devoción y reverencia de las que había sido testigo desde que abordé mi vuelo en Nueva York parecían fusionarse. Tuve un sentido de la presencia de Dios como nunca lo había tenido».

El escritor y teólogo judío Abraham Heschel dijo que la *kavanah* era «prestar atención a Dios, un acto de aprecio por tener la posibilidad de estar en la presencia de Dios [...] Es sentirse atraído por la preciosidad de algo ante lo cual se está. Sentir la preciosidad de ser capaz de orar, ser perceptivo de la importancia suprema de adorar a Dios es el comienzo de la más alta *kavanah*»[24].

La *kavanah* va también más allá de la oración. Los rabinos dicen que debiéramos tener *kavanah* es cuatro actividades:

- La oración
- El estudio de las Escrituras
- La realización de actos de amor y bondad
- La ejecución tu trabajo diario[25]

Idealmente, cada una de ellas debería ser llevada a cabo con una profunda conciencia de la realidad de que Dios está presente y desea hablar y obrar por medio de nosotros en cada momento. Imagínese cuán significativo sería cada día si percibiéramos todas nuestras acciones de esta manera.

Vivir con *kavanah* cambia profundamente nuestra experiencia de la vida. Hace unos pocos años unos amigos de Lois se hartaron de la rutina de enviar tarjetas de Navidad; les pareció sin sentido escribir otra de aquellas cartas jactanciosas acerca de sus hijos, reproduciéndola para las docenas de nombres que tenían en su libreta de direcciones. Ese año sus amigos decidieron escribir sus tarjetas con oraciones. De todas formas, añadieron una carta con noticias familiares, pero en vez de solo firmarla, le decían a cada persona cuánto valoraban la relación con ellos. Entonces, al tiempo que escribían los sobres, oraban por los destinatarios, reflexionando en sus recuerdos mutuos. Aquel año les llevó mucho más tiempo escribir sus tarjetas de Navidad, pero esa familia sintió gozo más bien que estrés debido a que sus tarjetas estaban llenas de *kavanah,* un sentido de la presencia de Dios.

La vida judía, desde la mañana a la noche, está saturada de oración. ¿Recuerda usted cómo Pablo exhortaba a los tesalonicenses a orar continuamente? (1 Tesalonicenses 5:17). A primera vista esa recomendación suena como algo imposible de cumplir. ¿Cómo puede uno estar orando todo el tiempo? Concentremos ahora nuestra atención en una antigua costumbre judía de oración, que arroja luz sobre lo que Pablo estaba diciendo. Tiene el potencial de enriquecer y profundizar nuestra propia experiencia de oración.

A LOS PIES DEL MAESTRO

1. Esta semana trate de encontrar la manera de incrementar su *kavanah*, su conciencia y atención a la presencia de Dios, cuando se encuentre en su trabajo. Ya sea que esté abriendo una zanja, horneando pan, escribiendo un sermón o presidiendo una reunión, ore pidiendo la gracia de darse cuenta que, sin importar dónde se halle, usted está en la presencia del Señor. Para recordárselo a sí mismo escriba la palabra *kavanah* en una tarjeta. Póngala donde pueda llamar su atención a lo largo del día.

2. Ore recitando las siguientes bendiciones del *Amidah* durante los próximos días. Si algunas de ellas le llaman mucho la atención trate de memorizarlas:

Dirígenos, Padre nuestro, de vuelta a tu Tora; llévanos cerca, Rey nuestro, de tu servicio, y ayúdanos a acercarnos a ti en completo arrepentimiento. Bendito seas, oh Señor, por aceptar nuestro arrepentimiento.

Sánanos y seremos sanados, ayúdanos y seremos ayudados, porque tú eres nuestro gozo. Concédenos quedar sanados de todas nuestras heridas, porque tú, oh Dios y Rey, eres nuestro médico verdadero y misericordioso. Bendito seas, oh Señor, que sanas a los enfermos de tu pueblo Israel.

Bendícenos, oh Señor nuestro Dios, este año con todos los bienes de los campos, y derrama tus bendiciones sobre la tierra. Llénanos con tu abundancia y bendice nuestro año, para que sea como los años buenos. Bendito seas, oh Señor, que bendices los años.

Reconocemos, oh Señor, que tú eres nuestro Dios como fuiste el Dios de nuestros padres, por siempre jamás. Roca de nuestra vida, Escudo de nuestra salvación, tú eres inmutable por todas las edades. Te agradecemos y te alabamos, porque nuestras vidas están en tus manos y nuestras almas están confiadas en tus manos. Tus milagros están con nosotros cada día, y tus beneficios nunca nos faltan, mañana, tarde y noche. Tú eres bueno, porque tus misericordias son interminables; tú eres misericordioso, porque tus bondades nunca se terminan; por siempre hemos confiado en ti. Y por todas estas cosas tu nombre sea para siempre bendecido y exaltado. Que todo ser viviente te dé gracias y alabe tu nombre en verdad, oh Dios, nuestra salvación y nuestra ayuda. Bendito sea, oh Señor, tu nombre es bueno, y darte gracias es lo recto.

CAPÍTULO 7

UNA BENDICIÓN PARA CADA COSA

El corazón agradecido del hombre sabio
es el verdadero altar de Dios.
Filón de Alejandría (siglo I d. C.)[1]

Si usted ha visto la película *El violinista sobre el tejado*, probablemente recordará el delicioso tira y encoge (concesiones mutuas) que Tevye, el lechero judío tiene con Dios [2]. Siempre le vemos haciendo una pausa en medio de una escena para conversar sobre algo con Dios en voz alta. Él va y viene, discutiendo con Dios, discutiendo consigo mismo, suplicando, engatusando, incluso mostrando su puño, bromeando con Dios como si fuera un viejo amigo que puede ser buscado para recibir consejo y favores en cualquier momento. Dios puede ser invisible, pero su presencia es palpable. Tevye tiene un sentido profundo de su continua proximidad y un gran consuelo en su vida de oración que muchos de nosotros quizá envidiemos.

¿Qué le parece si hubiera una forma de poder sentirnos un poco más como Tevye? ¿Qué había en su cultura que le había ayudado a cultivar ese sentido de la cercanía de Dios? Creámoslo o no, Tevye había entendido una práctica antigua que nos viene del tiempo de Jesús y que puede enriquecer mucho nuestras vidas hoy.

En un momento determinado, alguien se dirige al rabino del pequeño pueblo donde vive Tevye y le pregunta:

—¿Hay una bendición para la máquina de coser?

—Hay una bendición para todo —contesta el rabino.

Él se estaba refiriendo a la rica tradición judía de la bendición. Este pequeño hábito de orar puede ser de verdad transformador, e impartir un sentido de la presencia continua de Dios a aquellos que lo practican. Vamos a examinarlo con más detenimiento.

Unos pocos cientos de años antes del nacimiento de Jesús, los judíos empezaron a prestar más atención a las palabras de Moisés cuando estaban a la entrada de la Tierra Prometida: «Cuando hayas comido y estés satisfecho, alabarás al SEÑOR tu Dios por la tierra buena que te habrá dado» (Deuteronomio 8:10). Luego sigue hablando para advertirles que cuando se multiplique su oro y plata, se sentirán tentados a olvidar el gran don del Señor, pensando que han sido sus esfuerzos los que han producido su prosperidad (8:14).

Con el fin de prestar atención a esta advertencia, el pueblo judío desarrolló la tradición de ofrecer oraciones cortas y específicas a lo largo del día, desde el momento en que se despertaban hasta que se iban a dormir. Esta ha sido la práctica de muchos judíos desde el tiempo de Jesús hasta el presente, la de recordarse la presencia y bondad de Dios a lo largo del día mediante breves oraciones de bendición.

A cada una de estas pequeñas oraciones la llaman un *berakhah* o *brakha*, que significa «bendición». En nuestros idiomas modernos, la palabra «bendición» tiene con frecuencia el sentido de conceder favores a alguien. Pero la Biblia a menudo habla de las personas «bendiciendo al Señor», como cuando David dice: «Bendice, alma mía, a Jehová, y bendiga todo mi ser su santo nombre» (Salmo 103:1, RVR 60). Bendecir al Señor es «alabarle» (vea la NVI), reconocerle como la fuente de todas las bendiciones. Una *berakhah* es en realidad una oración de acción de gracias. Una de las formas en que los judíos con frecuencia lo explican es señalando que la palabra «bendecir», *barakh*, también puede significar «arrodillarse». Es como si usted por un momento se «arrodillara» mentalmente y alabara con humildad a Dios por su bondad[3].

En el tiempo de Jesús cada oración era una frase breve que comenzaba con «Bendito sea él». Pero unos doscientos años más tarde los maestros declararon que uno debería siempre invocar el nombre del Señor en oración, y que uno debía dirigirse siempre a Dios como el «Rey del universo»[4]. De modo que la tradicional primera línea para cada bendición, que se ha venido usando durante los últimos setecientos años, es así: «Bendito seas, oh Señor nuestro Dios, Rey del universo», o en hebreo: *«Barukh atah, Adonai Elohenu, Melek ha-olam»*.

SATUREMOS LA VIDA DE ORACIÓN

Es evidente que la vida judía está saturada con oración. Pero, ¿cómo funcionaba este concepto de la oración en el siglo I? En el tiempo de Jesús, usted probablemente se hubiera despertado con el canto de los gallos. Después de darle las gracias a Dios por haberle permitido ver la luz de otro día, puede que hubiera dicho: «Bendito sea aquel que le ha dotado al gallo el entendimiento para captar la diferencia entre el día y la noche»[5]. (¿Ha dado usted alguna vez gracias a Dios por haber dado inteligencia a las personas para haber creado radios-relojes electrónicos?)

Al abrir sus ojos usted hubiera orado diciendo: «Bendito sea aquel que abre los ojos de los ciegos», y entonces habría repetido otra docena de oraciones breves alabando a Dios por cada parte de su organismo que todavía estuviera funcionando. ¡Lo crea o no, hay una bendición (fechada alrededor del 400 a. C.) que se dice después de hacer sus evacuaciones del vientre![6] ¿Con cuánta frecuencia apreciamos el milagro del funcionamiento de nuestros cuerpos?

Al presente las antiguas bendiciones que se decían al despertar son dichas durante el servicio de oración de la mañana. Las primeras palabras que salen de los labios de un judío son: «Te estoy agradecido, Rey viviente y eterno, por tu compasión al permitirme vivir otro día más. Tú eres fiel más allá de toda medida». ¡Qué manera tan linda de empezar el día!

Tan solo salir de su casa a la calle ofrece muchas oportunidades de bendecir al Señor. Cuando usted ve cada primavera los capullos de las primeras flores en los árboles frutales, puede decir: «¡Bendito seas, Señor, porque no te has olvidado de nada en tu mundo, y has creado dentro de él tantos árboles y cosas buenas para que los disfrutemos!». Después de un largo y frío invierno, ¿quién no se siente feliz al ver las hermosas señales de la nueva vida?

Usted bendice a Dios cuando ve el océano por primera vez después de mucho tiempo o a un rey en su procesión real. Usted también le bendice si ve a una persona excepcionalmente bella o a un rabino talentoso. Usted expresa una palabra de alabanza si vuelve a ver a un antiguo amigo del que llevaba tiempo separado. Cuando usted pela una naranja y disfruta de su sabor y zumo tan dulce y nutritivo, alaba a Dios, diciendo: «Bendito sea aquel que ha dado este aroma tan agradable a las frutas».

Aun en tiempos de dolor, cuando alguien fallece o al oír noticias trágicas, los judíos suelen bendecir a Dios diciendo: «Bendito sea Dios, que es un Juez justo». Esa oración les ayuda a recordar que, sin importar cuán grave sea su enfermedad, Dios es todavía bueno y al fin hará justicia, corrigiendo los males de este mundo.

¿Por qué hacer esto? Porque la *Shemá* dice que se espera que amemos a Dios con todo nuestro corazón, mente y fuerzas. Para los rabinos eso significa que no debemos amar a Dios solo con la parte de nuestro corazón que es feliz, sino también con la parte que está enojada, triste y dolida.

Philip Yancey, en su excelente libro sobre la oración, cuenta la historia de un rabino llamado Reb Dovid Din, que estaba tratando de ayudar a un hombre que atravesaba por una crisis en su fe. Escuchó pacientemente las quejas del hombre por horas hasta que al final le preguntó:

—¿Por qué está tan enojado con Dios?

Asombrado por la pregunta del rabino, porque él nunca había mencionado a él durante todo el curso de su explosión de quejas, el hombre respondió:

—Toda mi vida he tenido tanto temor de expresarle a Dios mi enojo que siempre lo he dirigido a personas que están relacionadas con él. Pero hasta este momento yo no había entendido esto.

Después de eso el rabino dirigió al hombre al Muro de las Lamentaciones, como escribe Yancey, «lejos del lugar donde las personas oran, al lugar de las ruinas del templo. Cuando llegaron al lugar, Reb Dovid le dijo que había llegado el momento de expresar todo el enojo que sentía hacia Dios. Entonces, durante más de una hora, el hombre golpeó con sus manos el muro del *Kotel* y soltó todo lo que tenía en su corazón. Después de eso rompió a llorar y no podía cesar de hacerlo, y poco a poco su llanto se convirtió en sollozos que a su vez se convirtieron en oraciones. Y así fue como Reb Dovid le enseñó a aquel hombre a orar»[7].

BENDICIONES EN LOS EVANGELIOS

¿Hay alguna evidencia en los Evangelios de que esas bendiciones eran comúnmente recitadas como oraciones? Antes de multiplicar los peces y los panes para alimentar a cinco mil personas hambrientas, el Evangelio de Mateo nos dice que Jesús «mirando al cielo, los bendijo. Luego partió los panes y se los dio a los discípulos, quienes los repartieron» (Mateo 14:19)[8]. Mateo no nos dejó las palabras exactas de Jesús, probablemente porque todos ya se las sabían de memoria. Jesús oró seguramente como un padre judío, partiendo el pan para empezar la comida y entonces decir: «Bendito sea Dios que nos proporciona este pan fruto de la tierra»[9]. Incluso hoy las familias judías oran de esta misma manera, aunque ligeramente alterada: «Bendito seas, Señor nuestro Dios, Rey del universo, que nos das el pan fruto de la tierra».

Algunas traducciones de la Biblia confunden sin darse cuenta el texto al añadir las palabras «el alimento». Da la impresión de que Jesús estaba bendiciendo el *alimento*, en vez de estar bendiciendo a Dios por haberlo dado[10]. La tradición cristiana de pedirle a Dios que bendiga nuestros alimentos surgió de este malentendido. La razón por la que oramos antes de empezar a comer no es para hacer que el alimento sea santo, sino para expresar a Dios nuestra gratitud por habérnoslo dado.

Los Evangelios contienen también otras muestras de estas oraciones de bendición. Después que Jesús sanó al paralítico, la gente «glorificó a Dios por haber dado tal autoridad a los mortales» (Mateo 9:8). Puede que ellos dijeran: «¡Bendito sea el Señor por haber hecho este milagro en este lugar!». Esa era la oración de bendición tradicional cuando se hallaban en un lugar donde Dios había realizado un milagro en el pasado.

David Flusser, un erudito judío, dice que Mateo 9:8 puede contener una bendición que no aparece preservada en otros escritos rabínicos: «Bendito sea aquel que ha dado de su poder (o autoridad) a los hombres»[11]. Él señala que esa expresión es muy parecida a otras bendiciones tradicionales. Cuando usted veía a un rey, alababa a Dios por haber dado algo de su *gloria* a los humanos, y cuando se encontraba con un maestro brillante, usted alababa a Dios por haber dado algo de su *sabiduría* a los humanos. En este caso Dios mostraba haber dado algo de su *poder* para sanar y perdonar pecados. En el pensamiento de los maestros, cada clase de excelencia humana (poder, gloria y sabiduría) viene en última instancia de Dios, que generosa y amorosamente da una porción de su propia naturaleza a los seres humanos. Por supuesto, en el caso de Jesús, Dios estaba dando mucho más de su naturaleza que nunca antes.

Comprender estas costumbres de bendecir nos puede ayudar también a ver el sentido de Lucas 17:12-19. Jesús acababa de sanar a diez leprosos, pero solo uno de ellos, un samaritano, regresó para «bendecir» al Señor en voz alta. Puede que la oración que él dijera fuera la siguiente: «¡Bendito sea Aquel que hace bien a los que son de poco mérito y ha sido tan bondadoso conmigo!»[12]. Esa es la oración que la gente elevaba siempre que Dios les sanaba de alguna terrible enfermedad o los libraba de algún gran peligro. Jesús se preguntaba por qué los otros nueve no habían actuado como lo había hecho el samaritano. Puede parecer como si se sintiera molesto porque no le habían dado las gracias. Pero lo que Jesús estaba en realidad preguntando era por qué los otros nueve no habían regresado para pronunciar la bendición tradicional, dando gracias a Dios en público por aquel beneficio tan especial que él les había concedido.

El apóstol Pablo alude también a esta tradición de «bendecir». Puede que usted piense que la idea rabínica de que debemos «bendecir al Señor cien veces cada día» era excesiva, pero escuche lo que Pablo dice acerca de dar gracias en todo tiempo. Considere cuántas veces repite eso es sus cartas:

- «Dando siempre gracias a Dios el Padre por todo» (Efesios 5:20).
- «Y todo lo que hagan… háganlo en el nombre del Señor Jesús, dando gracias a Dios el Padre por medio de él» (Colosenses 3:17).
- «Den gracias a Dios en toda situación» (1 Tesalonicenses 5:17-18).

Más bien que instarles a alabar a Dios con vagos superlativos, quizá Pablo estaba pensando en ese hábito de oración tan enraizado en su cultura.

ORACIONES QUE CAMBIAN SU ACTITUD

La tradición de bendecir a Dios tiene una perspectiva de la vida semejante a la de «el vaso está medio lleno de agua». Es una manera excelente de evitar la actitud negativa y la ingratitud, abriendo nuestros ojos a la provisión divina. ¿Cómo sería el mundo si más de nosotros adoptáramos esa costumbre maravillosa de la oración judía?

Piense en la bendición sencilla que uno dice en la actualidad en cuanto se viste en la mañana y cuando se pone algo nuevo: «Bendito eres Señor, Rey del universo, que vistes a los desnudos». Dar gracias a Dios por algo tan básico como es la ropa nos quita muchas pretensiones, denunciando la superficialidad de usar las ropas como un símbolo de posición. Nos llama incluso la atención a las palabras de Job, que expresó tan bien la condición humana cuando dijo: «Desnudo salí del vientre de mi madre, y desnudo he de partir» (Job 1:21). Contraria a nuestra cultura materialista, esta bendición nos recuerda el propósito primario de la ropa: proteger y cubrir nuestros cuerpos para darnos calor y recato. Al dar gracias a Dios por esta provisión, quizá nos hagamos más sensibles a las necesidades de las personas alrededor del mundo que tienen muy poco para ponerse e incluso menos para comer.

O qué bueno sería que cada uno de los amantes del sol entre nosotros exclamara cada vez que llueve: «¡Bendito seas, oh Señor nuestro Dios y Rey del universo, que eres bueno y nos das estas cosas tan buenas!». Muchos de nosotros vivimos en lugares bendecidos por lluvias abundantes, y con mucha frecuencia nos sentimos tentados a no agradecerlo. ¿Pero qué pasaría si viviéramos en Israel, donde nunca llueve entre mayo y octubre? La lluvia sería una fuente de gozo para nosotros. En verdad, los rabinos decían: «La lluvia da gozo a todo el mundo, incluidos los pájaros y los animales»[13]. Un rabino sugirió que el mejor momento para orar era cuando estaba lloviendo, porque mostraba que él estaba de buen humor, listo para derramar sobre nosotros las bendiciones.

Piense en cómo Jesús y sus contemporáneos hubieran respondido a una lluvia torrencial. Cuando oyeran los primeros truenos, habrían exclamado: «Bendito sea Aquel cuya fuerza y poder llenan el mundo». Y cuando vieran los primeros relámpagos ellos habrían dicho: «Bendito sea Aquel que hizo la Creación». Si después de eso la lluvia caía, ellos habrían orado diciendo: «Bendito sea Aquel que recuerda el pacto, que es fiel al pacto y cumple sus promesas». Por supuesto, nuestro abastecimiento de alimentos depende también de la lluvia, aunque con frecuencia lo olvidamos. La próxima vez que se esté formando una tormenta en la región de los bosques donde esté usted, salga afuera antes que empiece a llover y sienta la fuerza tremenda del viento, observe la majestad de las nubes que se van formando. Y entonces bendiga a Dios por su asombroso poder.

Ann y yo hemos vivido cerca del lago Michigan, en ciudades que están bendecidas por abundancia de nubes en el invierno. El problema es que a ninguna de las dos nos gusta ver el cielo gris, lleno de nubes, día tras día. Es una segunda naturaleza de los habitantes de Michigan el quejarse del tiempo, especialmente en invierno. Cuando empecé a aprender cómo los judíos bendecían a Dios por la lluvia, comencé a darme cuenta de cuánto me había quejado por la falta de días con sol, como si los días nublados fueran una indicación de negligencia divina. Dispuesta a cambiar este pequeño mal hábito, me asombré de cuánto cambió y mejoró mi manera de ver la vida al dejar de encontrar algo de lo que quejarme cada vez que salía de casa.

«Por muchos años», dice Ann, «he parafraseado un antiguo proverbios cada vez que he salido de compras. Esto es lo que yo me decía a mí misma al ir caminando de una tienda a otra: "El tonto y su dinero pronto se separan". Ahora se me ocurre que, después de cada salida, suponiendo que haya prestado atención a la advertencia, deberé bendecir a Dios diciendo: «Bendito seas, Señor nuestro Dios y Rey del universo, que una vez más has hecho que el tonto y su dinero sigan juntos».

A una rica oración de bendición la llaman el *Shehehiyanu*. Se recita en ocasiones especiales, siempre que usted celebre momentos felices por los que haya estado esperando largo tiempo. «Es muy especial para mí», dice Lois, «debido a cómo lo vi vivir una vez. Sucedió es una ceremonia de bodas judía. Recuerdo cuán fascinada estaba por el *huppah* («dosel») y por el *ketubah* («contrato matrimonial») y como los novios participaban juntos del vino *kiddush*. Parecía todo muy gozoso. Pero, como yo era amiga de los padres del novio, sabía que lo más gozoso de aquella tarde era lo que significaba para su hijo. Al ver a su hijo tan brillante debatirse a lo largo de años de soledad y depresión, se preguntaban si él alguna vez se casaría. Pero todo aquello cambió cuando conoció a aquella joven maravillosa que le amaba como él era y cuyo amor por la vida era contagioso.

«Después que la copa de vino fue ceremoniosamente quebrada, los invitados empezaron a vitorear y aplaudir, y la fiesta empezó. Una amiga íntima de la madre del novio se acercó a ella, la abrazó y luego recitó de una forma suave el *Shehehiyanu*, que dice más o menos así: «Bendito seas, oh Señor nuestro Dios y Rey del universo, que nos has permitido vivir y nos has sostenido para llegar hasta este día». Con ojos inundados de lágrimas, y por medio de las palabras de aquella antigua oración, alabaron a Dios por las maravillas que él había hecho.

Quizá usted está pensando que puede que la recitación de tantas bendiciones termine siendo una rutina, degenerando en la clase de oraciones que tienen muy poquita relación con el corazón. Pero piense en una práctica sencilla que aprendió de niño. ¿Se acuerda de todas las veces que su mamá le recordó las palabras mágicas «por favor» y «gracias»? Ella lo hizo porque sabía que ese pequeño hábito tenía el poder de inculcar actitudes de gratitud y consideración. Del mismo modo, el hábito de bendecir continuamente a Dios nos enseña a estar conscientes de cuánto nos ama Dios y cuán fielmente cuida de nosotros.

La escritora Lauren Winner comenta lo que ella llama su lección más importante sobre la oración. Había sido educada como judía y recuerda los momentos en que una anciana de nombre Ruby Lichtenstein la llamó aparte unos pocos días antes de su *bat Mitzvá* y le dio un regalo. Al entregarle el regalo envuelto en una bolsa de plástico de supermercado, le dijo: «Lauren Winner, una señal de que uno es judío es orar a nuestro Dios. Este libro es la forma en que oran los judíos»[14]. Dentro de la bolsa había un *siddur*, o libro de oración.

Después de hacerse cristiana, Winner todavía reconoce el valor de su libro de oración:

A veces he dejado a un lado mi libro de oración durante días y semanas sin fin y he encontrado que, al final de aquellos días y semanas, había caído en el narcisismo. Aunque con la intención de estar en comunión con Dios, mostrar reverencia o al menos reconocer a Dios, terminaba hablando conmigo misma acerca de mis emociones *du jour*. Me preocupaba por la salud de mi madre, tenía estrés por causa del dinero, o (con más gozo) me ponía a danzar por causa de la emoción de las buenas noticias o del día soleado o de la vida en general, pero no iba mucho más allá de eso[15].

Como el libro de oración de Lauren Winner, el hábito de bendecir a Dios muchas veces al día nos ayuda a enfocarnos en la dirección correcta.

Hace unos pocos años Lois decidió adoptar algunas de las costumbres judías de hacer oraciones de bendición a lo largo del día. «Fue durante un tiempo de decaimiento espiritual», dice ella, «en el que me sentía desilusionada y enojada con Dios. Al principio las bendiciones sonaban mecánicas, como si solo estuviera recitando sentimientos que sonaban bien. Pero con el tiempo, el gran número de ellas que llenaban mi día me reveló la bondad maravillosa de Dios en mi trabajo de formas inesperadas. Incluso cuando sentía como que mostraba mi puño por causa de viejas heridas, Dios continuaba derramando su amor sobre mí. Siempre que he vuelto a cultivar este hábito, me siento renovada en la seguridad de su amor y cuidado.

Cuando usted empieza a tener el hábito de bendecir a Dios, comenzará a descubrir que la vida diaria puede ser como la mañana de Navidad. A medida que su vida de oración se satura de *kavanah*, esa profunda conciencia de la presencia de Dios y de su amor abrumador, usted se podrá sentir como cuando está hasta las rodillas rodeado de bolsas de papel de envolver y montañas de lazos para disfrutar de una pila de brillantes regalos.

La oración judía está empapada de acción de gracias, y en ninguna parte es más marcado ese hábito de agradecimiento que en las grandes fiestas de Israel. Dichas fiestas ofrecen un recordatorio continuo al pueblo judío de que Dios ha provisto para ellos y los ha redimido de la esclavitud. En esas fiestas ellos experimentan su más elevado gozo y su más grande *kavanah*. Fue por medio de estas antiguas fiestas que Dios les dio pistas de la bendición suprema que tenía para ellos, la bendición del Cristo. Vayamos ahora a las fiestas judías para descubrir lo que nos pueden decir acerca de nuestra fe.

A LOS PIES DEL MAESTRO

1. Cada mañana al despertar en esta semana piense en recitar esta oración: «Me siento agradecido en tu presencia, Rey viviente y eterno, por demostrarme tu amor haciéndome despertar para disfrutar de otro día. Tú eres fiel más de lo que yo puedo medir».

2. Trate de escribir su propia *berakhah* o bendición para cada una de las siguientes cosas:
   - El día más feliz de su vida.
   - El día más triste de su vida
   - Dos cosas que le han sucedido en la última hora.
     «Bendito seas, oh Señor nuestro Dios, Rey del universo…». (Recuerde que el propósito de la bendición es poner a Dios en el centro de su oración.)

3. Mire fuera de la casa. Ya sea que el tiempo esté nublado, nevando o lloviendo, escriba una bendición por el tiempo. Cualquiera que sea el clima en el que usted viva, decídase a declarar la grandeza de Dios cuando eleva los ojos al cielo cada día.

CAPÍTULO 8

UN DESCUBRIMIENTO DE PASCUA

Por tanto, estamos moralmente
obligados a agradecerle, alabarle,
glorificarle, honrarle, exaltarle,
ensalzarle y bendecirle por haber hecho
por nuestros antepasados y por nosotros
todos estos milagros. Él nos sacó de la
esclavitud a la libertad, de la angustia
al gozo, de la tristeza al festival, de la
oscuridad a la gran luz, de la represión a
la redención, de manera que debiéramos
decir delante de él: ¡Aleluya!

Liturgia de la Pascua en la Mishná [1]

La luna llena de la Pascua brillaba sobre Jesús; su luz se filtraba por entre las hojas oscilantes de los olivos, cuyas ramas temblaban por la brisa de principios del mes de abril. A pesar del fresco de la noche, el sudor perlaba su frente. Todavía orando, se levantó y trató de penetrar con su mirada la oscuridad, escuchando un murmullo de voces en la distancia. Judas, uno de su *talmidim,* se acercaba. Un grupo de soldados le seguía, subiendo por la pendiente.

Bajo un árbol cercano, Pedro, Santiago y Juan yacían amontonados. Jesús les había rogado dos veces que se mantuvieran despiertos, pidiéndoles que velaran con él en esa noche tan difícil de su vida. Pero allí estaban ellos, envueltos en sus gruesos *talitot* de lana, con sus bocas semiabiertas soplando y roncando suavemente, ajenos a la amenaza que se acercaba...

«Cada vez que pienso en esta escena en el huerto de Getsemaní», dice Lois, «no puedo evitar quedar asombrada por estos discípulos de Jesús tan dormidos. ¿Cómo pudieron ellos quedarse dormidos cuando su amado Maestro les había suplicado que permanecieran despiertos y estuvieran alerta? ¿Cómo pudieron ellos quedarse dormidos cuando el clímax de la historia de la salvación estaba a punto de suceder? No puedo imaginarme una respuesta satisfactoria; esta era una de las muchas preguntas que llenaban mi mente cada vez que pensaba en aquella fatídica semana.

»Recordé anteriores cultos del Domingo de Ramos en los que había participado, y en los que solo unos minutos después que los niños recorrieran el pasillo portando gozosamente ramas de palmera para celebrar la entrada triunfal de Cristo en Jerusalén, el estado de ánimo cambiaba y se volvía solemne al leer el relato del evangelio sobre la Pasión. ¿Por qué fue la multitud tan voluble, adorando a Jesús una semana y luego odiándole a la siguiente? ¿Y por qué, me preguntaba, Jesús escogió un Séder de Pascua para celebrar la última comida de su vida?[2].

«Vamos a movernos ahora deprisa adelante, dos mil años, para llegar al salón de reuniones de mi iglesia, en

TALLIT

Hoy, un *tallit* es un mantón (o mantilla) de oración, un mantón ceremonial al que se sujetan las borlas (orlas o flecos). Pero en el tiempo de Jesús, el *tallit* era el manto exterior de lana, un rectángulo de tejido pesado que llevaba borlas en sus cuatro esquinas. Lo llevaban en público todo el tiempo y se podía usar como una cobija (manta) para dormir. Debajo estaba el *haluk*, una especie de túnica de hilo. En Juan 19:23 leemos que los soldados echaron a suertes el *haluk*, la túnica de hilo.

una tarde del jueves anterior al Domingo de Resurrección, conocido como Jueves Santo. Nos estamos preparando para un Séder de Pascua. Como aficionados gentiles estamos haciendo lo mejor que sabemos para recrear la Última Cena, dándonos una oportunidad para meditar en su significado. La idea no es la perfecta exactitud histórica. Nuestra meta es volver a vivir un poco aquella noche última de Jesús con sus discípulos con el fin de que podamos apreciar el culto del Jueves Santo.

»Toda la tarde la cocina de la iglesia estuvo llena con el sonido de cazuelas, sartenes y conversaciones mientras corríamos con nuestras tareas, cortando perejil, hirviendo huevos y arreglando los rábanos en los platos. Cuando por fin nos sentamos, yo estoy muerta de hambre. El tiempo se alarga mientras soporto la larga liturgia de Séder, con solo un bocado de perejil mojado en agua con sal y seco, y un *matzah* como un pedazo de cartón (pan sin levadura) untado con rábano para calmar mi hambre. Cuando ya al final nos ponemos a comer nuestro sencillo estofado de cordero, devoro mi humilde banquete. Después, corro a ayudar a limpiar y luego nos vamos de vuelta al culto, que ya ha empezado. La liturgia es triste y solemne.

«Los sucesos del día tienen su precio: los preparativos a toda prisa, empezar el Séder hambrienta y luego comer en exceso para compensar. Me siento dominada por un pesado letargo. Durante la hora siguiente las luces del santuario se apagan lentamente para mí hasta llegar a la completa oscuridad. Yo apenas puedo ver a través de mis pestañas cerradas. A medida que el culto avanza, me despierto sobresaltada. ¿Me había llamado alguien por mi nombre? Puedo casi percibir la desilusión en la voz de Jesús: "¿No puedes estar velando conmigo tan solo una hora?"

»Así fue como llegué a entender por qué les había resultado tan difícil a los discípulos permanecer despiertos. Y ellos tenían una excusa mucho mejor que la mía. Las celebraciones tradicionales de la Pascua involucraban una abundante cena, además de cuatro copas de vino, y solían empezar a la hora de la puesta del sol y terminar alrededor de la medianoche. Y lo que es más, eso sucedía después de varios días de viajes y preparativos agotadores. Sin duda alguna, todos en Jerusalén estarían muy deseosos de irse derechos a la cama después de una fiesta así, que había durado hasta la medianoche. Consciente de este perenne problema, los rabinos habían determinado que la persona que cabeceara ligeramente podía continuar disfrutando de la comida pascual, pero el que cayera en sueño profundo ya no podía seguir[3].

»Nuestro intento de aficionados de revivir la Última Cena nos había llevado a otros conocimientos sobre las horas finales de la vida de Jesús. Me di cuenta, por ejemplo, de por qué los líderes tramaron el arresto de Jesús después de la comida de la Pascua. Un hombre tan extraordinariamente popular no habría podido ser arrestado a plena luz del día. Para evitar un levantamiento popular, los principales sacerdotes tenían que actuar en secreto. Por eso dejaron que Judas los llevara a Jesús mientras que este se encontraba fuera de la ciudad. La noche de la Pascua era un momento ideal, porque cada familia judía estaría celebrando la fiesta, que empezaba a la caída del sol.

»El arresto y juicio de Jesús lo llevaron a cabo con rapidez, durante las horas de la madrugada, cuando la mayoría de los que le apoyaban estaban durmiendo. Las negaciones de Pedro sucedieron cuando el gallo cantaba, es decir, entre las cuatro y las cinco de la madrugada. Según el Evangelio de Marcos la sentencia final fue acordada al amanecer (Marcos 15:1). Uno se puede preguntar, ¿qué clase de personas se encontraban despiertas al amanecer en una fiesta judía importante para gritar "Crucifícale"? La mayoría serían sacerdotes corrompidos y soldados romanos que querían matar a Jesús.

»Pero todavía hay más. Jesús fue crucificado a las nueve de la mañana, ¡a la hora del primer sacrificio del día en el templo! Las autoridades sabían que tenían que terminar con su proceso y juicio secretos antes que las multitudes volvieran a entrar a la ciudad para acudir a la adoración. Y ciertamente, cuando Jesús iba cargado con su cruz para salir de la ciudad, los que le apoyaban reaparecieron, llorando a gritos al ver que le llevaban camino de la muerte (Lucas 23:27). Sus seguidores acababan de enterarse de los sucesos que habían tenido lugar durante la noche anterior.

»Antes de nuestro Séder de Pascua, yo siempre había creído que las multitudes habían sido increíblemente volubles, vitoreando a Jesús un día y pidiendo su cabeza al día siguiente. Pero los seguidores de Jesús nunca cambiaron su forma de pensar. ¿Cómo podía ser así cuando ni siquiera estuvieron presentes en su arresto y juicio? Toda la conspiración se desarrolló después de las fiestas de la Pascua, mientras que la mayoría de las personas se encontraban durmiendo»[4].

LA ÚLTIMA PASCUA DE JESÚS

Aprender todo lo relacionado con la Pascua, la primera y más importante de las fiestas judías, nos ofrece mucho conocimiento sobre la última semana de Jesús sobre la tierra. La Pascua era una celebración sagrada establecida por el propio Dios dos mil años antes, incluso antes que los israelitas salieran de Egipto. Llegó a convertirse en un tiempo de gran gozo, conmemorando el éxodo (salida) de los israelitas de la esclavitud en Egipto. La Pascua señalaba su comienzo como nación y los definía como el pueblo de Dios.

La Pascua hoy se celebra en el hogar, con una cena formal que incluye alimentos especiales, cantos y una liturgia. Es llamada un «Séder», palabra que significa «orden», porque la liturgia sigue un cierto orden que ha permanecido casi igual a como era en el tiempo de Jesús. El centro de atención de la fiesta es volver a contar la historia milagrosa de cómo Dios sacó a su pueblo de Egipto y contemplar cómo Dios redimirá a Israel mediante la venida del Mesías.

En el tiempo de Jesús, la Pascua era una de las tres fiestas que llevaban a miles de peregrinos judíos a Jerusalén. En la tarde antes de la comida, cada familia llevaba un cordero al templo para que lo sacrificaran. Después lo asaban y lo compartían con un grupo numerosos de familiares y amigos. Hoy, dado que el templo ya no existe, no se pueden hacer sacrificios, y en la mayoría de las tradiciones familiares ya no sirven cordero para la cena. En vez de eso, una pierna de cordero asada se coloca sobre un plato Séder junto con otros alimentos ceremoniales que se comen durante esa noche.

La Pascua estaba cargada con expectativas mesiánicas y llena de significados proféticos, especialmente en el tiempo de Jesús. Así como Dios salvó a su pueblo cuando el ángel del Señor «pasó por encima» de los hogares de los israelitas y afligió los hogares de los egipcios, se creía que Dios volvería de nuevo en la Pascua para salvar a su pueblo. Un dicho que se decía en ese día era: «En aquella noche ellos fueron redimidos, y en esa noche ellos serán redimidos»[5]. Saber cómo encajan los sucesos de la última semana de Jesús en la celebración de la Pascua nos muestra la tremenda importancia y significado de su muerte y resurrección.

El libro del Éxodo dice acerca de la Pascua: «Aquella noche el Señor la pasó en vela para sacar de Egipto a los israelitas. Por eso también las generaciones futuras de israelitas deben pasar esa noche en vela, en honor del Señor» (Éxodo 12:42). Los rabinos interpretaron esto como que ellos debían permanecer vigilantes para ver las grandes cosas que Dios haría a continuación. Incluso hoy, es tradicional que un niño abra la puerta después de la Pascua para verificar si Elías está allí esperando. ¿Por qué? Porque Malaquías dijo que Elías regresaría para ser el precursor del Mesías:

«El Señor Todopoderoso responde: "Yo estoy por enviar a mi mensajero para que prepare el camino delante de mí. De pronto vendrá a su templo el Señor a quien ustedes buscan; vendrá el mensajero del pacto, en quien ustedes se complacen".

»Estoy por enviarles al profeta Elías antes que llegue el día del Señor, día grande y terrible» (Malaquías 3:1; 4:5).

De manera que, durante miles de años, e incluso hasta el día de hoy, el pueblo judío ha creído que Dios enviará de nuevo su redención en el día de la Pascua. La redención de verdad llegó el mismo día en que ellos la buscaban, pero tomó una forma sorprendente. Porque Dios había puesto en marcha una liberación mucho más grande que la que ellos habían imaginado: libertad no solo para un pueblo sino para todos los pueblos. Y no era una liberación del poder terrenal de un enemigo político, sino del poder siniestro del pecado y la muerte.

Durante la Pascua en Egipto, los israelitas fueron instruidos para marcar los postes y dinteles de sus puertas con la sangre del cordero de forma que el ángel del Señor «pasara por encima» de sus casas cuando llegara el juicio. Es interesante saber que los rabinos se maravillaban al ver cómo la sangre de un cordero podía proteger al pueblo del juicio de Dios. Ellos comentaban que Dios debió haber visto «la sangre de Isaac» en las puertas, recordando así la disposición de Abraham a sacrificar a su hijo. Al recordarlo, él libró a su pueblo. ¡Cuán cerca estaban de la verdad! De lo que ellos no se dieron cuenta es que cuando Dios vio al hijo de Abraham, vio a su propio Hijo, Jesús, quien un día se entregaría en sacrificio por obediencia al Padre[6].

En la primera Pascua, Dios liberó a su pueblo y tomó la vida de los primogénitos de Egipto. Muchos siglos más tarde, Dios hizo que la salvación fuera posible para todos los que la aceptaran al entregar en sacrificio la vida de su Hijo unigénito.

EL PAN DE LA PASCUA

Saber cómo la Pascua coincide con las otras dos fiestas de la primavera, la de los Panes sin Levadura (*Matzot*) y la de los Primeros Frutos (*Bikkurim*), nos iluminará en varias formas más acerca de la muerte y resurrección de Cristo. Estas tres fiestas aparecen en rápida sucesión durante el curso de una semana, a principios de la primavera, y generalmente caen en el mes de marzo o principios de abril.

Las fiestas de la Pascua y de los Panes sin levadura empiezan casi al mismo tiempo, al punto que a veces aparecen referidas como si fueran una (Marcos 14:12). El cordero de la Pascua era sacrificado en la tarde del día 14 del mes de Nisán, pero lo comían después de la puesta del sol, al comienzo del día 15 de Nisán, que era cuando comenzaba la fiesta de los Panes sin levadura[7]. Recuerde que en el calendario judío cada día comenzaba en el momento de la puesta del sol.

¿Por qué es importante esta fiesta? Una de las razones es porque nos dice la clase de pan que Jesús tenía en sus manos cuando lo partió y dijo: «Este pan es mi cuerpo, entregado por ustedes» (Lucas 22:19). La gran obra de arte de Leonardo DaVinci titulada «La Última Cena» ha condicionado nuestra imaginación con respecto a esa «última cena» de Jesús. En ella aparece Jesús representado con piezas comunes de pan[8]. Pero allí no había ni una migaja de pan común en la mesa de la Pascua ni en ninguna parte de la casa, porque se requería que los judíos comieran la cena de la Pascua solo con pan sin levadura (Deuteronomio 16:1-3). De hecho, estaba completamente prohibido tener levadura de ninguna clase durante los siete días de la fiesta de los Panes sin levadura, comenzando con la comida de la Pascua. De manera que Jesús jamás habría tenido en sus manos pan normal sino *matzah*.

¿Por qué es significativo esto, y por qué era tan terrible tener levadura en esos días? En los tiempos antiguos se leudaba la nueva masa metiendo una porción de masa vieja fermentada en la nueva masa de pan. La masa nueva y fresca era infectada deliberadamente con microbios, lo que hacía que la masa aumentara y se hinchara, pero que más adelante hacía que se agriara, se corrompiera y al final, se pudriera. La hinchazón producida por la levadura les recordaba a los judíos el orgullo e hipocresía humanos. A lo largo del año, toda ofrenda de granos que se presentaba al Señor y se quemaba sobre el altar tenía que estar libre de levadura (Levítico 2:11; 6:17). Los antiguos veían a la levadura como una imagen del pecado y la contaminación, algo que Dios no quería ver en las ofrendas que le ofrecían.

De manera que, cuando Jesús tomó el pan en sus manos y dijo: «Este pan es mi cuerpo» en la noche en que fue entregado, estaba usando una clase de pan específico, hecho sin levadura, sin estar contaminado ni adulterado por la corrupción o descomposición. A diferencia del resto de la humanidad, Jesús nunca había estado infectado por la «podredumbre» que estaba presente en el resto de los hombres. Solo él era la ofrenda apropiada por nuestros pecados. Cuando siglos antes Dios le prohibió a su pueblo que comieran levadura durante la Pascua, quizá estaba pensando con anticipación en la noche en que Jesús tomaría el pan en sus propias manos, lo partiría y diría: «Este pan es mi cuerpo, entregado por ustedes».

Pablo y otros creyentes judíos entendieron exactamente lo que Jesús estaba diciendo. Escuche cómo Pablo usa esta imagen para describir cómo el sacrificio de Jesús nos permitiría vivir con rectitud:

> Hacen mal en jactarse. ¿No se dan cuenta de que un poco de levadura hace fermentar toda la masa? Deshágense de la vieja levadura para que sean masa nueva, panes sin levadura, como lo son en realidad. Porque Cristo, nuestro Cordero pascual, ya ha sido sacrificado. Así que celebremos nuestra Pascua no con la vieja levadura, que es la malicia y la perversidad, sino con pan sin levadura, que es la sinceridad y la verdad (1 Corintios 5:6-8).

El erudito judío David Daube ha señalado que también se le había dado otro significado importante al pan que Jesús partió[9]. Él dice que Jesús sostuvo en alto una pieza de *matzah* y partió un pedazo especial llamado el *afikomen*, que era ocultado en un lugar aparte. Al final de la cena el *afikomen* lo sacaban, lo partían y lo comían todos los participantes. Hoy todavía se hace, pero la explicación varía sobre el por qué; se dice que esa es una manera de mantener a los niños despiertos, porque el niño que lo encuentra recibe un premio. O que la tradición se deriva de la palabra griega *ipikomoi*, que significa «postre», porque era lo último que se comía en la cena.

No obstante, Daube afirma que en el tiempo de Jesús, el *afikomen* se refería a «aquel que venía», refiriéndose al anhelado Mesías. Esta tradición decía que la pieza completa de *matzah* representaba a todo Israel, y que el Mesías era «cortado» del pueblo y ocultado[10]. La aparición del pedazo al final era un símbolo de la venida del Mesías, esperado fervientemente en el tiempo de Jesús. Cuando Jesús sostuvo en su mano aquella pieza en particular de pan y dijo: «Este pan es mi cuerpo», estaba haciendo una afirmación asombrosa de ser el Mesías, el Cristo. Daube cree que los rabinos posteriormente le quitaron importancia a la naturaleza mesiánica de este ritual debido a la pobre relación que se desarrolló entre cristianos y judíos.

Con todo lo fascinante que esto es, todavía queda algo pendiente. Al leer el libro de Éxodo, usted podría preguntar: «¿La razón para los panes sin levadura de la Pascua no era para conmemorar la masa que los israelitas tuvieron que hacer a toda prisa porque tenían que salir de Egipto?». Sí, eso también es cierto. El pan tiene muchas capas de simbolismo. También fue conocido como el «pan de aflicción» de Deuteronomio 16:3. Como tal, el pan sin levadura también representa el sufrimiento de Cristo por su pueblo. Con frecuencia múltiples ideas aparecen contenidas en el simbolismo de las fiestas.

LA FIESTA DE LAS PRIMICIAS

Con todo lo importante que es la Pascua, otra fiesta importante arroja luz sobre el significado de la muerte y resurrección de Cristo. Sabemos que fue resucitado al tercer día (el primer día de la semana después del sábado posterior a la Pascua). Esta fiesta podía tener lugar en varias fechas; en algunos años caía varios días después de la Pascua. En el año que murió Jesús, coincidió exactamente con su resurrección[11]. ¿Cuáles son las implicaciones?

La fiesta de las Primicias celebraba los primeros frutos de la cosecha de la cebada. En esta fiesta, una gavilla de grano era cortada del campo y ofrecida con acción de gracias al Señor. Solo después de esa ofrenda se podía proceder a la recogida de la cosecha. Era un día que representaba las esperanzas del pueblo para el futuro, porque la siega había empezado.

Sin embargo, era algo más que eso. En el sábado después de la Pascua, el día que precedía inmediatamente a la fiesta de las Primicias, siempre se leía una dramática profecía en el templo. En ella el Señor instruyó al profeta Ezequiel a declarar a un valle lleno de huesos secos: «Así dice el Señor omnipotente a estos huesos: Yo les daré aliento de vida, y ustedes volverán a vivir» (Ezequiel 37:5). En la Pascua, el pueblo de Dios había mirado hacia la futura venida del redentor. Al sábado siguiente ellos leían un pasaje bíblico que decía que Dios iba a resucitar a los muertos cuando viniera[12]. Dios estaba prometido mucho más que una cosecha terrenal. ¡Estaba diciendo que iba a dar vida a los muertos resucitándolos!

Imagínese ahora a los seguidores de Jesús entrando en el templo el sábado, al día siguiente de haber muerto él. Todavía aturdidos por su ejecución brutal, habrían oído la lectura de una visión en la que se afirmaba que Dios había prometido dar nueva vida a los muertos. Al día siguiente, en la fiesta de las Primicias, ellos ya habrían escuchado los rumores que corrían por toda Jerusalén. La tumba de Jesús estaba vacía, y algunos de sus seguidores afirmaban que lo había visto vivo. ¿Se había él levantado realmente de entre los muertos? ¿Podía ser Jesús las primicias de la resurrección prometida? Lea con atención la conclusión que sacó el apóstol Pablo unos pocos años después:

> Lo cierto es que Cristo ha sido levantado de entre los muertos, como primicias de los que murieron. De hecho, ya que la muerte vino por medio de un hombre, también por medio de un hombre viene la resurrección de los muertos. Pues así como en Adán todos mueren, también en Cristo todos volverán a vivir, pero cada uno en su debido orden: Cristo, las primicias; después, cuando él venga, los que le pertenecen (1 Corintios 15:20-23).

La muerte pende sobre la raza humana como la más oscura de las sombras. Incluso la vida más prometedora parece que termina en tragedia. Pero las palabras de Pablo nos aseguran que el temor a la muerte puede ser remplazado por una esperanza invencible. La resurrección es como una promesa de lo que Dios hará a cada uno de nosotros. Para aquellos que pertenecen a su Hijo, la vida eterna no es una simple posibilidad, sino algo inevitable.

RECORDEMOS NUESTRA REDENCIÓN

¿Qué respondería usted si alguien le pidiera que identificara el suceso más importante del Nuevo Testamento? Como la mayoría de nosotros, usted probablemente respondería diciendo que es la muerte y resurrección de Cristo. ¿Pero qué diría usted si alguien le hiciera la misma pregunta en cuanto al Antiguo Testamento? ¿Cómo podría escoger usted entre todas las posibilidades? ¿La creación? ¿El diluvio? ¿El pacto con Abraham? ¿Entrar en la tierra prometida? ¿La construcción del templo? Aunque puede que encontremos la pregunta desconcertante, la respuesta parecería bastante evidente para la mayoría de los judíos. Su liberación milagrosa de Egipto es el evento más mencionado una y otra vez en el Antiguo Testamento; casi cada libro se refiere a eso. Es el evento que ellos mencionan en casi toda reunión de adoración.

Siempre que Dios quería recalcar por qué su pueblo debía obedecerle, él les recordaba cómo los había rescatado y cómo los había forjado como su pueblo. «Yo soy el Señor su Dios, que los saqué de Egipto», les repitió con frecuencia. Muchas de las leyes de la Tora tienen su raíz en la liberación del pueblo de Egipto:

> Cuando algún extranjero se establezca en el país de ustedes, no lo traten mal. Al contrario, trátenlo como si fuera uno de ustedes. Ámenlo como a ustedes mismos, *porque también ustedes fueron extranjeros en Egipto* (Levítico 19:34, cursivas añadidas).

> Si alguno de tus compatriotas se empobrece y no tiene cómo sostenerse, ayúdale como lo harías con el extranjero o con el residente transitorio; así podrá seguir viviendo entre ustedes [...] *Yo soy el SEÑOR su Dios, que los saqué de Egipto* para darles la tierra de Canaán y para ser su Dios (Levítico 25:35, 38, cursivas añadidas).

Recuerda que fuiste esclavo en Egipto, y que el
Señor tu Dios te sacó de allí con gran despliegue de
fuerza y de poder. Por eso el Señor tu Dios te manda
observar el día sábado (Deuteronomio 5:15, cursivas
añadidas).

Cada uno de los mandamientos arriba indicados está directamente vinculado con las acciones de Dios a favor de Israel. Su
pueblo no debía maltratar a los extranjeros. ¿No recordaban que
ellos mismos habían sufrido en Egipto antes que Dios los rescata-
ra? Su pueblo tenía que ayudar a los pobres para que pudieran vivir
en la tierra. ¿No habían experimentado ellos lo que era vivir en la
pobreza en la tierra de otros antes que Dios les llevara a su propia
tierra? Su pueblo debía descansar y permitir que todos sus siervos
descansaran en el día de reposo. ¿No era ese descanso lo que ellos
mismos habían deseado tanto cuando eran esclavos en Egipto antes
que Dios los liberara?

Del mismo modo, como seguidores de Cristo, podemos recordar de forma continua cómo Jesús, el Cordero de la Pascua, nos
ha redimido de la muerte. Podemos perdonar porque hemos sido
perdonados. Podemos servir, porque Cristo se humilló a sí mismo por nosotros. Podemos amar porque hemos experimentado la
abundancia del amor de Dios en nuestras vidas. Tenemos una nueva vida y una nueva esperanza, porque Cristo cumplió la antigua
fiesta de la Pascua.

No es una coincidencia que tres fiestas bíblicas importantes
coincidan con la muerte y resurrección de Jesús: La Pascua, los
Panes sin Levadura y las Primicias. Estas fiestas anuales se llenaron de nuevos significados cuando Jesús murió y resucitó de
entre los muertos. Pero todavía quedan más fiestas bíblicas que
nos aportan un conocimiento y visión fascinantes sobre el Maestro Jesús. Las exploraremos a continuación.

A LOS PIES DEL MAESTRO

1. Piense en celebrar un Séder de Pascua cristiano en su iglesia o con su familia y amigos. (El Apéndice B le provee de una lista de sugerencias de recursos para ayudarle a observar las fiestas bíblicas como un cristiano.)

2. La fiesta de la Pascua judía, en el 15 de Nisán, siempre tiene lugar en día de luna llena porque el año judío usa el calendario lunar. Planee salir fuera de la casa en la noche de la Pascua para reflexionar en la gran batalla de Jesús con el mal bajo la luna llena en Getsemaní hace dos mil años. (Para las fechas de las fiestas de Pascua venideras consulte el Apéndice B.)

3. Un himno tradicional de Pascua es conocido como *Dayeinu*[13]. La palabra *Dayeinu* significa «suficiente para nosotros». En quince versículos se menciona una larga lista de las bendiciones de Dios con el estribillo de *Dayeinu* al final de cada versículo. La idea es que si Dios se hubiera detenido en cualquiera de ellos, su pueblo hubiera estado completamente satisfecho. Veamos un ejemplo de esos versos:

> ¡Si él nos hubiera rescatado de Egipto,
> pero no hubiera castigado a los egipcios,
> eso habría sido suficiente para nosotros! (*Dayeinu*)
> Si él hubiera castigado a los egipcios,
> pero no hubiera derrotado a sus dioses,
> eso habría sido suficiente para nosotros...
> Si él nos hubiera dado el reposo
> pero no nos hubiera llevado al monte Sinaí,
> eso habría sido suficiente para nosotros...
> Si él nos hubiera llevado al monte Sinaí,
> pero no nos hubiera dado la Tora,
> eso habría sido suficiente para nosotros...
> Si él nos hubiera dado la Tora,
> pero no nos hubiera llevado a la Tierra de Israel,
> eso habría sido suficiente para nosotros...

¡Cuánto más entonces tenemos que estarle agradecidos a
Dios por todas las cosas buenas que él ha hecho por nosotros!

¡Qué actitud tan maravillosa de gratitud! Vea si usted puede escribir varias estrofas más al pensar en las bendiciones de Dios en
su propia vida.

DESCUBRAMOS A JESÚS EN LAS FIESTAS JUDÍAS

El judaísmo nos enseña a estar apegados
a la *santidad en el tiempo*,
estar apegados a los eventos sagrados,
aprender cómo consagrar
santuarios que emergen de la magnífica
corriente de un año.
Los días de reposo son nuestras grandes
catedrales; y nuestro lugar santísimo
es un santuario que ni los romanos ni los
nazis pudieron
quemar [...] el Día de la Expiación
Rabino Abraham Joshua Heschel[1]

¿Recuerda la analogía de Ken Bailey en el capítulo 1, sobre pasarse la vida en la playa y entonces un día decidir zambullirse en el agua para saber lo que había debajo de ella? Imagine ahora que se zambulle frente al Mauna Loa, el volcán de la isla de Hawai. Si usted cambia su equipo de bucear cerca de la superficie por otro que le sirva en las turbias profundidades, descubrirá que el Mauna Loa es, en realidad, la montaña más grande de la tierra, como un kilómetro más alto que el monte Everest[2].

La fiesta de la Pascua, a la luz de cómo Cristo la cumplió, es muy semejante al Mauna Loa. Cuando usted empieza a explorarla, se da cuenta que el monte Calvario es más alto de lo que una vez pensó. sus raíces, en realidad, se remontan en el tiempo a la más antigua historia de Israel.

Si usted se sumergiera a bucear en el Océano Pacífico junto al Mauna Loa, descubriría algo más. Se conecta con una cordillera bajo el agua que forma el resto de las islas de Hawai. De la misma forma, la Pascua no es una isla solitaria en el tiempo. Hay todavía más «islas» o «montañas» que explorar. Usted ya ha visto cómo la Pascua se relaciona con la antiquísima fiesta de las Primicias, instituida miles de años antes. Pues está relacionada también con otras fiestas bíblicas.

Estas antiguas fiestas, establecidas por Dios en el monte Sinaí, crearon un ritmo importante en la vida del siglo I, le daban forma al año y vinculaban al pueblo judío con su historia sagrada. Cada año la propia familia de Jesús, fieles practicantes, se ponían en camino de ida y vuelta de varios días para ir a Jerusalén con el fin de tomar parte en las fiestas. Ya de adulto, Jesús participó, comentó y empleó imágenes de las fiestas para destacar su papel como Mesías. Las siete fiestas bíblicas, que todavía se celebran hoy, son muy ricas en significado y señalan hacia la obra de redención de Cristo. ¿Qué podemos aprender acerca de ellas que pueda transformar nuestra vida?

LA CELEBRACIÓN DEL PASADO, PRESENTE Y FUTURO

Debido a que muchas de las fiestas estaban originalmente vinculadas con temas agrícolas, las celebraban en el tiempo de la siembra o de la cosecha. Levítico 23 provee las instrucciones específicas para su observación. (Vea el Apéndice B para saber más)[3]. Los habitantes de las ciudades modernas difícilmente se pueden imaginar el gozo que sentía el antiguo agricultor al ver la abundante cosecha que iba a recoger después de haberla trabajado arduamente en una tierra árida, lo que garantizaba la supervivencia de su familia durante otro año. Trate de pensar en ello como recibir un buen cheque o bono o una buena promoción a fin de año, con Dios representando el papel de su empleador. El propósito de las fiestas era darle al pueblo judío la oportunidad de regocijarse por la manera en que Dios había provisto y entonces ofrecerle a él algo en agradecimiento. Las fiestas eran una forma tangible de recordar el cuidado y la fidelidad de Dios.

Otro mensaje estaba también implícito en estas fiestas: Que los israelitas recordaran cómo Dios los había redimido y que nunca olvidaran cómo los había sacado de la esclavitud en Egipto y los había llevado a la Tierra Prometida. Este tema aparece entretejido en las siete fiestas, con partes diferentes de la historia recordadas en momentos diferentes del año. De esa manera el pueblo judío podía revivir la historia cada año, concentrarse en su milagrosa salida de Egipto, en el pacto en el monte Sinaí, o en los cuarenta años que pasaron peregrinando por el desierto, sostenidos por el maná que Dios les proveía. Al recordar lo que les definía a ellos como un pueblo, la gratitud y la fe transformarían la manera en que ellos vivían.

Al aprender de estos patrones judíos, la iglesia adoptó esta práctica sabia al desarrollar el calendario litúrgico que nos recuerda nuestra propia redención. Como cristianos, nos enfocamos en la vida de Cristo: En Navidad recordamos su nacimiento, en el Domingo de Resurrección recordamos su muerte y resurrección, y en Pentecostés celebramos el nacimiento de la iglesia.

Cuando Dios instruyó a los israelitas que observaran estas fiestas, les estaba diciendo que celebraran su pasado, recordando su liberación de la esclavitud en Egipto y también su presente, regocijándose en cómo él les estaba proveyendo alimentos en la cosecha. Pero había también una dimensión futura en las fiestas. Entretejidas en esas antiguas fiestas había indicaciones de algo más y mucho mejor que estaba todavía por venir.

EL SENTIDO MÁS PROFUNDO DE PENTECOSTÉS

Ya hemos aprendido acerca de las tres primeras fiestas del año, que aparecen en rápida sucesión. La Pascua, los Panes sin Levadura y las Primicias tienen lugar en el espacio de una semana. En aquel fatídico último año de la vida terrenal de Jesús, todas ellas recibieron un significado completamente nuevo.

Pero ese no es el fin de la historia, porque siete semanas después de la fiesta de las Primicias venía Pentecostés, una fiesta que señalaba el fin de la cosecha de la cebada y el comienzo de la cosecha del trigo. En hebreo esta fiesta se conoce como *Shavuot*, que significa «semanas». En griego recibe el nombre de los cincuenta días que se cuentan a partir de la fiesta de las Primicias y es llamada Pentecostés.

Quizá le sorprenda saber que los cristianos no inventaron Pentecostés. Lo marcamos como el día en que los primeros creyentes cristianos recibieron el Espíritu Santo, lo llamamos «el nacimiento de la iglesia», y lo celebramos cincuenta días después del Domingo de Resurrección. Pero en el tiempo de Jesús, Pentecostés ya se había celebrado durante muchos siglos. Aprender acerca de la fiesta de *Shavuot* nos ayuda mucho a comprender lo que estaba sucediendo. Veamos cómo nos describe Hechos la escena:

> Cuando llegó el día de Pentecostés, estaban todos juntos en el mismo lugar. De repente, vino del cielo un ruido como el de una violenta ráfaga de viento y llenó toda la casa donde estaban reunidos. Se les aparecieron entonces unas lenguas como de fuego que se repartieron y se posaron sobre cada uno de ellos. Todos fueron llenos del Espíritu Santo y comenzaron a hablar en diferentes lenguas, según el Espíritu les concedía expresarse [...]
>
> Entonces Pedro, con los once, se puso de pie y dijo a voz en cuello: «Compatriotas judíos y todos ustedes que están en Jerusalén [...]
>
> Así, pues, los que recibieron su mensaje fueron bautizados, y aquel día se unieron a la iglesia unas tres mil personas (Hechos 2:1-4, 14, 41).

Si usted ha estado alguna vez en la parte antigua de Jerusalén, se habrá dado cuenta de cuán compacta es. Resulta difícil imaginarse a tres mil personas reunidas todas juntas a las afueras de una de las casas dentro de las murallas de aquella apretujada ciudad con sus calles estrechas y ventosas; resulta todavía más difícil imaginarse a tres mil personas reunidas en el exterior de una casa en la Jerusalén del tiempo de Jesús. ¿Pero qué ocurre si la «casa» de la que se habla en el pasaje arriba no es el aposento alto, como muchos de nosotros hemos imaginado, sino el templo mismo, al que se refieren con frecuencia en las Escrituras como la «casa de Dios»?[4]

Shavuot es una de las tres fiestas principales (junto con la Pascua y la de los Tabernáculos) a las que se requería la asistencia de los fieles judíos. A las nueve de la mañana, los seguidores de Jesús estarían en el templo junto con los peregrinos judíos procedentes de otros muchos países que habían acudido a celebrar la fiesta, todos ellos hablando las lenguas diferentes de sus tierras de origen.

De modo que es probable que el fenómeno del sonido de un viento fuerte y la visión de las lenguas de fuego que se describen en Hechos hayan tenido lugar, no en un aposento alto, sino frente a miles de personas dentro de los atrios del templo. Sería aquí donde Pedro tuvo la oportunidad de predicar a la multitud acerca de Jesús.

Tan asombrosos fueron los sucesos de aquel día que tres mil nuevos creyentes fueron bautizados. Ninguna casa contaba con suficientes baños rituales para acomodar a una multitud así. Pero justo afuera del templo había más de cien pocetas para baños rituales, que se usaban para purificar a los adoradores antes de entrar al templo, así como también para sumergir a los nuevos convertidos al judaísmo. En realidad, esta última ceremonia es la precursora del bautismo cristiano. Ahí es dónde probablemente fueron bautizados estos tres mil nuevos creyentes en Jesucristo.

Es digno de mencionar que estos lugares de baños todavía se pueden ver entre las ruinas del templo. Hace menos de cuarenta años que los arqueólogos descubrieron docenas de estos lugares. ¡Piense en eso! Usted todavía puede pararse en el lugar donde Dios derramó su Espíritu sobre los seguidores de Jesús hace dos mil años.

Es evidente que Dios estaba usando las tradiciones del Shavuot para telegrafiar un mensaje a su pueblo. ¿Pero qué es exactamente lo que estaba diciendo? Al menos docientos años antes del nacimiento de Cristo, los rabinos habían notado que los israelitas habían llegado al monte Sinaí a los cincuenta días de haber salido de Egipto (vea Éxodo 19:1). Esto les llevó a la conclusión de que si la Pascua conmemoraba la salida (el éxodo) de Egipto, entonces el Shavuot debía conmemorar el pacto en el monte Sinaí[5]. La lectura tradicional para el Shavuot es Éxodo 19—20, que nos relata la historia de lo que sucedió cuando Dios descendió al monte Sinaí para darle a Moisés los Diez Mandamientos, para sellar la entrega del pacto. Durante este encuentro divino todo el monte parecía consumido en fuego.

De la misma manera que la presencia divina en el Sinaí se mostró de forma extraordinaria mediante fuego, Dios también mostró su presencia de manera muy especial en Pentecostés por medio de las lenguas de fuego. Pero en esta ocasión había una diferencia vital. En vez que grabar su ley en tablas de piedra, él la estaba atesorando en los corazones humanos por medio del poder de su Espíritu. Vea lo que el profeta Jeremías profetizó:

«Vienen días —afirma el Señor— en que haré un nuevo pacto con el pueblo de Israel y con la tribu de Judá [...]

Éste es el pacto que después de aquel tiempo haré con el pueblo de Israel —afirma el Señor—: Pondré mi ley en su mente, y la escribiré en su corazón. Yo seré su Dios, y ellos serán mi pueblo. Ya no tendrá nadie que enseñar a su prójimo, ni dirá nadie a su hermano: "¡Conoce al Señor!", porque todos, desde el más pequeño hasta el más grande, me conocerán —afirma el Señor—. Yo les perdonaré su iniquidad, y nunca más me acordaré de sus pecados».
(Jeremias 31:31, 33-34)

En el Sinaí, Dios había dado a su pueblo el pacto de la *Tora*, que significa «ley» o «instrucción». En Pentecostés el Señor les dio su Espíritu para sellar un nuevo pacto de perdón del pecado. Como la Tora, el Espíritu revela la verdad de Dios, nos instruye y nos convence de pecado. Pero a diferencia de la Tora, el Espíritu nos da el poder para vivir en comunión con Dios al cambiar nuestros corazones por dentro, algo que la ley no podía hacer (Romanos 8:5-7). ¡Qué gran razón para celebrar!

Pero eso no es todo, porque en la mañana del Shavuot, los sacerdotes leían en voz alta un pasaje muy notable del libro de Ezequiel. Los dos primeros capítulos de Ezequiel narran su visión muy vívida de una tormenta repleta de relámpagos y fuego. Sobrecogido por el temor, Ezequiel cae sobre su rostro hasta que Dios le manda que se levante y el Espíritu viene sobre él. En esta visión,

SHAVUOT

Shavuot es la palabra hebrea que denota la fiesta que se conoce en griego como *Pentecostés*, que significa «el quincuagésimo día». Después de la fiesta de las Primicias, contaban siete semanas para llegar a ese día. Esta fiesta conmemoraba el aniversario del encuentro de Moisés con Dios en el monte Sinaí, cuando él recibió la ley y el pacto. En el primer día de *Shavuot* después de la muerte de Jesús, el Espíritu Santo fue derramado, significando que se inauguraba un nuevo pacto en el cual Dios mismo grabaría su ley en los corazones de los creyentes (vea Jeremías 31:31-34).

Dios comisiona a Ezequiel para que sea su profeta, dándole poder para que lleve su palabra al pueblo.

Se da una notable semejanza entre la visión de Ezequiel y la experiencia de los discípulos en Pentecostés, cuando el Espíritu Santo vino con viento, fuego y el don de hablar en lenguas, capacitando a los discípulos para que hablaran la Palabra de Dios a judíos de muchas naciones, superando toda barrera de lenguas. En Pentecostés los seguidores de Cristo fueron comisionados para llevar el mensaje de salvación de Dios a su pueblo. El efecto fue inmediato. Pedro aprovechó la oportunidad para predicar con entusiasmo, tres mil personas depositaron su fe en Cristo y se convirtieron.

Una vez más vemos que las tradiciones de Shavuot arrojan una nueva luz sobre los sucesos de Hechos 2. Si no entendemos bien el contexto en el que tuvieron lugar, esos sucesos nos pueden parecer extraños: vientos misteriosos, llamas flotantes y expresiones extáticas. Sin embargo, las imágenes antiguas de la fiesta de Shavuot, o Pentecostés, derraman luz sobre el nacimiento de la iglesia.

Piense en cómo Dios estaba usando las fiestas antiguas para comunicarse con su pueblo. Muchos siglos antes, en la Pascua, Dios los había redimido de Egipto. Cincuenta días después de su partida, Dios estableció su pacto en el monte Sinaí para formar a Israel como nación. La muerte y resurrección de Cristo en la Pascua trajo redención para todos aquellos que creen en él. Y cincuenta días más tarde, Dios derramó su Espíritu para sellar un nuevo pacto para el perdón de sus pecados. Los creyentes fueron comisionados para hacer discípulos en todas las naciones y habilitados por el mismo Espíritu que habló por medio de los profetas muchos siglos antes. Así como la Pascua y la fiesta de las Primicias iluminaron el significado de la muerte y resurrección de Cristo, Shavuot comunicó lo que Dios estaba llevando a cabo con el nacimiento de la iglesia.

Saber más acerca de la naciente iglesia judía puede ayudarnos a entender lo que el don del Espíritu Santo significa para nuestras propias vidas. En el siglo I, ser llenos del Espíritu Santo era algo más que hablar en lenguas, comunicar el evangelio y realizar sanidades milagrosas, con todo lo impresionante que eso sea. Hechos 2:44-45 nos dice que «todos los creyentes estaban juntos y tenían todo en común: vendían sus propiedades y posesiones, y compartían sus bienes entre sí según la necesidad de cada uno».

En *Hard Sayings of the Bible*, Peter Davids comenta que el Espíritu de Dios «liberó a las personas del espíritu de Mammón, de modo que estaban dispuestas a dar siempre que veían una necesidad, vendiendo propiedades y bienes si era necesario. No había obligaciones, ni requerimientos. Era sencillamente la respuesta natural del Espíritu del Dios generoso dentro de ellos»[6]. Hoy algunas de nuestras iglesias hacen hincapié en los dones espirituales, otras en el evangelismo y otras en cuidar de los pobres. Pero *esos tres* fueron elementos esenciales de la iglesia naciente llena del Espíritu.

LOS DÍAS SANTOS DEL OTOÑO

Las raíces profundas del cristianismo hay que buscarlas dentro de las fiestas bíblicas. En la Pascua, Jesús se convirtió en el Cordero de Dios cuya sangre nos redime; en las Primicias se levanta de la tumba como el primer fruto de la nueva creación, y en Pentecostés derrama su Espíritu para inaugurar el nuevo pacto.

Pero hay tres días más de fiestas santas que fueron establecidas en el monte Sinaí. Estas se celebran en el otoño, exactamente a los seis meses de la Pascua, en el mes de Tisri (a finales de septiembre-octubre). Al igual que las fiestas de primavera, estas tres vienen muy cerca una detrás de la otra. ¿Qué podemos aprender de ellas?

En el primer día de Tisri aparece la fiesta de las Trompetas. También llamada *Rosh Hashaná* (la «cabeza del año»), señala el comienzo del nuevo año civil[7]. En ese día hacían sonar un *shofar*, o cuerno de carnero, con el fin de ensalzar a Dios como Rey del mundo. En los tiempos antiguos los reyes anunciaban su llegada mediante el sonido de trompetas. *Rosh Hashaná* marca el aniversario de la creación del mundo, de manera que para celebrarlo, los judíos leen Génesis 1 en las sinagogas de todo el mundo.

Pero el estado de ánimo de *Rosh Hashaná* no es por completo de celebración. Comienza el *yamim noraim*, o los diez Días de Sobrecogimiento. La tradición dice que durante esos días Dios abre sus libros a fin de examinar los hechos de cada persona. Él entonces emite su juicio en relación con el año siguiente. En consecuencia, estos diez días se enfocan en el arrepentimiento y la reflexión. Ofrecen la oportunidad de examinarse uno mismo en sus obras y conducta en preparación para el *Yom Kippur*, el Día de la Expiación, que tiene lugar el día 10 de Tisri.

ROSH HASHANÁ
Rosh Hashaná es el nombre del Año Nuevo judío, conocido también como *Yom Teruah*, el «día de tocar la trompeta».

YOM KIPPUR
Yom Kippur es el Día de la Expiación, el día más santo del año para los judíos. Es un día de oración, de ayuno y arrepentimiento. En los tiempos bíblicos el sumo sacerdote ponía simbólicamente sobre la cabeza de un macho cabrío los pecados de la nación (Levítico 16:8-10) en el día de Yom Kippur y entraba al Lugar Santísimo para hacer expiación por los pecados de toda la nación.

Yom Kippur es el día más santo y solemne del año. Es tan importante que muchos judíos que no se interesan para nada en otras fiestas sí que observan este día. Durante el día de Yom Kippur las personas cesan su trabajo y cumplen con un ayuno de veinticinco horas de alimento y agua. (Añaden una hora más de ayuno para poner «una barda alrededor de la ley», a fin de asegurarse de que cumplen fielmente con la ley de Dios). Se aparta ese día para «aflicción del alma» como una forma de buscar la expiación por los pecados del año anterior. Algunos fieles judíos llevan incluso un *kittel*, una prenda de vestir blanca como la que usan para enterrar a los muertos. Lo hacen para recordarse a sí mismos y a los demás que la vida es finita y que todos deben estar preparados para presentarse delante de Dios en el momento de la muerte. Estas tradiciones son ricas y conmovedoras.

Cuando el templo todavía existía en Jerusalén, Yom Kippur era el único día en el que el sumo sacerdote podía entrar al Lugar Santísimo. En ese lugar tan sagrado él ofrecía expiación por los pecados de todo el pueblo de Israel. En el Yom Kippur él también ponía sus manos sobre la cabeza de un macho cabrío (el chivo expiatorio), transfiriendo simbólicamente la culpa de la nación al animal, y luego lo soltaban al desierto (Levítico 16:8-10).

Después que el templo fue destruido en el año 70 d. C. los sacrificios cesaron y los rabinos declararon que la oración era por sí misma suficiente para el perdón de los pecados. Pero algunos judíos todavía sienten la necesidad del sacrificio. Aunque son criticados, algunos entre los ultra-ortodoxos todavía practican hoy algún tipo de sacrificio, poniendo sus manos (y por tanto, sus pecados) sobre la cabeza de una gallina que luego matan. Después entregan la carne a los pobres. A este ritual lo llaman *kaparot*, que significa «cubrir» o «expiación». Su persistencia dice algo acerca de nuestro instinto humano de que se necesita algo más que oración para asegurar el perdón. Para los cristianos es evidente la necesidad de la expiación mediante el sacrificio y la muerte de Cristo.

LA FIESTA DE LOS TABERNÁCULOS

Por último, cinco días después de la fecha de la Expiación viene la fiesta más gozosa del año: la fiesta de los Tabernáculos, o *Sukkot*. *Sukkot* es el plural de la palabra hebrea *sukkah*, que significa «cabaña». Durante el tiempo de Jesús, organizaban una gran celebración en el templo que duraba siete días. A la fiesta de *Sukkot* se le conoce también como la Fiesta de la Cosecha, porque era la fiesta más grande de recogida de cosechas del año, cuando recogían los frutos y también el resto del trigo.

Cuando se inició esta fiesta, Dios le dijo al pueblo que edificaran cabañas y vivieran en ellas durante siete días con el fin de recordar como él los había sacado de Egipto y cuidó de ellos en el desierto. Muchos judíos siguen celebrando hasta el día de hoy esta fiesta de construir una *sukkah*. Se supone que deben construir esas cabañas con materiales no permanentes, compuestas de tal manera que al menos puedan ver una estrella por entre las rendijas de las ramas que forman el techo. La costumbre es vivir en ella si es posible, o al menos tomar sus comidas en ellas como si estuvieran en su casa.

Al estar sentado dentro de una de esas sencillas cabañas, y ver el firmamento a través de las ramas del techo y sentir el viento que pasa por las rendijas de las paredes, usted se da cuenta de que la seguridad no viene de la fortaleza de las paredes que ha construido a su alrededor, sino de la presencia del Señor que le protege. También empieza a darse cuenta de la abundancia de las bendiciones de Dios. La fiesta de Sukkot ofrece una poderosa experiencia de lo que significa seguir a Dios, sintiéndose a la vez inseguro y sumamente bendecido. Para los judíos es un tiempo de gran gozo al recordar la intimidad disfrutada durante aquellos cuarenta años cuando Dios «acampaba» con ellos en medio del desierto, y les sostenía cada día con el maná del cielo.

Lois recuerda cuando sus amigos Bruce y Mary Okkema construyeron una *sukkah* en su patio trasero junto con su grupo de estudio bíblico. «Bruce y yo», cuenta ella, «estábamos muy ocupados preparándolo todo para una gran celebración de adoración, un acto de inauguración de nuestro nuevo ministerio, el Centro de Recursos En-Gadi. Nunca olvidaré aquella mañana luminosa de septiembre en que nos dirigimos a la estación de radio local para una entrevista sobre esa actividad. De repente, en medio de la entrevista, un asistente asomó la cabeza por la puerta del estudio y dijo: «Vamos a tener que suspenderlo porque tenemos un boletín informativo sobre un accidente de aviación en Nueva York». Acababan de atacar al World Trade Center.

»Nuestro ministerio apenas acababa de empezar cuando los sucesos de 11 de septiembre amenazaron con echarlo a pique. Los acontecimientos de aquel día paralizaron nuestro país. Se perdieron tantas vidas que nuestra nación quedó hundida en la tristeza. Y había un temor creciente de que siguieran más ataques terroristas. En los meses siguientes, el negocio de Bruce sufrió bastante por causa de la situación económica, como les sucedió a otros muchos. En cuanto a mí misma, yo había dejado mi tarea como profesora para ayudar a lanzar este ministerio, con la esperanza de que la gente nos ayudaría. Aquel otoño las fuertes paredes de ladrillo de mi cómoda y pequeña casa parecían tan endebles como las paredes de la *sukkah* que estaba en mi patio trasero. Aquellos dos primeros años con En-Gadi fueron de verdad como "una peregrinación por el desierto" al ir descubriendo lo que de verdad significaba confiar en Dios para nuestra seguridad».

La propia travesía de Israel por el desierto es recordada de manera vívida cada verano. Durante seis meses, entre mayo y octubre, no cae ni una gota de lluvia, de manera que a mediados de otoño, cuando se observa la fiesta de Sukkot, la tierra está completamente seca. El hermoso verdor de la primavera ha desaparecido.

No nos asombra que la fiesta de Sukkot fuera el tiempo para orar a Dios pidiendo «agua viva», o lluvia, para el año entrante. Uno de cada cuatro años la lluvia se presentaba tarde o no era suficiente para que los campos dieran buenas cosechas, de modo que la lluvia era una necesidad esencial y una preocupación común. En esa época del año era fácil para el pueblo recordar cuánto habían dependido de Dios durante sus años en el desierto.

¿Qué relación tiene la fiesta de los Tabernáculos con la vida de Jesús? En el último día de esa fiesta, los sacerdotes llevaban a cabo una ceremonia de libación de agua acompañada de oraciones fervientes pidiendo el agua de vida en forma de lluvia. En ese momento las voces gozosas de miles de adoradores alcanzaban una intensidad atronadora[8]. Un rabino comentó: «¡Todo aquel que no ha visto una *Simchat Beit Hashoevah* [la ceremonia de sacar el agua] no ha visto el gozo en toda su vida!»[9].

Fue en este último y más solemne día del Sukkot que Jesús se puso de pie en medio de aquella multitud que clamaba al cielo, y exclamó: «Si alguno tiene sed, que venga a mí y beba! De aquel que cree en mí, como dice la Escritura, brotarán ríos de agua viva» (Juan 7:37-38). ¡Imagíneselo! Jesús estaba hablando del agua viva del Espíritu Santo que muy pronto se derramaría sobre los nuevos creyentes. Esta era el agua que calmaría su sed de Dios y rebosaría de ellos para refrescar a todo el mundo. Por medio de él, Dios proveería un abastecimiento continuo de agua viva, que permanecería en ellos desde entonces hasta la eternidad.

Como ya hemos visto, en un año fatídico, alrededor del 30 d. C., los tremendos milagros que rodearon la vida y la muerte de Jesús redefinieron el significado de las primeras cuatro fiestas bíblicas. ¿Qué hay acerca de las otras tres? Muchos creen que solo se cumplirán cuando Cristo regrese. En Navidad, estos tres últimos días sagrados —la fiesta de las Trompetas, el día de la Expiación y la fiesta de los Tabernáculos— pueden enseñarnos algo acerca del futuro.

EL SHOFAR
Un shofar es un cuerno de carnero que se puede usar como una trompeta. En los tiempos bíblicos se le hacía sonar para una variedad de propósitos, pero ahora lo tocan en el día de Rosh Hashaná, el Año Nuevo judío, y al final del Yom Kippur, el Día de la Expiación.

El *shofar* que suena en la Fiesta de las Trompetas, o en *Rosh Hashaná*, mira al futuro, hacia el regreso de Cristo como Rey de la nueva creación. Escuche lo que dice Pablo: «Fíjense bien en el misterio que les voy a revelar: No todos moriremos, pero todos seremos transformados, en un instante, en un abrir y cerrar de ojos, al toque final de la trompeta. Pues sonará la trompeta y los muertos resucitarán con un cuerpo incorruptible, y nosotros seremos transformados» (1 Corintios 15:51-52). La trompeta anunciará la venida del reino de Dios y la coronación de Cristo como Rey.

Pero los estados de ánimo serán variados, porque también habrá juicio, un momento en que cada ser humano que haya vivido estará en la presencia de Dios para dar cuentas de su vida. Aquellos que siguieron a Cristo Jesús lo experimentarán como el último Día de Expiación, cuando Jesús, su Sumo Sacerdote, será manifestado a todos como aquel que ha entrado al Lugar Santísimo para limpiar el pecado por medio del poder de su sangre. En aquel día celebraremos juntos la gran fiesta de los Tabernáculos, el Sukkot final, cuando los creyentes morarán con Cristo para siempre, formando todos juntos un «tabernáculo» para la presencia de Dios en el cielo.

TEMPLOS EN EL TIEMPO

Cuando usted entra al templo octagonal de la iglesia de las Bienaventuranzas en la cima de una colina a orillas del mar de Galilea, puede sentir de inmediato que se encuentra en un lugar sagrado. Los ocho ventanales con vitrales de colores desplegados en la parte alta de las paredes del templo iluminan cada bienaventuranza. La luz del sol se filtra e ilumina la cruz dorada de un altar adornado con elegancia. La paz y la tranquilidad del lugar nunca quedan turbadas por voces humanas, pues unos pequeños carteles solicitan el silencio de los visitantes como expresión de reverencia por el lugar donde Cristo predicó una vez.

Del mismo modo, si usted visita Jerusalén un viernes por la tarde a la puesta del sol, cuando comienza el *Sabbat,* va a tener el mismo sentimiento. Durante la semana el ruido incesante del tráfico y de las construcciones llenan el aire, pero en el día de reposo usted solo escucha el sonido del viento meciendo las hojas y ramas de los árboles. A medida que la luz solar se desvanece, las bulliciosas calles se quedan vacías de autos y un silencio reverente desciende sobre Jerusalén[10]. Desde la puesta del sol del viernes a la puesta del sol del sábado Jerusalén queda transformada. Ese mismo sentido de santidad lo siente en las siete grandes fiestas que han estado celebrándose por miles de años.

El rabino Abraham Heschel explica que muchas religiones tratan sus lugares santos con gran reverencia, como usted puede sentir en la iglesia de las Bienaventuranzas. Pero la adoración judía, él dice, santifica más bien el *tiempo* en lugar del *espacio*. Heschel señala que, al darle a Israel las fiestas, Dios lo estaba preparando para el tiempo después de la destrucción del templo. A diferencia de otros dioses, el Dios de Israel no estaba confinado a una ubicación geográfica, ni siquiera al templo de Jerusalén. En vez de mostrar reverencia por cierto lugar, el pueblo judío ha sido capaz, por medio del Sabbat y otros días santos, de santificar el tiempo mismo.

SABBAT

Sabbath es la palabra hebrea que se traduce «Sabbat» y que significa «cesar». Los judíos observan el Sabbat desde la puesta del sol del viernes hasta la puesta del sol del sábado, y durante ese tiempo cesan todo trabajo con el fin del adorar a Dios y disfrutar de compañerismo unos con otros.

En sus memorias, *Stranger in the Midst*, Nan Fink dice:

> El Sabbat es diferente de todo lo demás. El tiempo como lo conocemos no existe durante esas veinticuatro horas, y las preocupaciones de la semana pronto quedan a un lado. Un sentimiento de gozo aparece. El más pequeño de los objetos, una hoja o una cucharilla, brilla en la suave luz, y el corazón se abre. El Sabbat es una meditación de increíble belleza[11].

Para proteger el Sabbat, los rabinos crearon una larga lista de cosas que no debían hacerse, como Lauren Winner nos dice en su libro *Mudhouse Sabbath*. Pero esto que parece negativo tiene algo positivo. Son una forma de apartar el día, protegiéndole de todas las agitaciones y responsabilidades que caracterizan a los demás días de la semana.

Para explicar los efectos secundarios positivos de algunas de las restricciones puestas en un Sabbat ortodoxo, Lauren Winner cuenta la historia de Lis Harris, una judía secular que pasó un Sabbat con una familia hasídica en Crown Heights, Nueva York. Molesta por la larga lista de restricciones, Harris retó a sus hospedadores, pidiéndoles que le explicaran:

—¿Por qué se va a preocupar Dios si ella prepara en el microondas una cena congelada un viernes por la noche?

—¿Qué sucede cuando dejamos de trabajar y de controlar la naturaleza? —respondió la señora—. ¿Cuándo no hacemos funcionar las máquinas, ni recogemos flores, ni sacamos pescado del mar?... Cuando dejamos de interferir con el mundo estamos reconociendo que es el mundo de Dios[12].

Abraham Heschel llama a las fiestas «palacios en el tiempo», y escribe al respecto:

> Mientras que las deidades de otros pueblos estaban asociadas con lugares o cosas, el Dios de Israel era el Dios de los eventos: el Redentor de la esclavitud, el Revelador de la Tora, manifestándose a Sí mismo en los sucesos de la historia en vez de en cosas o lugares […] Recordamos el día del éxodo de Egipto, el día en que Israel permaneció de pie en el Sinaí, y nuestra esperanza mesiánica es la expectativa de un día, el fin de los días[13].

Jerusalén fue edificada en la cima de un monte con el fin de que, como dicen los salmistas, usted tenga que «subir» a Jerusalén. Los peregrinos, al ascender al monte de Sión para ir a adorar al templo, sienten los músculos de sus piernas arder por el esfuerzo y la anticipación aumenta con fuerza en sus corazones al ascender por el monte para entrar a la presencia del Señor.

Las fiestas de Israel parecen funcionar más bien como una vez lo hizo el monte del templo: un lugar donde la persona ascendía a la presencia de Dios por un tiempo, con el fin de ver las cosas desde la perspectiva divina. Desde una perspectiva de la cumbre del monte como la que las fiestas proveen, usted puede mirar retrospectivamente en el tiempo remoto, al amanecer de la creación, y después a lo lejos en el futuro cuando Cristo vuelva otra vez.

Usted ve a Abraham listo para hundir un cuchillo en el pecho de su hijo Isaac. Usted observa con alivio como interviene un ángel, proveyendo un carnero para que tome el lugar de Isaac sobre el altar. Usted ve a los israelitas untar con sangre los dos postes y el dintel de la puerta a toda prisa mientras la muerte pasa, sumiendo a Egipto en dolor y luto. Usted ve a Jesús en Getsemaní, traicionado por uno de sus discípulos, y en la cruz en agonía, y más tarde aparecer con toda serenidad a la puerta de la tumba vencida. Usted al fin se da cuenta de lo que Dios estaba haciendo a lo largo del tiempo, realizando la más asombrosa de las maravillas al dar a su Hijo unigénito, el Cordero de Dios, quien es Cristo mismo.

A LOS PIES DEL MAESTRO

1. Los pueblos antiguos estaban muy conscientes de que Dios era el Dador de toda buena cosecha. Para incrementar su gratitud por la provisión de Dios, trate de celebrar la cosecha de su pequeño huerto en su patio trasero dando algunas de sus primicias (primeros frutos) al banco de alimentos local. O si usted tiene un jardín de flores (o solo un arbusto o dos), ¿qué le parece entregar su primer ramo a un vecino anciano o a una madre soltera?

2. Durante la fiesta de Sukkot en el otoño, piense en construir una *sukkah* en la propiedad de la iglesia o en su patio trasero (o plante una tienda de campaña). (Usted puede encontrar las fechas para las fiestas judías venideras consultando el Apéndice B de este libro). Dedique tiempo a meditar en el hecho de que su seguridad viene de Dios antes que de las cosas que posee o de la casa donde vive. Piense en cuánto tiempo habría usted durado en el desierto con una dieta de maná y agua antes de haber empezado a quejarse.

3. En la fiesta de Yom Kippur, ayune al menos durante una parte del día y haga una lista de sus pecados del pasado año. Ore y pídale a Dios que le ayude a recordar. Si usted se recuerda de ofensas que haya hecho a otras personas por las que todavía no ha pedido perdón, hágalo. Luego ore y dé gracias a Cristo por su muerte expiatoria. Celebre su perdón rompiendo en pedazos la hoja de papel.

CAPÍTULO 10

A LA MESA CON EL MAESTRO

Que el Dios de toda misericordia
bendiga esta mesa
donde hemos comido y la llene con los
mejores alimentos.
Que sea como la mesa de Abraham
nuestro padre;
que todos los hambrientos puedan
comer de ella
y que todos los sedientos puedan beber
de ella.

De una liturgia judía sefardí tradicional[1]

Hace un tiempo, unos amigos de Ann estaban hablando elogiosamente de una autobiografía titulada *Under the Tuscan Sun* [*Bajo el sol de Toscana*]. Intrigada, buscó un ejemplar. «No recuerdo mucho de ello», dice ella, «excepto la sensación que me dejó de que seguir leyendo aquellas memorias sobre los placeres sensuales de vivir en una zona rural de Italia me dejaría marcada indeleblemente como una mujer de mediana edad, como alguien cada vez más concentrado en los placeres y aficiones gustativas. De modo que, a pesar de que había página tras página llena de luz solar, de viñas y descripciones rapsódicas de toda variedad de alimentos italianos, lo dejé, con la conclusión de que no había llegado todavía a la edad de leerlo.

»Todo eso ha cambiado.

»Con el paso de los años, encuentro que mi interés en los alimentos ha cambiado, no solo en cuanto a lo que consumo, sino también a lo que otros comen y cómo lo comen. Hablemos de comida china. Hace unos años tuve la oportunidad de visitar el Mercado Qing Ping en Guangzhou, que luego fue identificado como el centro de la epidemia SRAS (Síndrome Respiratorio Agudo Severo). Extendido a lo largo de varias manzanas de la ciudad, con más de dos mil puestos de venta, es como un auténtico supermercado equivalente a un circo de tres pistas, que ofrecía platos deliciosos tales como serpientes, escorpiones, caballito de mar, tortugas, monos y mucho más. En un momento, mientras me iba abriendo paso a través de aquel enorme mercado al aire libre, escuché el maullido de un gatito. El pobre estaba metido en una bolsa que colgaba del hombro de un comprador enfrente de mí. Quise creer de todo corazón que lo estaban llevando a casa para convertirlo en la mascota familiar.

»Mi visita a aquel mercado me confirmó el dicho chino de que las mesas y las sillas son las únicas cosas con cuatro patas que las personas de esa región nunca van a comer, y el dicho cantonés de que "Todo lo que anda, nada, se arrastra o vuela con su espalda mirando al cielo es comestible". Eso también explica por qué durante mi visita nunca vi un solo pájaro volar sobre aquella ciudad de seis millones de habitantes. Al menos, concluí, las personas en esta región nunca se van a morir de hambre. ¡Cómo va a suceder eso cuando ellos han aprendido a comer cualquier cosa imaginable… e inimaginable!

»Qué contraste con la perspectiva judía de los alimentos, con sus estrictas normas dietéticas y comidas rituales. No podría imaginarme dos formas más opuestas de ver los alimentos».

J. R. R. Tolkien, autor de la trilogía de *El señor de los anillos*, escribió que «si más de nosotros valorásemos los alimentos y cantáramos y gozáramos en vez de acumular oro, nuestro mundo sería más alegre»[2]. Sin duda alguna el pueblo judío desarrolló una buena comprensión del lugar que ocupaba el alimento en la vida cotidiana. En la época de Jesús, las comidas especiales ya habían sido desde mucho tiempo antes un componente del ciclo bíblico de fiestas. Muchas escenas bíblicas en el Antiguo y Nuevo Testamentos tienen lugar alrededor de las comidas.

Además, la hospitalidad en esta parte del mundo era considerada una obligación sagrada. Una de las evidencias más antiguas de hospitalidad de las que tenemos constancia en la Biblia es cuando Abraham da la bienvenida a tres varones completamente desconocidos, mata un ternero bien engordado y luego prepara una suntuosa comida para ellos (Génesis 18:6-7). Jesús mismo disfrutó de mucha hospitalidad. Piense en todas las veces que los Evangelios nos lo presentan como un invitado a fiestas y banquetes. Aunque sus discípulos lo dejaron todo para seguirle, ellos ciertamente debieron haber disfrutado de abundancia de alimento a lo largo del camino.

Jesús con frecuencia contaba parábolas acerca de banquetes, hablaba de invitados que se habían negado a aceptar una invitación a cenar, que no se habían vestido de forma apropiada para un banquete o que se habían sentado a la mesa en el lugar que no les correspondía. Usando la comida misma para enseñar una lección, él a menudo contaba parábolas mientras estaba sentado a la mesa.

Piense en esto: algunas de sus últimas y más conocidas palabras fueron pronunciadas mientras estaba a la mesa compartiendo una cena con sus discípulos la noche antes de su muerte. ¿De qué manera el escuchar las palabras de Jesús dentro de su contexto cultural e histórico puede darle un nuevo significado a la forma en que vivimos y adoramos hoy?

LA ANTIGUA HOSPITALIDAD

Una visita a Israel le va a convencer con rapidez de que la hospitalidad en esta tierra tan antigua debió ser con frecuencia una cuestión de vida y muerte. Imagínese dando un paseo cuesta arriba en medio del día en verano. La temperatura alcanza los treinta y ocho grados centígrados a la sombra, y no hay ni una sola sombra, solo un panorama rocoso que se ve salpicado con unos pocos arbustos esmirriados aquí y allá. Imagine también que usted no puede meterse en un auto con aire acondicionado para escapar de ese calor agotador. Tampoco puede echar mano de una botella de agua fresca para calmar su sed porque las tiendas para comprar botellas de agua todavía no se habían inventado. No solo eso, sino que la carretera por la que va caminando la frecuentan bandidos que viven de robar a los viajeros vulnerables. Pero gracias a Dios que en este paisaje tan agreste hay algo que obra a su favor. Es la hospitalidad. Usted se puede acerca a cualquier residente de esta antigua tierra para solicitar alimento, agua o abrigo, y se lo proveerán de buena voluntad.

Esta clase de «extrema hospitalidad» ha sido la práctica en el Cercano y Medio Oriente y buena parte de África por miles de años. Hace unos años, cuando Lois viajó a Uganda con algunos amigos, la hospitalidad les saludó en cada vuelta del camino. Ya fuera que estuvieran visitando sencillas casas de cemento, congregaciones humildes o escuelas con suelos de tierra, les ofrecían siempre el mejor alimento que tenían disponible, que quizá era tan solo bananas (plátanos), huevos hervidos, cacahuates (maní) o una botella de soda. Más de una vez sus anfitriones les dijeron a los niños que salieran afuera a buscar algo para la cena. Los niños salían y al poco tiempo volvían con una valiosa gallina que poco antes había estado corriendo por el patio. Muy pronto estaban disfrutando de un banquete de gallina asada, plátanos, ñame, piña y papaya. A todo lugar adonde fueron disfrutaron de una buena comida, incluso cuando a veces ellos eran los únicos que comían debido a la escasez de alimentos.

Cuando ellos expresaban su asombro (e incomodidad) ante la generosidad de sus anfitriones, sus amigos africanos les explicaban que en su cultura se valoraba tanto la hospitalidad que ellos ni siquiera podían pensar en no hacerlo. Más tarde descubrieron que muchos africanos terminaban empobreciéndose después de organizar celebraciones familiares y comidas así. No obstante, debido a la generosidad de sus amigos africanos, Lois y sus amigos tuvieron la oportunidad de disfrutar de la clase de hospitalidad practicada en las sociedades orientales desde los tiempos bíblicos hasta el presente.

Comprender esas costumbres arroja luz sobre una escena familiar de los Evangelios. Cuando Jesús comisionó a sus discípulos para que fueran a predicar a los pueblos de alrededor, les dio instrucciones que nos parecen radicales: «Les ordenó que no llevaran nada para el camino, ni pan, ni bolsa, ni dinero en el cinturón, sino solo un bastón […] Y si en algún lugar no los reciben bien o no los escuchan, al salir de allí sacúdanse el polvo de los pies, como un testimonio contra ellos» (Marcos 6:8, 11). Al tomar este pasaje literalmente, algunos cristianos se han ido con poco o nada de dinero a lugares donde no tienen en tan alta estima la hospitalidad que existía en el tiempo de Jesús. Y aunque Dios puede proveerles, parece claro que Jesús no estaba pidiendo a sus discípulos que confiaran en milagros diarios para sostenerlos. En su lugar, él sabía que los *talmidim* de un rabino conocido y estimado serían normalmente bien recibidos. Cualquier comunidad que no tratara a sus discípulos con honor y dignidad se merecía que se olvidaran de ellos.

En una tierra sin policía, sistema de protección social ni agencias de seguros para suplir las necesidades de las personas, la dependencia mutua era vital para la supervivencia. La comunidad era esencial, y se celebraba durante las comidas cuando toda la familia se reunía al final del día. (Una comida más ligera, semejante a una merienda, se tomaba en las mañanas). La comida principal demandaba que un grupo completo participara en su preparación, pues había que ir a buscar leña, acarrear agua, moler el grano, preparar la masa, cortar verduras, preparar el fuego y mover la cazuela.

Imagínese cómo sería el tiempo dedicado a la comida principal. Cuando pensamos en sentarnos a la cena, nos vienen a la mente sillas dispuestas en un comedor, alrededor de una mesa preparada con platos, cubiertos y servilletas. Con esa imagen en mente, resulta difícil comprender cómo Jesús y sus discípulos podían estar reclinados a la mesa. Nos suena raro e incómodo[3].

Pero las personas en los tiempos antiguos no se sentaban alrededor de una mesa como las que tenemos en nuestros comedores porque, ante todo, ellos no contaban con un cuarto separado para servir de comedor familiar. Tampoco contaban con mesas largas de cuatro patas, que solo se veían en los palacios[4]. Durante el tiempo de la cena los comensales se sentaban en una estera sobre el suelo de una tienda o casa, y los platos o fuentes con alimentos las colocaban en el centro. En la época del Nuevo Testamento solían reclinarse sobre divanes durante las comidas más formales, y el alimento lo ponían en mesitas pequeñas de tres patas que contaban con una especie de bandeja removible.

Las familias no contaban con servicios completos de cuchara, tenedor y cuchillo. En vez de eso, arrancaban un pedazo de pan de una hogaza común para todos y luego lo sumergían en la misma fuente o guisado que los demás. Y en cuanto a la preparación de la comida, la hacían fuera de la casa.

Cuando Lois les contaba a sus amigos de Uganda cómo solían preparar y comer las comidas en los tiempos bíblicos, ellos se reían y decían: «Los africanos todavía comen de la misma forma».

Aunque los israelitas no contaban con mesas finas ni comedores preparados, sí que tenían algo mejor. Para ellos, la mesa era algo mucho más que solo para comer. Era un lugar de mutua confianza y vulnerabilidad. Sentarse a la misma mesa con alguien significaba que se tenía una relación estrecha con esa persona. Con quién comía usted revelaba algo importante acerca de su persona, mostrando a quién pertenecía.

Así como la palabra «casa» podía hablar de su linaje familiar o la palabra «cama» podía significar sus relaciones más íntimas, la palabra «mesa» podía muy bien representar a su familia y amigos, es decir, todos aquellos en quienes usted confiaba y de los que dependía. Esas eran las personas con las que usted disfrutaba de la comunión a la mesa[5]. De hecho, la comunión a la mesa implicaba una relación casi inviolable. Estar invitado a la mesa de una familia significaba que usted estaba bajo su protección. Mientras que usted se encontrara bajo aquel techo familiar, ellos se sentían obligados a defenderle, incluso al precio de sus propias vidas[6].

Este concepto de la hospitalidad y de la comunión a la mesa es todavía sostenido en algunas partes del mundo. Hace varios años, Lois fue parte de un grupo que visitó a una familia de beduinos que vivían en el desierto del Neguev, al sur de Israel. Al acercarse, un jovencito que llevaba cubierta la cabeza con un *keffiyeh* (especie de pañuelo o bufanda grande de algodón y lana con que se suelen cubrir la cabeza los árabes) se acercó a ellos montado en su asno, con el fin de escoltarlos hasta su tienda hecha con pelo de cabra. Cuando entraron, los adultos que estaban dentro los saludaron con amabilidad, y les hicieron señas para que se sentaran en el suelo. Les sirvieron té dulce, pan sin levadura y café tostado con cardamomo y hervido sobre una hoguera. Cuando llegó el momento de marchar, el muchacho montó de nuevo sobre su asno y los escoltó yendo delante de su autobús al avanzar por la carretera en el desierto. Su presencia a la llegada y al marcharse simbolizaba el compromiso de la familia de proteger a sus invitados mientras estuvieran en su territorio.

Trate ahora de leer la Biblia a la luz de lo que usted acaba de aprender acerca de la hospitalidad y la comunión a la mesa[7]. Escuche las palabras de David en el Salmo 23:

Aun si voy por valles tenebrosos,
no temo peligro alguno
porque tú estás a mi lado;
tu vara de pastor me reconforta.
Dispones ante mí un banquete
en presencia de mis enemigos.
Has ungido con perfume mi cabeza;
has llenado mi copa a rebosar.

El salmo adquiere ahora una nueva profundidad al darse usted cuenta de lo que David está diciendo, que incluso en las circunstancias más peligrosas, cuando los enemigos estuvieran acechando, él sabía que estaba seguro en la presencia de Dios. Como un anfitrión divino, Dios le estaba cubriendo y protegiendo, invitándole a comer en su propia mesa.

La vida sería mucho mejor si fuéramos capaces de cultivar la convicción de David en cada momento de la vida, que incluso cuando sentimos que estamos solos, caminando a través de un desierto de alguna clase, Dios está con nosotros. Cuando las enfermedades, el sufrimiento, las pérdidas o la ansiedad nos asaltan, ese es el momento en que Dios nos ofrece la hospitalidad protectora de su mesa para alimentarnos y sostenernos.

INVITADO A CENAR CON DIOS

Conocer las antiguas tradiciones bíblicas sobre el compañerismo a la mesa arroja luz sobre muchas escenas bíblicas del Antiguo y del Nuevo Testamentos. Una de las más extraordinarias cenas de todas las Escrituras puede ser una de la que usted quizá ni siquiera ha escuchado. Tuvo lugar sobre la cima de un monte, hace ya varios miles de años, justo cuando Moisés y el pueblo de Israel recibieron el pacto en el monte Sinaí.

Antes de describir la escena, dediquemos un momento a considerar la importancia de los pactos en el mundo oriental. Un pacto era mucho más que un simple acuerdo de negocios. Significaba que existía una relación profunda entre las partes vinculadas por el pacto que unía a las personas en amistad, casi como un matrimonio. Cuando se hacía un pacto lo celebraban con una comida ceremonial que representaba la paz y la mutua aceptación que ahora existía en virtud del pacto.

Examinemos ahora lo que sucedió en ese antiguo banquete en el Sinaí. Dios y su pueblo acababan de confirmar un pacto. Veamos como Éxodo 24:9-11 describe la escena:

> Y subieron Moisés y Aarón, Nadab y Abiú, y setenta de los ancianos de Israel; y vieron al Dios de Israel; y había debajo de sus pies como un embaldosado de zafiro, semejante al cielo cuando está sereno. Mas no extendió su mano sobre los príncipes de los hijos de Israel; y vieron a Dios, y comieron y bebieron. (RVR 60)

¿Por qué la Biblia insiste en decir que los ancianos «vieron al Dios de Israel», y recalca que Dios no extendió su mano sobre ellos? En las demás partes de la Escritura se dice que nadie puede ver a Dios y vivir[8]. Y, no obstante, esta escena nos presenta a los líderes de Israel comiendo y bebiendo gozosamente en su presencia. A semejanza de un anfitrión del Oriente que protegía a sus invitados de todo daño, Dios los había invitado a la comida ceremonial para celebrar su pacto con él. Antes que se hiciera ninguna cosa para quebrantarlo, ellos habían tenido un tiempo de comunión perfecta con Dios. Moisés y los ancianos se sentaron a su mesa celestial para comer como su «familia» cercana y bebieron en su presencia, sin ninguna consecuencia negativa.

Esta misma idea aparece como entretejida en la comida pascual en Egipto. Los israelitas le habían pedido al faraón que les permitiera viajar fuera de Egipto con el fin de poder adorar a su Dios. Pero cuando el faraón se los prohibió, ellos adoraron allí mismo en medio de sus enemigos. Los israelitas sacrificaron un cordero como su comida pascual y quedaron protegidos del ángel de la muerte, mientras que los primogénitos de los egipcios resultaron muertos. La presencia de Dios a la «mesa» trajo para su pueblo protección y juicio para sus enemigos.

Esta idea de tener comunión con Dios en su mesa era una parte clave del sistema sacrificial en el templo. Ciertas ofrendas, como los sacrificios por el pecado y por la culpa, se tenían que consagrar por completo a Dios. Pero otras, como las ofrendas de compañerismo o de paz (*shelem*), eran diferentes. En esa clase de ofrendas, el adorador junto con su familia, además de los sacerdotes, consumían una porción del sacrificio. Cuando ellos comían del altar, era como si Dios estuviera compartiendo algo de *su* alimento con ellos. Al hacerlo así ellos estaban afirmando que estaban comiendo a la mesa de Dios. Por medio de las ofrendas *shelem*, estaban celebrando su *shalom* con Dios y unos con otros. Los israelitas entendieron que esto era una auténtica experiencia de comunión de pacto, pues ellos podían sentarse a la mesa para comer con Dios.

Note que la comida de la Pascua era comunal: una oveja podía muy bien servir para dar de comer a quince personas, y no se podía dejar nada de la carne para el día siguiente. Esa clase de comida significaba que existía un estado de paz entre usted y Dios, y entre usted y todos los demás presentes. Quizá esta sea la razón por la que Dios dijo a sus seguidores que se reconciliaran con sus hermanos antes de presentar sus ofrendas en el altar. Con esto en mente, la iglesia del Nuevo Testamento prohibió a los miembros que estaban en malas relaciones unos con otros que tomaran parte de la Cena del Señor (Eucaristía) hasta que no se hubieran reconciliado. Hacerlo de otra manera habría equivalido a «contaminar su sacrificio»[9].

Los servicios de comunión se celebran hoy en una variedad de formas dentro de la iglesia en todo el mundo. Sin importar cómo nuestra propia iglesia entiende este acto de adoración, nuestra fe puede quedar enriquecida mediante una comprensión más profunda de sus raíces bíblicas. La próxima vez que usted participe de la Santa Comunión, dedique tiempo a reflexionar en lo que ha aprendido sobre el compañerismo a la mesa, celebrando la paz de que usted disfruta con Dios y otros creyentes. Si hay algunos asuntos sin resolver en cualquiera de sus relaciones, especialmente con otros creyentes, haga un esfuerzo para superar esas dificultades antes de recibir de nuevo el pan y el vino de la Comunión.

La mayoría de nosotros hemos sabido probablemente de situaciones en las que los creyentes estaban en desacuerdo en cuanto a la forma de celebrar la Comunión, como el hombre que discutía siempre, exigiendo una sola copa en vez de copitas individuales, o como el diácono que se enojaba porque los creyentes se acercan hasta el santuario para recibir la Comunión en vez de esperar a recibirla sentados en las bancas. ¡Qué irónico es que la Comunión, una poderosa celebración de nuestra unión y vínculo con Dios y otros creyentes, termine convirtiéndose en una fuente de división en vez de paz!

La comunión a la mesa con Dios no estaba restringida al templo. Se celebraba también en los hogares. Incluso hoy, en los hogares judíos tradicionales, la mesa de la cena está considerada como el altar familiar, y el hogar mismo es llamado el *mikdash meyat,* un pequeño santuario donde Dios puede morar. Porque la familia invita a Dios para que se una a ellos en cada comida, y todos los alimentos deben ser ritualmente aceptables. Dentro del hogar, el padre y la madre fungen como sacerdotes, encarnando el testimonio de la presencia de Dios para sus hijos.

LA COMIDA DEL SABBAT

Hoy tenemos la tendencia de pensar en las comidas como el momento para llenar de combustible nuestro cuerpo. El desayuno es un emparedado de huevos detrás del volante, el almuerzo es una barra de caramelo que sacamos de una máquina dispensadora en la oficina o fábrica, y la cena es un plato de comida dietética congelada que consumimos mientras miramos las noticias de la tarde. En nuestro mundo de tanta prisa y agitación muchos de nosotros comemos a solas o mientras estamos haciendo otra cosa. Por supuesto, todavía seguimos teniendo nuestras celebraciones con familiares y amigos, pero el hábito de disfrutar del tiempo de las comidas con la familia casi ha desaparecido. Hemos perdido el vínculo íntimo que ha existido por siglos entre la comida y la comunidad. Puede que esté llegando el momento de restaurar esta dimensión en nuestras vidas diarias, sentándonos juntos para celebrar nuestra relación con Dios y los otros.

Una manera de hacer esto es examinar detenidamente la tradición judía de la cena de la noche de la Pascua[10]. En una familia judía devota, los viernes por la mañana están por lo general bien ocupados con la limpieza de la casa y con la cocina. A la puesta del sol del viernes (el comienzo del nuevo día) termina todo el trabajo y la familia se sienta a cenar. El último «trabajo» que puede hacerse el viernes es encender las dos velas para empezar la cena. Junto con una copa de vino, ponen sobre la mesa dos panes de *challah*[11] bellamente trenzados. Al encender las velas, la madre mueve su mano sobre ellas como un ademán de bienvenida al Sabbat . Entonces ella cubre sus ojos y entona esta oración:

> *Barukh atah Adonai, Eloheinu, melekh ha-olam,*
> *asher kidishanu b'mitzvotav*
> *v'tzivanu l'hadlik ner shel Sabbat .*

> Bendito seas tú, Señor, nuestro Dios, Rey del universo que nos santificas con tus mandamientos, y nos mandas que encendamos las luces del Sabbat .

Después de recitar otras oraciones, el padre retira la servilleta que cubre las dos piezas de pan y entonces las levanta mientras recita esta bendición:

> *Barukh atah Adonai, Eloheinu, melekh ha-olam,*
> *ha-motzi lechem min ha-aretz.*

> Bendito seas tú, Señor, nuestro Dios, Rey del universo, que nos proporcionas el pan que sale de la tierra.

Después parte el pan en pedazos y lo pasa alrededor de la mesa. En un momento determinado de la noche, el padre lee Proverbios 31 a su esposa para ensalzar sus virtudes y luego ora por ella y la bendice. A continuación el padre o la madre ponen sus labios sobre la frente de cada uno de sus hijos. A un hijo le recita: «Que Dios te haga semejante a Efraín o Manasés», y a una hija le dice: «Que Dios te haga como Sara, Rebeca y Raquel, y Lea». Luego a los dos: «Que Dios os bendiga y os proteja, que el Señor os otorgue su favor sobre vosotros y os dé paz»[12]. Con frecuencia sigue una oración personal y un breve mensaje para cada hijo. Qué momento tan especial para los padres y también para los hijos.

Se supone que cada comida judía sea una oportunidad para hablar de las Escrituras, pero esto lo enfatizan especialmente en el

Sabbat. Los rabinos dicen: «Cuando tres comen juntos a la mesa y mencionan las palabras de la Tora, es como si estuvieran comiendo a la mesa de Dios, ¡bendito sea él!»[13]. Quizá esa sea la razón por la que Jesús fue invitado

LECHEM
Lechem es la palabra hebrea que se traduce «pan». También puede referirse al alimento o la nutrición en general.

tan a menudo a cenar: siempre podían contar con él para una conversación fascinante.

La mayoría de las personas celebran el Sabbat con los mejores alimentos que pueden conseguir. En el tiempo de Jesús, por lo general servían pescado. Los que podían comían carne. El vino lo servían usualmente solo en el Sabbat y en algunos días de fiesta. Hoy, si un día de ayuno cae en el Sabbat, se aplaza[14]. Se prohíbe incluso el duelo porque el Sabbat es un día de gozo[15].

En el Sabbat, con frecuencia se deja que las velas queden ardiendo hasta que se agoten por sí mismas. Esa noche se convierte en un tiempo para disfrutar de una buena comida y de una conversación relajada. Quizá debiéramos adoptar estas tradiciones para restaurar el domingo como un tiempo especial de comunión y descanso[16].

UNA MESA DE RECONCILIACIÓN

Además de servir como un lugar de adoración, la mesa representaba un lugar de paz en los tiempos bíblicos y todavía hoy en muchas culturas orientales. Las partes de un pacto de paz lo celebran con una comida ritual. Después de eso no se permitía a ninguna de las partes que sacara de nuevo a relucir la ofensa.

¿Recuerda la historia de Jacob y Labán, su tramposo suegro? Jacob se había enamorado de su hija Raquel, pero en el día de la boda, en el último momento, Labán sustituyó a la novia por su hija mayor y menos atractiva. El desafortunado Jacob no descubrió el engaño hasta la mañana siguiente. Tiempo después Labán le dio a Raquel como su segunda esposa, pero no hasta que consiguió que Jacob le prometiera trabajar siete años más, aparte de los siete que ya había trabajado por Lea.

Harto de los engaños de Labán y habiendo cumplido con su parte del compromiso, Jacob tomó la decisión de huir con sus dos esposas, sus rebaños y sus hijos. Diez días más tarde, cuando Labán al fin le alcanzó, los dos hombres hicieron un pacto de paz en el que acordaron que nunca se perjudicarían el uno al otro. Luego compartieron una comida. Veamos cómo lo encontramos descrito en Génesis 31:54-55:

> Luego [Jacob] ofreció un sacrificio en lo alto de un monte, e invitó a sus parientes a participar en la comida. Después de que todos comieron, pasaron la noche allí.
> A la madrugada del día siguiente Labán se levantó, besó y bendijo a sus nietos y a sus hijas, y regresó a su casa.

Mediante su acción de comer juntos Jacob y Labán declaraban que habían restaurado su relación. Debido a que la comida era también parte de un sacrificio a Dios, se daba por supuesto que el Señor mismo estaba presente a la mesa, participando de la comida y siendo testigo de las promesas. Aquella comida compartida significaba que Jacob y Labán estaban en paz con Dios y el uno con el otro.

Ese tipo de comida todavía ocurre. Hace algunos años un judío mesiánico llamado Ilan Zamir iba conduciendo por una villa árabe en Israel. De repente, una figura surgió de un lado de la carretera. Ilan pisó los frenos con fuerza, pero fue demasiado tarde. Había golpeado y matado a un joven palestino de trece años. Ilan no pudo entender por qué el muchacho había ignorado el sonido de la bocina y el frenazo de las ruedas en la carretera. Más tarde supo la razón: el muchacho era sordo.

Acosado por aquella tragedia, Ilan estaba determinado a hacer los arreglos necesarios para conseguir la reconciliación con la familia. Otros judíos que se enteraron de su plan pensaron que había perdido el juicio. Incluso un policía israelí le advirtió que aquello era peligroso: «Amigo, lo que trata de hacer es peligroso. Se puede meter en serios problemas. Usted es un judío israelí y esas personas que quiere visitar son árabes que viven en la Ribera Occidental»[17].

El policía le estaba repitiendo lo que Ilan ya sabía. Conforme a la tradición árabe, la familia podía matar a Ilan en venganza por la muerte de su hijo. Pero Ilan persistió, y se buscó la ayuda de un pastor árabe, que sugirió que él podía hacer los arreglos para una *sulha*, una comida de reconciliación.

Veamos como nos describe el propio Ilan lo que sucedió cuando se sentó a la mesa con la familia del muchacho para la comida ceremonial:

LA SULHA

Una *sulha* es una comida del pacto de reconciliación que se usa en las sociedades y culturas árabes. La palabra *sulha* es el equivalente árabe al término hebreo *shulhan*, que significa «mesa» Esta práctica se deriva de la creencia antigua de que comer a la misma mesa con otros es la esencia de una relación pacífica y armoniosa.

> Las tazas de café permanecían sobre la mesa, sin tocar. Conforme a la tradición, el padre sería el primero en saborear la taza de café como una señal de que aceptaba el gesto de reconciliación y estaba de acuerdo en perdonar. La tensión en su rostro había arrojado una sombra sobre el desarrollo de la reunión, pero en ese momento, él de repente empezó a sonreír. Las líneas del dolor empezaron a suavizarse. Me miró de frente a los ojos y su sonrisa se amplió al irse acercando a mí, con los brazos abiertos en ademán de abrazarme. Al encontrarnos y abrazarnos, me besó ceremonialmente tres veces en las mejillas. Todos empezaron a darse la mano unos a otros mientras el padre tomaba el café. Toda la atmósfera quedó transformada, la tensión se acabó.

Pero entonces algo más sorprendente ocurrió. Un portavoz de la familia se dirigió a Ilan con esta notable invitación:

> Quiero que sepas, mi hermano, que tú vas a ocupar el lugar de mi hijo que ha fallecido. Tú tienes una familia y un hogar en alguna parte, pero desde ahora tú sabes que aquí tienes un segundo hogar.

¡Qué gran cuadro de reconciliación! ¡Una familia palestina invitando a un judío de Israel a ser parte de su familia! Piense en esto con detenimiento, esta es una imagen asombrosa de la manera en que Dios nos da la bienvenida en su familia por medio de la muerte de su Hijo, invitándonos a sentarnos juntos a su mesa para participar de una comida de pacto.

Esta práctica de tomar una comida juntos como una señal de perdón y de paz se encuentra en todo el Antiguo Testamento y pasa al Nuevo Testamento. ¿Recuerda la parábola de Jesús sobre el hijo pródigo cuando fue recibido en casa por su padre, que con prontitud organizó una fiesta para festejar su regreso? De nuevo la imagen es la de una comida que señala la reconciliación entre el padre y el hijo. El padre está extasiado porque el hijo ha regresado a la familia.

Con todo lo maravillosa que suena esta historia a los oídos modernos, es mucho más notable de lo que podemos imaginar. El erudito Kenneth Bailey les ha preguntado a muchos en todo el Medio Oriente qué sucedería si un hijo se atreviera a pedirle a un padre su parte de la herencia mientras este vivía. La respuesta es un asombro total por lo impensable que es la solicitud, ¡ya que lleva implícito el deseo de que el padre se muera! [18] La parábola de Jesús debió ofender y sorprender a muchos de sus oyentes porque nunca se esperaría que un padre del Medio Oriente perdonara a un hijo que se comportara así.

Ver la parábola en esta luz nos ayuda a percibir cuán asombrosa es en realidad la aceptación que Dios hace de nosotros. Tenemos la tendencia a pensar en el pecado como solo una infracción de las reglas. Pero la parábola de Jesús nos dice con claridad que el pecado no es la infracción de unas reglas, sino una grave ofensa contra Dios, nuestro amoroso Padre. Al tomar las dones buenos que hemos recibido —nuestro tiempo, dinero y talentos— y marcharnos del hogar paterno para vivir la vida como nos da la gana, estamos actuando como el hijo pródigo que le da la espalda a su padre, vende las tierras ancestrales, y luego despilfarra la herencia[19]. Eso es equivalente a desear que Dios esté muerto.

Los cristianos occidentales con frecuencia describimos la salvación como una transacción que hemos pecado al quebrantar las reglas de Dios. Si creemos en Cristo, él pagará la condena, lo que nos permite escapar del castigo del pecado cuando morimos. Aunque hay verdad en esa explicación, hay todavía mucho más en la historia. Si reducimos la salvación a una especie de trato que hacemos con Dios, a una negociación que hacemos con el Todopoderoso, corremos el riesgo de representarle como un juez enojado o un policía exasperado cuyo propósito primario es castigar el pecado. La parábola de Jesús nos revela cuán asombrosamente grande es el amor de Dios por nosotros, porque él actúa como ningún padre del Medio Oriente que se respete a sí mismo lo haría al recibirnos de nuevo con agrado a la mesa familiar.

La parábola de Jesús del hijo pródigo y el padre perdonador también resalta el hecho de que la salvación no es solo acerca de la vida en el cielo, sino acerca de nuestra relación con Dios en la tierra. Al sanar nuestra alienación, Dios abre la puerta para que volvamos a gozar de una intimidad diaria y permanente con él. Cada vez que participamos de la Cena del Señor, estamos celebrando lo que Dios ha hecho por nosotros: darnos la posibilidad de sentarnos de nuevo a la mesa con él incluso en esta vida, lo que es algo que no era posible antes.

COMER EN EL TIEMPO DE JESÚS

Algunas personas se sintieron ofendidas no solo por las historias que Jesús contó, sino también por las invitaciones a cenas que aceptó. Ellas incluso le acusaron de ser «un glotón y un borracho» (Mateo 11:19). Incapaces de perdonar que él se tomara esas libertades de compañerismo a la mesa, no se podían imaginar cómo un rabino que se respetara a sí mismo pudiera tener esas tertulias con gente tan baja. Ellos no se daban cuenta, como Joachim Jeremias ha señalado, que Jesús estaba en realidad viviendo sus propias parábolas, representando el papel del padre perdonador que celebraba el regreso a casa del hijo perdido. Esa es la razón por la que recibía a los pecadores y comía con los recaudadores de impuestos.

Jeremias señala que en el Oriente, incluso hoy, invitar a alguien a comer es hacer un honor, una oferta de paz, confianza y perdón. Las comidas de Jesús con los pecadores no eran simples sucesos sociales o indicaciones de simpatía por los más bajos en la escala social, aunque él fuera compasivo. Eso representaba la misma esencia de su misión y mensaje. Jeremias señala: «La inclusión de los pecadores en la comunidad de salvación, lograda en el compañerismo de la mesa, es la expresión más significativa del mensaje de redención del amor de Dios»[20]. Cada vez que Jesús comía con pecadores estaba revelando el reino de Dios.

Vemos estas reuniones para comer juntos en muchos momentos clave del ministerio de Jesús. ¿Recuerda la mañana después de la resurrección, cuando Jesús asó algo de pescado para el desayuno de sus discípulos? (Juan 21:9-19). Descrito generalmente como un invitado a la mesa de otras personas, Jesús actúa ahora como el anfitrión, sirviendo el desayuno a los discípulos a orillas del lago de Galilea.

Es muy significativo que el tema de conversación durante este desayuno tuviera que ver con la relación de Jesús con Pedro. Después del arresto de Cristo, Pedro le negó tres veces. Jesús ahora le pregunta a Pedro tres veces si le ama. Cuando Pedro responde de forma afirmativa, Jesús le rehabilita como su discípulo. La comida al lado del lago demostró la reconciliación que estaba sucediendo entre Jesús y Pedro. Después de abandonarle y ser testigo de su agonía y muerte, debió ser una experiencia sanadora muy profunda comer de nuevo con su amado Maestro.

La comida de la reconciliación también aparece en Apocalipsis 3:20. Escuche la familiar promesa: «Mira que estoy a la puerta y llamo. Si alguno oye mi voz y abre la puerta, entraré, y cenaré con él, y él conmigo». ¿Se ha preguntado usted alguna vez por qué el Señor habla acerca de cenar con nosotros? Él nos está invitando a una relación íntima que se celebra mediante la experiencia de comer juntos.

EL BANQUETE DEL MESÍAS

Usted puede ver ahora por qué Jesús, en la última cena antes de su crucifixión, les dijo a sus discípulos que le recordaran disfrutando juntos de una comida. El pan y el vino les recordarían que su sacrificio había hecho posible que ellos tuvieran una comunión inquebrantable con Dios y unos con otros.

Muchos grupos en el tiempo de Jesús contaban con reglas estrictas que regían la comunión a la mesa. Los fariseos solo comían con sus *haverim* («amigos» que observaban fielmente esas reglas estrictas). Los esenios, que solo comían con otros esenios, tenían leyes de pureza que por comparación hacían que los fariseos parecieran relajados. La iglesia naciente, sin embargo, tuvo un enfoque opuesto, adoptando la actitud que Jesús había practicado. De hecho, su comunión a la mesa muy pronto se amplió para incluir a los gentiles. Para muchos, la idea de que Dios invitaría a los judíos y gentiles creyentes en Cristo a comer juntos a su mesa les resultaba escandalosa. Eso mostraba una gracia y un amor que estaba más allá de toda comprensión.

La iglesia naciente estaba empezando a hacer realidad el cumplimiento de la antigua profecía de Isaías:

> Sobre este monte, el Señor Todopoderoso
> preparará para todos los pueblos
> un banquete de manjares especiales,
> un banquete de vinos añejos,
> de manjares especiales y de selectos vinos añejos.
> Sobre este monte rasgará
> el velo que cubre a todos los pueblos,
> el manto que envuelve a todas las naciones.
> Devorará a la muerte para siempre;
> el Señor omnipotente enjugará las lágrimas de todo
> rostro,
> y quitará de toda la tierra
> el oprobio de su pueblo. *El Señor mismo lo ha dicho.*
> (Isaías 25:6-8).

De nuevo, al igual que la reunión sagrada de los ancianos en el monte Sinaí, las Escrituras describen una comida en la cima de un monte. Pero esta vez es la comida que termina con todas las comidas, es el más grande de todos los banquetes, para celebrarlo al fin de los tiempos. No solo será seguro para los seres humanos comer en la presencia de Dios; sino que ninguno de los invitados al banquete tendrá que descender jamás de la cima del monte. En su lugar, Dios morará entre ellos para siempre. Además, la lista de invitados incluirá a muchos más que solo la lista de ancianos de Israel. ¡Todos los que pertenecen a Dios acudirán para participar en el banquete!

No nos asombra, pues, que el Nuevo Testamento represente al cielo como un banquete de bodas: la celebración de la unión entre el Cordero de Dios con su pueblo. Mientras tanto, cada vez que celebramos la Comunión, no solo podemos disfrutar de un compañerismo ininterrumpido con Dios y los demás, sino que también podemos empezar a paladear algo de la gran fiesta que se preparara.

Las tradiciones bíblicas antiguas de la comunión en la mesa son ricas y bellísimas, y nos ofrecen una visión profunda de nuestra relación con Dios. Pero hay otras costumbres, como fijar flecos (orlas o borlas) a sus prendas de vestir, que nos parecen extrañas e incluso legalistas. ¿Por qué los judíos del tiempo de Jesús los llevaban? Y si Jesús también los llevó, ¿por qué no nosotros? Vamos a explorar esta costumbre inusual para ver qué luz puede arrojar sobre nuestra fe.

A LOS PIES DEL MAESTRO

1. En Mateo 25:35, Jesús dijo: «Fui forastero, y me dieron alojamiento». Él esperaba que sus seguidores mostraran hospitalidad hacia otros. ¿Cuán bueno es usted en esto? Pídale al Señor que le dé oportunidades de invitar a alguien a comer, o a tomar un café o refresco.

2. Si usted ha tenido problemas con alguien, o quizá si sus hijos han tenido una pelea, trate de tener una *sulha*: una comida de reconciliación. Tenga una ceremonia para pedir disculpas y luego una comida especial. Una vez que ustedes hayan tomado el primer bocado la ofensa perdonada nunca más se podrá sacar a colación.

3. ¿Qué decir si las familias se piden disculpas y se perdonan la una a la otra antes de la Comunión en el templo? Entonces la Comunión se convertiría en una *sulha*. Todos saldrán del templo con una nueva oportunidad para la nueva semana.

4. Desarrolle la práctica y costumbre de disfrutar de una comida especial con la familia y amigos en la noche del sábado o la tarde del domingo. Ponga una vela sobre la mesa. Puede que quiera dejarla arder hasta que usted se vaya a la cama el domingo por la noche (siempre y cuando esté en un lugar seguro). Piense en comprar u hornear pan fresco para esa ocasión. Haga que la cena sea especial y abundante y asegúrese de que mientras comen dialogan sobre un pasaje de las Escrituras. Antes de levantarse de la mesa, invoque una bendición sobre cada uno de los niños que participan.

CHALLAH
Da para dos hogazas.

2 ½ tazas de agua tibia
1 cucharada de levadura
½ taza de miel
4 cucharadas de aceite vegetal

3 huevos
1 cucharada de sal
8 tazas de flor de harina

1. En una fuente grande, esparza la levadura sobre el agua tibia. Bata la miel, el aceite, dos huevos y la sal. Agregue la flor de harina una taza a la vez, batiendo después de cada vez que añada la harina. A medida que la masa se espese, amásela hasta que se ponga suave y elástica y no se pegue. Siga añadiendo harina según sea necesario. Cubra la masa con un paño de cocina limpio y deje que aumente durante una hora y media o hasta que la masa se haya duplicado de tamaño.

2. Golpee la masa con la mano y póngala en una tabla para amasar. Divídala en dos partes iguales y siga amasándolas durante cinco minutos, añada harina según convenga para evitar que se pegue. Divida cada mitad en tres partes y haga tiras redondas como si fuera una serpiente de unos 3.5 centímetros de diámetro. Junte las tres tiras redondas por los extremos y empiece a trenzar por el medio. Déjelo trenzado o forme un anillo de pan trenzado uniendo los extremos. Prepare y aceite dos bandejas para hornear y coloque una trenza de pan en cada una de ellas. Cúbralo con una toalla y deje que suba la masa durante una hora.

3. Precaliente el horno a 375°F (190°C).

4. Bata el huevo restante y unte los panes generosamente con el huevo batido. Rocíelo con semillas de girasol si le apetece.

5. Hornee a 375°F (190°C) durante unos 40 minutos. Déjelo enfriar al menos durante una hora antes de servirlo.

CAPÍTULO 11

TOQUEMOS LOS FLECOS DEL MAESTRO

Bendito seas tú, Señor nuestro Dios y
Rey del universo,
que nos santificas con tus mandamientos,
y que nos mandas que nos envolvamos
en el *tzitzit*.
**Oración tradicional que se recita cuando se
ponen un *tallit* (mantilla de oración)**

«Puede que se deba a que nací en Independence, Iowa», comenta Lois. «O quizá eso tenga algo que ver con haber crecido en una iglesia que hacía más hincapié en la gracia que en el legalismo. Sea cual fuere la razón, siempre he tenido dificultades con las reglas y las regulaciones, tales como la montaña de reglas de laboratorio a las que tienes que prestar atención cuando te conviertes en una bióloga molecular. Durante mis estudios en la universidad me pasé años llevando a cabo experimentos que pudieran identificar a una persona partiendo de un solo mechón de cabello, como en las escenas de *CSI: Crime Scene Investigation* [*Investigación en la Escena del Crimen*]. Nuestras pruebas supersensibles podían detectar sustancias infinitesimales, pero la menor contaminación podía dar resultados falsos. Muchos procedimientos tenían que ser hechos con absoluta esterilidad, como en un quirófano.

»Las regulaciones eran interminables: Había que limpiar con frecuencia la superficie de trabajo con alcohol; cambiar los guantes a menudo; cambiar a nuevos instrumentos estériles; pasar por una llama la boca de una botella abierta, etc., etc. Algunas de las reglas parecían casi supersticiosas, como no entrar al lugar con manos enguantadas o no llevar objetos personales al laboratorio. Pero muy pronto me di cuenta que la más ligera infracción podía arruinar una semana completa de trabajo.

«De vez en cuando mi trasfondo luterano levantaba la cabeza y empezaba a obstaculizar mi investigación. Algunas de las regulaciones me parecían muy arbitrarias. Necesitaba a alguien que me dijera exactamente *por qué* tenía que hacer una cosa de una manera particular. Pero la experiencia pronto me enseñó que negarme a cumplir las regulaciones exactamente como estaban escritas causaría que mis experimentos me castigaran durante meses. El trabajo de laboratorio es maravilloso para la formación del carácter.

»Esta misma reacción alérgica a las reglas y regulaciones se trasladó también a mi actitud hacia la Biblia, especialmente en lo que respecta a muchas leyes del Antiguo Testamento. Si yo hubiera sido uno de los israelitas que vagaban por el desierto después de su salida de Egipto, habría estado sin duda entre los primeros en acumular maná, solo para descubrir al día siguiente que se había echado a perder. Puede que hubiera una buena razón por la que Moisés les instruyera a los hebreos que no lo guardaran de un día para otro. Pero si yo no podía entender la razón para una regla, probablemente la iba a ignorar.

»Años más tarde, me di cuenta que mi actitud sobre la ley se estaba también filtrando en mi relación con Dios. Si alguien me hubiera preguntado si el Dios del Antiguo Testamento era un Dios amoroso, yo habría dicho: "Por supuesto que lo es". Pero la manera en que leía la Biblia traicionaba el hecho de que no estaba muy segura. ¿No había Dios hecho algo tan especial como elegir a una nación en particular y luego sobrecargarla con regulaciones sin sentido, castigándola severamente por sus pecados? Los amigos hablaban de buscar la voluntad de Dios para sus vidas, pero yo titubeaba. Si buscaba la voluntad de Dios, ¿iba él a asignarme una tarea que yo aborrecía o enviarme a un lugar extraño, solitario, lejos de las personas que amaba? ¿No era esa la clase de cosas que él estaba siempre haciendo con los israelitas en el Antiguo Testamento?

»Era como una especie de esquizofrenia rara, una doble personalidad que se derivaba de mi creencia no confesada de que el mismo Dios tenía una doble personalidad. Era como si yo pensara que el Padre era duro e insensible aunque su Hijo fuera amoroso y amable. Me preguntaba cómo podía ser que Jesús declarara que él y el Padre eran uno, cuando sus personalidades parecían estar en mundos aparte?

DESCUBRAMOS LA TORA

«Gracias a Dios sucedió algo que me ayudó a superar esa perspectiva», dice Lois. «Irónicamente, sucedió cuando empecé a examinar más de cerca la actitud de los judíos hacia la Ley. Lo que descubrí me sorprendió y me incitó a repensar mi perspectiva. Yo siempre había pensando que el judaísmo era legalista sin remedio, e imaginaba que sus adeptos eran esclavos miserables de leyes y regulaciones sin sentido. Pero al familiarizarme con el judaísmo histórico y contemporáneo, empecé a darme cuenta de que muchos judíos no se sentían para nada oprimidos. Aunque algunos judíos pueden caer en el legalismo como les sucede a algunos cristianos, el judaísmo en sí ha mostrado una actitud extremadamente positiva hacia la Ley desde el tiempo de Jesús hasta el presente.

»Cada año los judíos practicantes leen los cinco libros de la Tora, la "Ley de Moisés", en la sinagoga. Después de la fiesta de Sukkot en el otoño, cuando los pesados rollos de manuscritos son vueltos a enrollar desde Deuteronomio hasta Génesis, tienen una gran celebración llamada la *Simchat Tora*: "Regocijo en la Tora". Para expresar su gozo, las personas danzan alrededor de la sinagoga con los rollos en sus brazos. Mi cerebro cristiano difícilmente podía imaginarse eso de "regocijarse en la Ley"».

SIMCHAT TORA

Simchat Tora significa «Regocijo en la Tora». Es la celebración por haber completado el ciclo anual de lectura de las Escrituras. Llevan los rollos de las Escrituras alrededor de la sinagoga siete veces en medio de cantos y danza. Leen la sección última de Deuteronomio seguida del comienzo de Génesis, para celebrar el largo estudio de la Palabra de Dios.

¿Por qué estos judíos, hombres y mujeres, piensan de una forma tan diferente a como lo hacemos? Para muchos de nosotros la palabra «ley» evoca la idea de discusiones interminables sobre sutilezas, fiscales acusadores, citaciones de tráfico, multas y cárcel. Pero la palabra hebrea que se traduce «ley» es *Tora*, y su significado primario es «enseñanza» o «instrucción». Esa palabra se relaciona con el verbo *yarah*, que significa «apuntar y disparar una flecha», y tiene el sentido de «guía, dirección».

Proverbios 13:14 dice: «La enseñanza [*Tora*] de los sabios es fuente de vida, y libera de los lazos de la muerte». Y la esposa noble de Proverbios 31: «Cuando habla, lo hace con sabiduría; cuando instruye [*Tora*], lo hace con amor» (Proverbios 31:26). Estas no son para nada imágenes negativas.

En la Biblia judía, *Tora* aparece casi siempre traducido como «instrucción» o «enseñanza» más que «ley», como se suele hacer en las traducciones cristianas. Usted puede sentir la diferencia. En la NVI, por ejemplo, el Salmo 1:2 dice: «Sino que en la ley del SEÑOR se deleita, y día y noche medita en ella». Pero en la versión judía se puede leer: «La enseñanza del Señor es su delicia, y él estudia esa enseñanza día y noche»[1]. ¿Qué suena más dulce: la enseñanza de Dios o su ley?

Por supuesto, debido a la autoridad de Dios, estamos obligados a escuchar sus enseñanzas y a hacer lo que él dice, por lo que la palabra *Tora* puede muy bien significar «ley», pero esa no es su intención primaria. Para decirlo de forma simple: «Tora» tiene con frecuencia un sentido reverente que significa «Palabra de Dios», y a veces se refiere a las Escrituras como un todo[2].

Para nuestros oídos la palabra «mandamiento» suena fuerte, e incluso onerosa. Pero la palabra hebrea que se traduce «mandamiento» es *mitzvá* (plural, *mitzvot*), una palabra que en el uso hebreo tiene una connotación positiva. Llevar a cabo un *mitzvá* es aprovechar una oportunidad para hacer algo bueno que Dios quiere que usted haga. Las personas dicen cosas como: «Tuve la oportunidad de hacer un *mitzvá* hoy cuando una anciana me pidió que la ayudara». Esa palabra se usa siempre de forma positiva, sugiriendo que hacer lo que Dios pide es un gozo y una oportunidad espiritual, no una carga[3].

Lo crea o no, Pablo tuvo una actitud similar. Escuche lo que él dijo: «Porque por gracia ustedes han sido salvados mediante la fe; esto no procede de ustedes, sino que es el regalo de Dios, no por obras, para que nadie se jacte. Porque somos hechura de Dios, creados en Cristo Jesús para *buenas obras*, las cuales Dios dispuso de antemano a fin de que las pongamos en práctica» (Efesios 2:8-10, cursivas añadidas). Es irónico que, inmediatamente después de la expresión clásica de Pablo de que no somos salvos por la obediencia a la ley, él prosiga diciendo que el propósito por el cual somos recreados en Cristo es para hacer «buenas obras». Aunque la salvación la obtenemos solo mediante la fe en el sacrificio expiatorio de Cristo en la cruz, y no por nuestra obras de justicia, Pablo en realidad está diciendo que debiéramos gozarnos en hacer el bien que Dios ha planeado que hagamos desde el principio de la creación.

EL SIGNIFICADO DE LOS FLECOS

«Aunque mi actitud hacia la enseñanza de Dios estaba empezando a cambiar», dice Lois, «todavía me preguntaba por qué él había dado a su pueblo tantas leyes que parecían absurdas. ¿Por qué, por ejemplo, decretó que los varones judíos tenían que llevar *tzitziyot* (flecos)? Parece que no tienen sentido, y es muy extraña esa declaración negativa de la moda. ¿Para qué propósito terrenal podrían servir? No obstante, aparece en las Escrituras: "Ustedes y todos sus descendientes deberán confeccionarse flecos, y coserlos sobre sus vestidos con hilo de color púrpura. Estos flecos les ayudarán a recordar que deben cumplir con todos los mandamientos del Señor, y que no deben prostituirse ni dejarse llevar por los impulsos de su corazón ni por los deseos de sus ojos" (Números 15:38-39).

»Mi pregunta me llevó a una respuesta parcial: Al llevar los *tzitziyot*, un hombre judío estaba diciendo que estaba tratando de ser obediente a todas las leyes de Dios. Qué curioso, pensé, que una ley arbitraria simbolizara todas las leyes arbitrarias que Dios había dado. ¡Y pensar que Jesús también los había llevado!

»Mi actitud hacia los *tzitziyot* y el resto de la ley empezó al fin a cambiar cuando me di cuenta que los eruditos judíos planteaban una pregunta mucho más sabia que la mía al preguntar: "¿Qué propósito bueno tendría en mente un Dios amoroso al darnos una ley como esta?". Me pregunté si podría encontrar respuestas más profundas si me dedicara a basar mis propias preguntas en el fundamento sólido del amor de Dios más bien que en las arenas movedizas de mis propias sospechas».

En respuesta a su pregunta, los rabinos estuvieron de acuerdo en que algunas leyes parecían carecer de un propósito obvio, y ellos las llaman *hukim* («decretos»). Obedecer esas leyes, ellos creen, demuestra el amor de la persona por Dios porque muestra que usted confió en él a pesar de entender o no sus intenciones.

Es fascinante notar que uno de estos decretos era el mandamiento de evitar quebrar los huesos del cordero de la Pascua. Las personas consideraban un manjar exquisito el tuétano asado del interior de los huesos, de modo que no quebrar los huesos significaba privarse de ese placer. No fue sino hasta siglos más tarde, cuando Jesús, el Cordero de Dios, fue clavado a la cruz, que se hizo evidente el razonamiento para este mandamiento. Escuche lo que Juan nos dice en su evangelio:

> Era el día de la preparación para la Pascua. Los judíos no querían que los cuerpos permanecieran en la cruz en sábado, por ser éste un día muy solemne. Así que le pidieron a Pilato ordenar que les quebraran las piernas a los crucificados y bajaran sus cuerpos. Fueron entonces los soldados y le quebraron las piernas al primer hombre que había sido crucificado con Jesús, y luego al otro. Pero cuando se acercaron a Jesús y vieron que ya estaba muerto, no le quebraron las piernas [...] Estas cosas sucedieron para que se cumpliera la Escritura: «No le quebrarán ningún hueso» (Juan 19:31-33, 36).

Algunas de las leyes de Dios contienen una sabiduría escondida que solo más tarde será revelada.

Aunque el mandamiento de llevar los *tzitzit* no tiene sentido para las personas modernas, sí que lo tenía para aquellos que lo escucharon por primera vez. En los tiempos antiguos, la vestimenta que las personas llevaban indicaba su posición en la sociedad. El dobladillo [borde] era especialmente importante porque simbolizaba la identidad y autoridad del propietario. Los contratos legales escritos en tabletas de arcilla eran «firmados» mediante la presión de una esquina del dobladillo [borde] de la vestimenta del firmante sobre el barro[4].

¿Recuerda usted la escena del Antiguo Testamento en la que David se encuentra con Saúl en una cueva? Resulta cómica porque Saúl entró en la cueva con el propósito de hacer sus necesidades, sin saber que estaba entrando al lugar donde se escondía David. Pero en vez de aprovechar la oportunidad para matar a Saúl, David solo se acercó a él y le cortó una porción del dobladillo [borde] del manto de Saúl (1 Samuel 24:4-5). Después David se sintió abrumado por los remordimientos por lo que había hecho. ¿Pero por qué? ¿No había él perdonado la vida de un rey trastornado por el poder que buscaba matarle? Sin embargo, al cortar una esquina del manto de Saúl, David estaba simbólicamente socavando la autoridad del rey para reinar. Su acción era equivalente a quitar la corona de la cabeza de Saúl, una acción que David creía que solo le correspondía al Todopoderoso.

Los flecos eran también una señal de nobleza; en el mundo antiguo los reyes y los príncipes decoraban el borde de sus mantos con flecos. ¿Recuerda cómo estaba decorado el manto azul del sumo sacerdote? De él colgaba un borde elaborado de campanillas y granadas (Éxodo 28:33). El hilo azul del *tzitzit* que llevaba el judío común estaba teñido con el mismo tinte azul costoso que se usaba para las prendas reales, llamado *tekhelet*, como en el manto del sumo sacerdote[5]. Jacob Milgrom, un erudito judío, explica que el tinte azul personifica la tendencia democrática dentro del judaísmo, porque indica que todo el pueblo de Israel estaba llamado a convertirse en una nación de sacerdotes. Milgrom escribe:

> En la antigüedad, el *tzitzit* (y el borde) eran insignias de autoridad, nobleza y clase alta. Al añadir el cordón azul de lana al *tzitzit*, la Tora combinó la nobleza con el sacerdocio: Israel no estaba para gobernar al hombre, sino para servir a Dios. Además, el *tzitzit* no estaba restringido a los líderes judíos, los reyes, los rabinos ni los eruditos. Era el uniforme de todo Israel[6].

El *tzitzit* mostraba que Dios había escogido hacer a su pueblo sus representantes: un reino de sacerdotes para el resto del mundo. Al llevar el *tzitzit*, se le recordaba a cada judío la obligación de servir a Dios mediante la obediencia a sus mandamientos. Al presente, los flecos son preparados y atados en una forma específica para recordarle al que los lleva que debe obedecer los mandamientos de Dios. Esta forma de atarlos se desarrolló después del tiempo de Jesús. Pero en ese entonces, como ahora, los flecos estaban allí para recordar a los israelitas que tenían que obedecer continuamente sus leyes porque Dios mismo había puesto a Israel como «una luz para las naciones». Dándose cuenta de esto, los rabinos determinaron que los flecos no había que guardarlos en un bolsillo ni esconderlos debajo de la camisa. Números 15:38-39 decía: «Deberán confeccionarse flecos, y coserlos sobre sus vestidos con hilos de color púrpura. Estos flecos les ayudarán a recordar que deben cumplir con todos los mandamientos del Señor». De modo que los flecos tenían que estar visibles.

Por medio de los *tzitzit*, Dios estaba animando a su pueblo a que mostrara públicamente su compromiso con él. En un mundo en el que otras naciones se prostituían con ídolos y sacrificaban sus hijos a los demonios, los judíos eran una luz que se destacaba. Los *tzitzit* era un recordatorio visible de que ellos no se podían mezclar con las naciones a su alrededor porque pertenecían a Dios en una forma especial. Hicieran lo que hicieran, bueno o malo, eran un testimonio del Dios al que servían. Si ellos cumplían su llamamiento mediante la obediencia, el mundo los reconocería como una nación santa.

Si el *tzitzit* servía para estos propósitos, ¿por qué Jesús criticó a aquellos que usan «filacterias grandes y adornan sus ropas con borlas vistosas»? (Mateo 23:5). ¿Estaba diciendo él que no deberíamos sobresalir debido a nuestra fe? Eso tendría muy poco sentido a la luz del hecho de que Jesús mismo llevaba puestos flecos y filacterias. Jesús también dijo a sus seguidores que ellos eran como «luz sobre un monte» que no se podía esconder, y que las lámparas no se encendían para después meterlas en un cajón. Y animó a sus discípulos: «Hagan brillar su luz delante de todos, para que ellos puedan ver las buenas obras de ustedes y alaben al Padre que está en el cielo» (Mateo 5:14-16). No, Jesús estaba criticando a aquellos que hacían exhibiciones de piedad como una forma de mejorar su posición social.

MITZVÁ
Un *mitzvá* es un mandamiento, una obligación religiosa. Las personas usaban en general esta palabra para referirse a una buena obra.

¿Qué pasaría si también tuviéramos una forma universal de mostrar nuestra fe en Cristo? «Siempre he vacilado ante el pensamiento de poner una pegatina cristiana en el parachoques de mi auto», admite Ann. «Me parecía que hacerlo trivializaba mi fe. Pero una razón más profunda de mi resistencia tiene que ver con mis hábitos de conducir el auto, que son mucho menos que angélicos. Para disculpar mi mal comportamiento bromeo con mis amigos, diciéndoles que cuando manejo nunca ceso de orar pidiendo misericordia y no justicia. ¿Pero qué pasaría si me animaba a pegar una pegatina brillante y valiente anunciando mi fe? Quizá entonces mi afición a pisar el acelerador cesaría un poco. O quizá saldría de mi casa unos pocos minutos antes para no ponerme impaciente cuando el tráfico en la autopista se tornara tan pesado. Con el tiempo quizás hasta me convertiría en una conductora más paciente y amable».

El *tzitzit* era como una pegatina azul brillante para el parachoques que Dios le había dado a su pueblo, era su manera de decirles: «¡Maneja bien el auto, porque todos te están mirando!».

Hace algunos años Ann estaba hablando con un amigo que había contado una historia un tanto embarazosa sobre sí mismo. Como un viajero frecuente, se había encontrado una vez con muchos problemas por causa de la demora de un vuelo. Sus intentos de conseguir un asiento con otra compañía aérea no habían prosperado. Exasperado siguió presionando al empleado en el mostrador de vuelos hasta que empezaron a decirse palabras no muy amables. Cuando el agente al fin le pidió que le diera su información para contactos, él tiró sobre el mostrador una tarjeta de presentación personal. De repente su cara se puso roja. La tarjeta que había sacado de su bolsillo era nueva, y no le identificaba como un Juan Pérez normal y corriente, sino como el director de un ministerio cristiano llamado —ahí viene la bomba— *¡Encouraging Words!* [¡Palabras de Aliento!].

Como la tarjeta de presentación de aquel guerrero de la carretera, el *tzitzit* es una señal visible que ofrece a aquellos que lo llevan una oportunidad de mostrar su fe en público. Quizá como cristianos deberíamos hacer algo semejante, aceptando el riesgo de identificar nuestra fe en público, no de forma orgullosa o arrogante, sino humildemente, lo que nos serviría como un pequeño recordatorio de los *tzitzit* que nuestro Maestro Jesús llevó. «Mi propia práctica», dice Ann, «es llevar una pequeña cruz de oro colgando de un cadena de mi cuello. Más de una vez mi hija pequeña me ha preguntado por qué siempre llevo el mismo collar. "Porque", le digo, "necesito recordar que tengo que actuar hoy como una cristiana"».

UN LLAMADO A LA SANTIDAD

¿Recuerda usted la historia en los Evangelios sobre la mujer que sufría de una hemorragia crónica? Al considerarla ritualmente impura, ella habría contaminado a cualquiera que tocara. Veamos cómo imaginó Ann la escena de su intento furtivo de alcanzar a Jesús en su libro, titulado *Mujeres de la Biblia*:

> La mujer rondaba por los límites de la multitud. Nadie le prestó atención al mezclarse con la multitud, era solo una abeja más que entraba en la colmena. Su temor y apuro disminuyeron, remplazados rápidamente por una sensación de alivio. Nadie le había impedido que se uniera al grupo. Nadie había retrocedido a su toque.
>
> Ella se fue acercando cada vez más, pero todavía tenía cerrado el paso por un grupo de hombres ruidosos. Ella podía oír a Jairo, un principal de la sinagoga, que elevaba su voz por encima de las de los demás, suplicando a Jesús que fuera a su casa y sanara a su hija antes que fuera demasiado tarde.
>
> Repentinamente el grupo enfrente de ella cambió y se abrió como cuando las aguas del Jordán se habían partido ante los hijos de la promesa. Eso era todo lo que ella necesitaba. Su brazo se extendió por el espacio abierto, sus dedos tocaron el borde de su vestidura. Instantáneamente, ella sintió algo cálido que corrió por todo su cuerpo, alivió el dolor e hizo cesar la corrupción. La piel le picaba y temblaba. Se sintió más fuerte y capaz, como una jovencita que acabara de llegar a la adultez, tan contenta y feliz que, en realidad, sus pies querían llevársela corriendo antes que hiciera un espectáculo al reírse a carcajadas por su silencioso milagro.
>
> Pero Jesús bloqueó su escapada e hizo callar a la multitud al hacerles una pregunta curiosa: «¿Quién me ha tocado?»[7].

Piense ahora en esta escena en términos de lo que ha aprendido acerca de la importancia del borde en la vestimenta personal. El borde (dobladillo) podía haber significado la identidad y autoridad de Cristo Jesús. Lo que es más, el lugar donde se fijaban los flecos podía ser considerado como la parte más santa de su vestimenta. De manera que parece que la mujer sabía exactamente qué era lo que estaba buscando[8]. La pureza de Jesús era tan grande que, en vez de quedar contaminado por el toque de la mujer, curó la impureza de ella. ¡Qué imagen tan bella del poder de la santidad de Cristo para sanar y bendecir!

LA ENSEÑANZA DEL MONTE SINAÍ

«Mi primera suposición», dice Lois, «acerca de cuán arbitrario era que Dios les dijera a su pueblo que llevara los *tzitzit* muy pronto dio paso a un sentimiento de sobrecogimiento al empezar a comprender la importancia de este mandamiento a la luz del contexto cultural en el cual había sido dado. Esos sentimientos me llevaron a preguntarme si algunas otras de las leyes del Antiguo Testamento que yo había declarado como arbitrarias podían tener una sabiduría más profunda». Vamos a examinar con más detenimiento el contexto en que algunas de estas leyes fueron dadas.

El mejor lugar para empezar es el monte Sinaí, donde Dios se le apareció a Moisés y le entregó la Ley. Imagínese lo que hubiera sido haber estado entre aquellos cansados esclavos israelitas. Hasta ese momento usted había vivido su vida en el nivel más bajo de la sociedad egipcia. A usted le habían dado latigazos, le habían escupido, despreciado y tratado como una máquina. De repente Dios mismo le empieza a hablar por medio de su líder, Moisés, diciéndole que se pusiera un manto real y se asegurara de que lo llevara puesto todos los días. Después de tantos años de trabajos forzosos, le oye decir que él quiere que celebre su libertad cesando de toda clase de trabajo un día a la semana. Tales instrucciones no serían recibidas como una nueva carga echada sobre las espaldas de esclavos, sino como buenas noticias que dignificaban sus vidas de hombres y mujeres libres. ¡Les sonaría como algo demasiado bueno para que fuera cierto!

En el mundo antiguo, los campesinos pobres y los esclavos vivían una existencia desesperada e indefensa, en parte a causa de que los códigos legales se establecían para proteger los intereses de los ricos y poderosos. Se aplicaban los castigos más brutales incluso por delitos menores como los robos o la destrucción de objetos. En uno de los más antiguos códigos legales, el Código de Hammurabi, una mesera que le cobrara de más a un noble por una cerveza podía ser ahogada por su delito. Pero matar a un hombre pobre se castigaba con una multa, la cantidad que se determinaba que la víctima valía según su posición social.

Las leyes antiguas no se enfocaban en la justicia como nosotros la conocemos. No transmitían la idea de que los ricos y los pobres serían tratados de igual manera. No había leyes para proteger a los más pobres en la sociedad. En la obra *The Gifts of the Jews*, Thomas Cahill indica que en comparación con las leyes de otras sociedades antiguas, las leyes que gobernaban a los israelitas eran asombrosamente progresistas. Él escribe:

> La crueldad casual de otros códigos legales antiguos
> —cortar la nariz, las orejas, la lengua, el labio inferior
> (por haber besado a la esposa de otro hombre), pechos
> y testículos— rara vez aparece en la Tora. Más bien,
> en las fórmulas de la ley judía no podemos evitar notar una presunción de que todas las personas, aun los
> esclavos, son humanos y que todas las vidas humanas
> son sagradas. La inclinación constante no es a favor de
> los poderosos y de sus posesiones, sino de los pobres
> e indefensos[9].

Esto es lo que hizo que las leyes del Sinaí fueran tan radicalmente diferentes, retando la mentalidad de la época. Dios demostró por medio de ellas su gran interés y preocupación por los pobres, los extranjeros, las viudas y los huérfanos. Él mandó a su pueblo que cuidara de los pobres con sus diezmos y que se les permitiera espigar los campos y rebuscar en las viñas. En vez de maltratar a los forasteros (extranjeros o refugiados), se le dijo al pueblo de Dios que «los amaran como a sí mismos». A diferencia de otras muchas naciones, el código legal de Israel contiene muchas leyes designadas a la protección de los miembros más débiles de la sociedad.

Aunque algunas de las leyes contenidas en la Tora pueden parecer severas a primera vista (esto es, sacrificar animales o condenar a muerte a aquel que maldijera a sus padres), un examen más detenido del contexto en el que fueron dadas revela una gran equidad, compasión y una asombrosa preocupación por la santidad de la vida. Nuestra propia civilización ha quedado tan transformada por estos principios morales que ya los damos por sentados. Difícilmente nos podemos imaginar a una sociedad sin ellos. Mientras más reconocemos las diferencias entre los caminos de Dios y los caminos del mundo antiguo, tanto más entendemos que el amor de Cristo, que es tan evidente en los Evangelios, fue también evidente en el Dios que se reveló a sí mismo en el Sinaí.

LOS MÉTODOS DE ENSEÑANZA DE DIOS

En vez de transformar a su pueblo instantáneamente, Dios comenzó con lo que era familiar. Edificó sobre aquello a lo que ya estaban acostumbrados, y luego los fue moviendo en una dirección radicalmente diferente. Por ejemplo, ofrecer sacrificios era una práctica común en varias culturas del mundo antiguo. Parece ser que Dios había incorporado en la humanidad una inclinación universal hacia la adoración, un instinto espiritual plantado en el alma humana. De alguna forma los seres humanos se dieron cuenta que su sustento dependía del poder divino, un poder que ellos necesitaban reconocer. Muchas de las sociedades de la antigüedad creían, por ejemplo, que la carne nunca debía ser consumida sin previamente honrar al dios por haber permitido que se tomara la vida del animal[10]. Pero los sacrificios a menudo funcionaban como una especie de soborno, una manera de manipular al dios para que hiciera lo que uno quería. Si usted expresaba el conjuro correcto o llevaba a cabo un acto sexual ritual, el dios haría que su tierra fuera fértil, las cosechas fueran abundantes, y sus animales se multiplicaran.

En contraste, el Dios de Israel instruyó a su pueblo que ofreciera sacrificios, pero transformó radicalmente la forma de hacerlo. Primero, insistió en que no sacrificaran a los ídolos. A diferencias de los «dioses» de las otras naciones, el Dios de Israel estaba profundamente más allá de la comprensión humana. Él no podía quedar contenido en una pieza de madera o de metal ni ser representado por un objeto inanimado. Tampoco se podían realizar los sacrificios acompañados de ninguna clase de conjuro o manipulación. Israel tenía que servir a Dios, no tratar de manipularle mediante magia.

Y, a diferencia de otros dioses, que se pensaba que premiaban la astucia y la tortuosidad y ellos mismos eran inmorales, el Dios de Israel demandaba a su pueblo estándares morales elevados, insistiendo en que vivieran con integridad. Un día, lejano en el futuro, Dios usaría el sistema sacrificial para enseñar a su pueblo acerca de su gran amor y perdón. Él lo haría, por supuesto, por medio del sacrificio de Cristo en la cruz.

Además de separar a los israelitas del resto del mundo por la manera en que ellos le adoraban por medio del sacrificio, Dios también estableció una serie de leyes alimentarias que los distinguía de sus vecinos paganos. Aunque algunas de estas leyes tenían considerables beneficios para la salud, como no comer animales que portaban enfermedades, ese no era el propósito principal. Más bien, su meta primaria era recordarle a Israel que no se mezclara con sus vecinos gentiles[11]. Sus estrictas leyes alimentarias les impedían unirse a sus vecinos en sus fiestas de adoración idólatra y de participar en la intimidad del compañerismo en sus mesas.

Era evidente que Dios estaba reeducando a su pueblo para que se separaran de las culturas que los rodeaban. Al declarar que algunos alimentos eran puros y otros impuros, Dios les estaba comunicando la importancia de esforzarse por la pureza en todas las cosas, incluso en aquellas que parecían triviales. Muchas de las leyes ceremoniales y alimenticias que nos suenan tan extrañas tenían la intención de preparar a Israel para cumplir con su destino de ser el pueblo escogido de Dios, de separarlos para que fueran una nación diferente entre las demás naciones del mundo.

¿OJO POR OJO?

Muchos de nosotros estamos familiarizados con el mandamientos del Antiguo Testamento de que el castigo por una herida grave era «ojo por ojo, diente por diente» (Éxodo 21:24; Levítico 24:20;

Deuteronomio 19:21). Ese castigo nos parece sumamente cruel. Nos horroriza el pensamiento de ver a personas cojeando a nuestro alrededor con miembros perdidos u ojos arrancados por causa de algún delito que cometieron. Pero esa expresión era una frase idiomática que no se tomaba tan literal como creemos. «Ojo por ojo» era una expresión antigua tomada de leyes que originalmente tenía el propósito de limitar el castigo a la misma clase de herida que se había causado. Significaba un castigo equitativo por el delito cometido: no una represión por un ojo ni una vida por un ojo. Sin esa ley, el clan de la víctima podía demandar una venganza mayor que podía terminar en una guerra sin cuartel. También, muchos eruditos creen que este mandamiento no se solía seguir literalmente en Israel. Por el contrario, había multas por una variedad de daños y delitos[12].

Como un buen padre que da una clase de regla a un hijo de cuatro años y otra a uno de catorce años, Dios estaba trabajando dentro de los límites de la capacidad de su pueblo para obedecer. En Génesis, por ejemplo, Dios le permitió a Jacob que se casara con dos hermanas, Lea y Raquel. Después, en Levítico, aunque no prohibió la poligamia, Dios dijo que un hombre no debería nunca casarse con una mujer y con su hermana. Más tarde, Jesús clarificó esto aún más. El deseo último de Dios, dijo, era que un hombre se casara con una mujer para toda la vida. En vez de transformar a su pueblo de la noche a la mañana, Dios le enseñó en etapas, a lo largo de muchos siglos.

Si hay algo que este proceso lento muestra, es la paciencia y la gracia de Dios. Si un malvado violento que es además un mentiroso contumaz se va a convertir en un creyente, quizá Dios empezaría haciendo que deje de comportarse violentamente. Semanas o meses más tarde él podría decir: «Está bien, ahora ha llegado el momento de corregir la tendencia a mentir». ¿Mostramos esa misma paciencia con los demás?

Quizá la mejor manera de entender la Tora es verla como algo que es más que una serie inflexible de leyes. Semejante a un arquero apuntando con su arco y flecha a un blanco, la Tora ofrece directrices sobre cómo quiere Dios que vivamos. Dios empezó sacando a su pueblo físicamente fuera de Egipto. Luego los dirigió a salir moralmente de Egipto. La Biblia habla acerca del «camino de los justos» o la «senda de la vida», y nos manda a que sigamos el «camino» de Dios. Y no es coincidencia que los primeros cristianos hablaron de su propia fe como «el Camino».

El erudito William Webb habla acerca del «movimiento de redención», refiriéndose a que la ley de Dios llevó a los israelitas hacia la justicia y la compasión y lejos de la crueldad de las sociedades que los rodeaban[13]. Él sugiere que la mejor manera de descubrir su sabiduría para hoy es no obsesionarse con leyes aisladas sacándolas de su contexto, sino conocer bien su «trayectoria» original, notando su trayectoria a través del Antiguo y Nuevo Testamentos. Entonces usted puede preguntar cómo la Ley nos da dirección hoy dentro de nuestra cultura.

Veamos un ejemplo: Deuteronomio contiene leyes que permiten la esclavitud. ¿Quiere eso decir que la esclavitud está bien, que Wal-Mart, por ejemplo, estaría perfectamente dentro de su derecho si empezara a almacenar seres humanos para venderlos? Nos reímos de una idea tan ridícula, pero una lectura literal de ese pasaje en la Biblia podría llevar a esa conclusión. Aunque la Tora no declaró ilegal la esclavitud, que era ampliamente practicada y aceptada en el mundo antiguo, sí le puso límites humanitarios. Por ejemplo, según la Tora, todos los esclavos quedaban exentos del trabajo un día a la semana, y los esclavos israelitas quedaban en libertad después de seis años. La Tora fue incluso tan lejos como para decir: «Si un esclavo huye de su amo y te pide refugio, no se lo entregues a su amo sino déjalo que viva en medio de ti, en la ciudad que elija y donde se sienta a gusto. Y no lo oprimas» (Deuteronomio 23:15-16). Puede que esto no nos asombre como algo progresivo hasta que nos damos cuenta que en toda sociedad y cultura de aquel tiempo no devolver a un esclavo se castigaba con la muerte.

El «movimiento de redención» de la Tora fue siempre en el sentido de liberar a los oprimidos. Más tarde ese mensaje quedó claramente enunciado por los profetas del Antiguo Testamento y por Cristo Jesús mismo. La mejor manera de interpretar cómo Dios nos está dirigiendo en el presente es entender el contexto en el que la Ley emergió en su origen y después seguirle la pista en su movimiento a lo largo de las Escrituras.

LO QUE LA TORA PUEDE ENSEÑARNOS HOY

A. J. Jacobs es un periodista que bromea diciendo que él es oficialmente un judío casi de la misma manera en que Olive Garden es oficialmente un restaurante italiano. Con eso quiere decir que él no es un judío religioso. Investigando para su nuevo proyecto de libro, a Jacobs se le ocurrió la idea de pasar todo un año intentando vivir conforme a los mandamientos de la Tora. El libro resultante, *The Year of Living Biblically* [El año en que viví bíblicamente] se ha convertido en un éxito de librería que hace disfrutar a los lectores con sus intentos a veces tan divertidos.

Para empezar, Jacobs decidió leer toda la Biblia, anotando toda regla o directriz que podía encontrar. El resultado fueron setenta y dos páginas de notas, que relacionaban más de setecientas reglas. Durante el transcurso del año siguiente, él trató todo lo mejor que pudo de cumplir con cada uno de esos mandamientos, excepto aquellos que eran claramente ilegales, como matar a los hechiceros o magos o matar bueyes para los sacrificios.

Al leer que los israelitas comieron pepinos en Egipto, por ejemplo, él decidió sembrar una bolsita de semillas de pepino en macetas bajo focos de luz creciente en su apartamento en Nueva York, con la esperanza de poder dejar algunos pepinos sin cosechar. De esa manera él podía cumplir con Levítico 19:9: «Cuando llegue el tiempo de la cosecha, no sieguen hasta el último rincón de sus campos ni recojan todas las espigas que allí queden [...] Déjenlas para los pobres y los extranjeros». Su cosecha fue abundante... como cien docenas de pepinos, pero todos ellos eran picantes e incomibles, y del tamaño de un caramelo.

Un día, cuando a Jacobs se le cayó accidentalmente un billete de cinco dólares, decidió dejarlo en el suelo con el propósito de que alguien lo «cosechara». Pero una persona que andaba por allí lo vio caer y echó a correr detrás de él diciendo:

—¡Se le cayó!

A lo que él respondió:

—No, no era mío.

Para su consternación, Jacobs se dio cuenta que había quebrantado el mandamiento de no mentir[14]. Parecía que un literalismo estricto no estaba funcionando.

Por supuesto, nos reímos ante tales travesuras. ¿Pero qué pasa si adoptamos un enfoque menos literal? ¿Qué pueden enseñarnos las antiguas leyes de la cosecha? Piense en la última noche que usted salió a cenar. ¿Cuán generosa fue la propina que dejó sobre la mesa? Lois todavía recuerda la escasa remuneración que recibía en su primer trabajo en un restaurante que atendía a los clientes en el estacionamiento: Su salario era de 1.75 dólares la hora cuando la paga mínima era de 3.35 dólares la hora. Para ella, las propinas no eran solo el dinero, a pesar de todo lo que lo necesitaba. Tenían que ver sobre todo con sentir cuánto le importaba a la gente, al dejar detrás de ellos «algo de la cosecha» para que personas como ella lo recogieran.

Quizá usted ha visto el episodio de *The Simpsons* en el que el reactor nuclear donde trabaja Homer Simpson empieza a fundirse. En un momento de pánico, su esposa Marge ora diciendo: «Amado Dios, si tú libras a este pueblo de convertirse en un agujero humeante en el suelo, procuraré ser una mejor cristiana. No sé qué puedo hacer [...] Quizá en la próxima ocasión en que haya una recogida de alimentos enlatados, lleve algo que de verdad a ellos les guste, no solo frijoles refritos y cosas así»[15]. Puede que podamos evitar el error de Marge procurando que nuestra despensa esté mejor preparada para esas ocasiones. En vez de sacar lo que menos nos gusta, podemos preparar una buena bolsa con las cosas que nos gustan más.

Mire alrededor de su vecindario, de su iglesia, de su comunidad. Sin duda alguna habrá alguien con muy pocos recursos que puede «cosechar» algo de la abundancia de bendiciones que Dios le ha dado a usted. Llevar a cabo esta clase de *mitzvot* le ayudará a ser más generoso, para ser un poco más a la semejanza del Maestro Jesús.

LA META DE LA TORA

Pablo nos dice en Romanos 10:4 que el «*telos*» de la ley es Cristo, lo que traducimos tradicionalmente como, «De hecho, Cristo es el fin de la ley». Si la Tora es la enseñanza de Dios sobre cómo vivir para mostrar que somos su pueblo, ¿en qué sentido la Ley llega a su fin? Examinemos a profundidad las palabras de Pablo.

Como cristianos, creemos que Jesús tomó sobre sí el castigo que merecíamos por nuestra incapacidad para cumplir con todos los mandamientos de Dios. Por tanto, él puso fin a la capacidad que tenía la Ley de separarnos de Dios por causa del pecado. Y eso nos lleva a regocijarnos.

Jesús fue también el «fin» de la ley en otro sentido. Durante miles de años, el plan de Dios fue el de separar a Israel de la influencia de sus vecinos paganos. Él lo hizo, como dijimos, con el propósito de poder capacitar a su pueblo debidamente, como los padres enseñan a sus hijos pequeños. Pero Cristo nos dio un mandamiento nuevo que va en dirección opuesta. Ahora, en vez de mantenerse a distancia de los no creyentes, sus seguidores fueron enviados al mundo para hacer discípulos en todas las naciones (Mateo 28:19). La ley ya no mantendría a los gentiles alejados de Dios.

En el momento en que Pedro hizo su primera visita a un hogar gentil, el plan antiguo de separación chocó con el nuevo enfoque de alcanzar a los gentiles. Según la ley judía, Pedro no podía aceptar la hospitalidad de Cornelio porque los gentiles eran «impuros»[16]. Pero Dios le liberó de esas antiguas leyes de pureza al darle la visión en la que los animales «impuros o inmundos» fueron declarados «puros». Bajo la dirección del Espíritu, la iglesia estableció luego en Hechos 15 que los creyentes gentiles no necesitaban adoptar el pacto de la Tora entregado a los judíos en el monte Sinaí. «El muro de enemistad que nos separaba» representado por las leyes ceremoniales y que mantenía alejados a los gentiles fue completamente derribado (Efesios 2:14).

Pero aunque *telos* puede significar «fin» o «terminación», también puede significar «meta», «perfección» o «culminación». La redacción que Pablo usa aquí es intencionalmente vaga, transmitiendo dos ideas a la vez[17]. También estaba proclamando que Cristo era la *meta* culminante de la ley de Moisés, la encarnación viviente de la santidad y la compasión hacia la cual apunta la Tora. Jesús es la «Palabra hecha carne». Él es el único capaz de vivir en su perfección la Tora.

Como gentiles, no estamos obligados a observar las leyes ceremoniales que fueran dadas en el monte Sinaí, pero todavía podemos descubrir la gran sabiduría contenida en la Tora, porque Cristo mismo era la meta a la que apuntada la Tora. Y esa es también nuestra meta: Ser llenados con el amor y la bondad de nuestro Señor y Maestro Jesús.

Hemos hablado acerca de cómo entendió el pueblo judío la Ley. Pero, ¿cómo la entendió Jesús mismo? ¿Difiere su enfoque, de manera radical, del de los rabinos de su tiempo? ¿Cómo puede el entendimiento de la relación que Jesús tuvo con la Ley transformar nuestra actitud y acciones? Aprenderemos más sobre eso en el próximo capítulo.

A LOS PIES DEL MAESTRO

1. Piense en formas en las que puede ser más expresivo acerca de su fe. Trate de vestir o llevar algo que funcione como un *tzitzit* durante una semana. Quizá una cruz o un libro de lectura espiritual que puede leer durante el almuerzo. Recuérdese que está representado a Cristo ante todos los demás que le rodean.

2. A diferencia de otros antiguos códigos de leyes, la Tora hace hincapié en cuidar de las viudas y de los huérfanos. Debido a lo difícil que resultaba que una viuda con hijos pudiera sobrevivir en aquellos tiempos, la palabra «huérfano» podía referirse a un niño privado de sus padres o que había perdido a su padre[18]. Piense en los «huérfanos» que usted conoce y busque la forma de relacionarse con ellos como un «hermano o hermana mayor» o invitándolos a ser parte de su familia.

3. Levítico 19:16 dice: «No andes difundiendo calumnias entre tu pueblo». Vea si usted puede pasar una semana (¿o quizá un solo día?) sin decir nada negativo acerca de alguien. Luego apunte aún más alto y trate de hablar positivamente acerca de alguien que a usted no le cae bien.

4. Pídale a Dios que le muestre al menos un *mitzvá* (definido popularmente como una «buena obra») que usted puede llevar a cabo durante una semana.

CAPÍTULO 12

JESÚS Y LA TORA

Dispón nuestros corazones para que
entendamos y discernamos, señalemos,
aprendamos, prestemos atención y
cumplamos
en amor todas las palabras de instrucción
de la Tora
**De la oración tradicional que se recita antes de
repetir la *Shemá***

A medida que el amanecer se extiende por el lago de Galilea, la
silueta gris azulada de los montes que lo rodean se distingue
con más claridad contra el trasfondo del cielo iluminado. Todo es
tranquilidad, excepto por el suave vaivén de las olas que se rompen
contra el casco de los barcos de pesca anclados cerca de la costa y
el sonido de los pájaros que revolotean sobre los juncos a lo largo
de la costa rocosa. Las redes aparecen extendidas sobre la orillas
para que se sequen, cuidadosamente desenredadas después de haberse pasado la noche pescando en el lago. A poca distancia de la
orilla está Capernaúm, un pintoresco pueblo de pescadores que se
va despertando para empezar otro día.

Esta es la Cala del Sembrador, una ensenada redondeada en el
extremo occidental del lago. El Evangelio de Mateo nos dice que
este fue el escenario de la parábola de Jesús sobre el sembrador
que sembró semillas en diferentes clases de terreno. Es también
el escenario probable para el sermón más famoso del mundo: el
Sermón del Monte. Si a usted le gusta subir a la cima de la colina
cercana a la cala, allí encontrará la iglesia de las Bienaventuranzas,
señalando el lugar tradicional. Al estar allí, mirando de frente al
lago de Galilea, usted se da cuenta que la ladera de esa colina debe
parecerse mucho a como se la veía hace dos mil años cuando Jesús predicó allí, y una multitud multicolor de personas llenaron el

lugar y escucharon atentamente. Usted se pregunta cómo hubiera sido formar parte de esa multitud, el haber escuchado al más extraordinario de los maestros.

> Bienaventurados los pobres de espíritu…
> Bienaventurados los mansos…
> Bienaventurados los misericordiosos…

La predicación parece que brota espontánea y sin esfuerzo, sus palabras son muy claras, como si él le estuviera hablando directamente a usted.

¿Pero cómo es posible que Jesús pudiera ser escuchado por miles de personas sin un sistema de megafonía que amplificara su voz? Hace algunos años, el erudito bíblico B. Cobbey Crisler descubrió la respuesta en aquel mismo lugar. Él encontró que la ladera cercana a esta redondeada ribera del lago forma un anfiteatro natural[1]. Debido a las propiedades acústicas del terreno alrededor, una persona podía estar parada al pie de la ladera o sentado en una barca a poca distancia de la orilla y ser perfectamente oído por alguien sentado en la ladera de la colina. Tan buena es la acústica que el predicador podía hablar en un tono normal de voz y ser oído. Crisler estima que entre ocho y diez mil personas pudieron estar sentadas allí dentro de una distancia normal para oír hablar a Jesús.

Conocer esa característica acústica de ese lugar resuelve un misterio acerca de la predicación de Jesús. Pero otros permanecen, especialmente preguntas sobre el sermón mismo, que contiene algunas de sus palabras más inspiradoras.

Imagine que usted es un residente de Capernaúm en el siglo I. Usted ya ha oído hablar a Jesús y le ha visto sanar a los enfermos, también ha escuchado bastante de las críticas que le hacían. Algunos le acusaban de ser muy blando en cuanto a la Ley, diciendo que Jesús estaba socavando la Tora y descarriando a las personas. De modo que ahora, cuando está sentado en la ladera de la colina junto con otros varios miles, usted escucha cuidadosamente lo que Jesús le está diciendo a la multitud:

> No piensen que he venido a anular la ley o los profe-
> tas; no he venido a anularlos sino a darles cumplimien-

to. Les aseguro que mientras existan el cielo y la tierra, ni una letra ni una tilde de la ley desaparecerán hasta que todo se haya cumplido (Mateo 5:17-18).

Porque les digo a ustedes, que no van a entrar en el reino de los cielos a menos que su justicia supere a la de los fariseos y de los maestros de la ley (Mateo 5:20).

Ustedes han oído que se dijo: «No cometas adulterio.» Pero yo les digo que cualquiera que mira a una mujer y la codicia ya ha cometido adulterio con ella en el corazón. Por tanto, si tu ojo derecho te hace pecar, sácatelo y tíralo. Más te vale perder una sola parte de tu cuerpo, y no que todo él sea arrojado al infierno (Mateo 5:27-29).

En vez de suavizar las cosas, parece que Jesús está apretando el tornillo. Por ejemplo, en vez de solo repetir lo que ya sabían acerca del adulterio, les dice que una simple mirada lujuriosa hace a la persona culpable de adulterio. Y entonces vincula la ira con el pecado de homicidio. ¡Caramba!

Los cristianos modernos celebran que Jesús viniera a liberarnos de la carga insoportable de leyes que no podíamos cumplir, pero aquí Jesús parece estar diciendo todo lo contrario. Así, pues, ¿son de verdad tan buenas noticias como pensábamos que lo eran? Darnos cuenta que Cristo elevó bastante el nivel y no lo bajó *son* buenas noticias, pero solo después que usted ha entendido lo que él está diciendo.

Quizá escuchar de nuevo este famoso sermón, pero esta vez con los oídos de un oyente judío del siglo I, nos ayudará a captar la verdadera grandeza de su mensaje. Puede que eso también nos ayude a desatar algunos de los «nudos» de Mateo 5—7, el pasaje que contiene el Sermón del Monte.

CAPTEMOS EL SENTIDO DE JESÚS

Lo primero que usted nota es que Jesús no perdió tiempo en alertar a la multitud. Él dejó bien claro desde el principio que no tenía ninguna intención de debilitar la Tora, la cual había formado y guiado al pueblo judío durante muchos siglos.

Les aseguro que mientras existan el cielo y la tierra, ni una letra ni una tilde de la ley desaparecerán hasta que todo se haya cumplido. Todo el que infrinja uno solo de estos mandamientos, por pequeño que sea, y enseñe a otros a hacer lo mismo, será considerado el más pequeño en el reino de los cielos; pero el que los practique y enseñe será considerado grande en el reino de los cielos (Mateo 5:18-19).

Como usted es un judío del siglo I, percibe la jerga rabínica inmediatamente. Cuando Jesús habla de «ni una letra ni una tilde de la ley», usted reconoce que esta es una expresión idiomática que se refiere a los «detalles más microscópicos».

La *yod* es la letra hebrea más pequeña, y se parece a un apóstrofe: ׳. Los calígrafos la adornaban con un pequeño gancho, o un «cuerno», llamado *kots*. Es interesante saber que todavía se usa esa expresión idiomática hebrea. Shaul Mufaz, que fue ministro de defensa de Israel, declaró que él haría al liderazgo palestino responsable de la lucha contra el terrorismo al *kotso shel yod*, «hasta el cuerno de una *yod*»[2].

Jesús usó esta expresión idiomática para declarar que ninguna palabra o letra será eliminada de la Tora de Dios. Incluso las decoraciones en las letras permanecerían para siempre. ¡Qué declaración tan increíble de parte de aquel que se dio a conocer como el Alfa y la Omega, o de la A a la Z!

Usted también reconoce otra frase idiomática judía que tiene que ver con «anular» y «cumplir» la ley. «Cumplir» la ley puede solo significar hacer lo que la ley dice. Pero cuando Jesús contrasta «cumplir» con «anular» la ley, usted sabe que está empleando un dicho rabínico. En este caso, «cumplir la ley» significa *interpretar correctamente la Tora*. En contraste, la frase «anular la ley» significa lo opuesto: *cancelar o abolir la ley* mediante una interpretación incorrecta. Estas dos frases idiomáticas surgen de la tarea asignada a los rabinos que era cómo interpretar la Tora para aplicarla a la vida diaria. Cuando los rabinos no se ponían de acuerdo, se acusaban unos a otros de «anular» la Tora[3].

Imagine, por un momento, que un nuevo pastor llega a la ciudad con una serie de sermones sorprendentes. Una semana él predica que declarar menos ingresos en su Declaración de la Renta está bien si eso le lleva a dar más a su iglesia. A la semana siguiente dice que ver vídeos pornográficos está bien, siempre y cuando usted no tenga una aventura extramarital. Las interpretaciones del pastor sobre mentir y adulterar socavan su voluntad de vivir conforme a la Palabra de Dios. Él está «anulando» la ley de Dios al interpretarla de esa manera incorrecta.

Al menos en una ocasión Jesús acusó a los fariseos de estar «anulando» la ley que dice que debemos honrar a nuestros padres al declarar que sus posesiones eran *corbán* (dedicadas a Dios) y ya no podían usarlas para sostener a sus padres ancianos (Marcos 7:11).

Pero los líderes religiosos acusaron a Jesús de lo mismo al decir que sus enseñanzas socavaban la Tora. Jesús respondió en el Sermón del Monte diciendo que él no estaba interpretando mal la ley de Dios, sino llevándola a su mejor entendimiento y aplicación. Además, dijo que si alguno de sus discípulos quebrantaba o infringía el más pequeño de los mandamientos, ellos serían considerados como los más «pequeños» en su reino. Todo el ministerio de Jesús como maestro estuvo dirigido a llegar al corazón de la Tora de Dios por medio de lo que decía y de cómo vivía.

No hay duda de que Jesús cumplió la ley al obedecerla perfectamente. Pero como maestro, él también la «cumplió» al clarificar su significado e ilustrar a las personas acerca de cómo Dios quería que ellos vivieran.

JESÚS, LOS MAESTROS Y LA LEY

¿Cómo se comparan las enseñanzas de Jesús sobre la ley con las enseñanzas de los otros rabinos? Como ya hemos dicho, los decretos rabínicos sobre cómo aplicar la Tora escrita a la vida diaria eran conocidos como la «Tora oral». Esas interpretaciones de la Tora escrita circularon de forma oral durante varios siglos antes que la pusieran por escrito alrededor del año 200 a. C. La Tora oral se desarrolló en respuesta a la necesidad de aplicar la ley en diferentes contextos culturales y circunstancias. Por ejemplo, la Tora escrita prohíbe trabajar en el día de reposo. ¿Pero qué era exactamente trabajar? ¿Y qué significa «santificar el día de reposo»? Las decisiones legales de los rabinos sobre cómo debería ser obedecida la Tora llegaron a ser conocidas como *Halajá*, que puede ser traducido como «la senda por la que uno va». Mediante estas decisiones, los rabinos trataban de mostrar a los creyentes judíos cómo caminar conforme a los mandamientos de Dios.

Un principio importante de interpretación rabínico involucraba «poner una valla alrededor de la Tora»[4]. Los maestros razonaban que sería más fácil para la gente vivir dentro de las leyes de Dios si ellos promulgaban normas

HALAJÁ Y HAGADA
Halajá viene de la palabra hebrea que se traduce «caminar» y se refiere a cómo se aplica la Tora en la vida. Se refiere a las interpretaciones legales de los maestros de la Tora. (Recuerde que «Tora» no se entiende de esta manera, sino como «instrucción» o «enseñanza»). Los rabinos, incluyendo a Jesús, enseñaron el *Halajá* (ética y ley) y el *Hagada* (historias para explicar las Escrituras). (El *Hagada* es también el libro de liturgia que se lee tradicionalmente en el Séder de la Pascua).

que evitaran que las personas se acercaran incluso a quebrantarlas. Por ejemplo, nadie debía echar mano de las herramientas en día de reposo con el fin de evitar que la tentación de trabajar se hiciera tan fuerte que resultara irresistible.

Los rabinos eran como padres preocupados por el deseo de proteger a sus hijos, de forma que para evitar que ellos se fueran a la carretera, levantaban una valla a cien metros de otra valla construida al borde de una autopista muy transitada. Y aunque las intenciones de los maestros eran buenas, esa práctica abrió la puerta para la rigidez y el legalismo, lo que nos ayuda a entender las críticas fuertes que Jesús les dirigió por estas decisiones tan sutiles y minuciosas.

> «¡Ay de ustedes, guías ciegos!, que dicen: "Si alguien jura por el templo, no significa nada; pero si jura por el oro del templo, queda obligado por su juramento." ¡Ciegos insensatos! ¿Qué es más importante: el oro, o el templo que hace sagrado al oro?» (Mateo 23:16-17).

Jesús no estaba hablando en contra de la ley de Dios, sino en contra de esa perversión de la ley, algo sobre lo cual muchos fariseos también hubieran objetado[5].

Contrariamente a lo que creía la gente, los rabinos no estaban enseñando sobre «obras de justicia» que usted necesitara hacer para ganarse su salvación mediante la observancia de la ley. Ellos daban por supuesto que los judíos se salvarían, no por nada que hicieran, sino debido a su elección como pueblo de Dios. La Mishná decía: «Todo Israel tiene parte en el mundo venidero»[6]. Esa es la razón por la que algunos judíos insistían en que los cristianos gentiles se convirtieran al judaísmo y cumplieran con la ley; ellos sentía que *solo* Israel podía ser salvo. Las cartas de Pablo giran en torno a esta controversia.

En varias partes de Mateo 23 encontramos varios «ayes» en contra de los errores de los fariseos. Puede que le sorprenda saber que los rabinos habían elaborado una lista casi idéntica. Su lista incluía a siete tipos de fariseos, cada uno de ellos era caricaturizado como que había caído en un error: legalismo, orgullo, hipocresía y otros así. Solo el último fariseo, que servía a Dios por amor, se salvaba de las críticas. Obviamente, los fariseos no tenían temor en reconocer los defectos en su propio movimiento. Como David Stern señala, Jesús estaba dirigiendo sus críticas a los de «dentro de la familia», con la intención de que sus hermanos judíos vivieran a la altura de su llamamiento, una meta en la que en parte tuvo éxito[7].

Es importante que nos demos cuenta que no todos los fariseos pensaban de la misma manera, del mismo modo que no todos los bautistas, metodistas ni presbiterianos son del mismo parecer. Había, sin embargo, dos grupos predominantes de fariseos durante el tiempo de Jesús: los discípulos de Shammai, conocidos por su tendencia estricta, y los discípulos de en Hillel, conocidos por su indulgencia. Las críticas de Jesús fueron dirigidas con frecuencia contra de las prácticas más estrictas de Shammai[8]. Jesús se puso, no obstante, de su parte al menos en una ocasión cuando le preguntaron cuál era su interpretación sobre el divorcio (Mateo 19:1-9).

Lejos de rechazar las discusiones rabínicas que se arremolinaban a su alrededor, Jesús se involucró activamente en ellas. Él difícilmente podía haber ignorado el debate debido a que las personas siempre andaban solicitando su opinión sobre los asuntos clave de aquel tiempo. Aunque él nunca se asoció estrechamente con los fariseos, reconoció sus decisiones como autoritativas cuando dijo: «Los maestros de la ley y los fariseos tienen la responsabilidad de interpretar a Moisés. Así que ustedes deben obedecerlos y hacer todo lo que les digan. Pero no hagan lo que hacen ellos, porque no practican lo que predican» (Mateo 23:2-3)[9]. En este caso, Jesús no estaba objetando sus decisiones, sino su incapacidad de vivir lo que ellos mismos imponían sobre los demás. Como muchos grupos o movimientos idealistas, los fariseos no eran inmunes a los fallos personales de sus miembros. Jesús debió pensar que los fariseos estaban lo suficiente cerca de la verdad como para querer corregir sus errores. ¿Por qué si no habría él aceptado sus invitaciones a cenar y había participado en los debates?

Regresemos al Sermón del Monte. Imagine por un momento que usted se encuentra entre la multitud sentado en la ladera del monte, por encima de las

LOS FARISEOS
Los fariseos eran uno de los grupos más influyentes en el período del Nuevo Testamento. La mayoría de ellos eran obreros comunes que dedicaban su tiempo libre al estudio y la enseñanza. Ellos estudiaban cuidadosamente la Tora, los cinco primeros libros de las Escrituras, para descubrir cómo vivir más en consonancia con la ley. Fueron los fariseos, no los saduceos, los zelotes ni los esenios, los que determinaron el carácter del judaísmo rabínico después de la destrucción del templo en el año 70 d. C.

relucientes aguas del lago de Galilea. Mientras más escucha, más incómodo se siente. La multitud escucha en silencio, como si todos estuvieran conteniendo la respiración, al oír a Jesús comparar los pensamientos lujuriosos con el adulterio y a la ira con el homicidio. Sus ejemplos están tocando a muchos en fibras sensibles de su ser. Entonces a usted se le ocurre pensar que Jesús está usando el método rabínico de «ponerle una valla» a la Tora al decirle a la multitud que los pecados pequeños llevan a otros mayores, fomentando que usted establezca límites para los pecados grandes evitando a los pequeños.

La idea de vincular los pecados pequeños con los más grandes era una práctica común entre los rabinos. Escuche el comentario rabínico sobre las leyes de Levítico: «Aquel que viola: "Ama a tu prójimo como a ti mismo", al final violará: "No odies a tu hermano en tu corazón", y "No te vengues ni acumules resentimientos", hasta que el final terminará derramando la sangre de la persona»[10]. Los rabinos advirtieron sabiamente que las consecuencias del pecado siempre nos llevan cuesta abajo:

No amar a su prójimo →
    Odiarle en tu corazón →
        Vengarse de él →
            Quitarle la vida a tu prójimo.

Jesús y los rabinos predicaban que el momento oportuno de evitar el pecado es cuando es pequeño, antes de que nos deslicemos más abajo por la pendiente. Como Caín, el pecado está siempre a la puerta de nuestros corazones. Solo se requiere un clic en la computadora para abrir la ventana de la pornografía, y solo unas pocas visitas para hacerse adicto. Un intercambio de insinuaciones con una compañera de trabajo atractiva puede abrir la puerta para una aventura romántica. Los rabinos decían: «Al principio la inclinación al mal es como la red de una araña, y al final es como las cadenas de la esclavitud»[11].

Más tarde los rabinos también predicaron sobre el pecado comparando los pecados pequeños con pecados mayores. Escuche lo que ellos decían acerca del chisme:

«¿A qué es más semejante el chisme, al robo o al homicidio?».

«Al homicidio, porque los que roban siempre pueden devolver lo que han robado, pero los chismosos nunca pueden reparar el daño que han causado».

Para ellos, humillar a alguien públicamente era también como matar, porque el «dolor de la humillación es más amargo que la muerte». Los rabinos llamaban a ese pecado el «blanquear la cara»-, porque cuando el rostro de una persona palidece por la vergüenza es como si la palidez de la muerte se hubiera apoderado de ella. «Por tanto», ellos decían, «uno debería arrojarse a un horno ardiente antes que humillar a alguien en público»[12].

Esos comentarios nos recuerdan exhortaciones tan fuertes como la de cortarse la mano o sacarse un ojo en caso de que le hagan pecar a uno (que encontramos también en el Sermón del Monte, Mateo 5:29-30). Los rabinos conocían el gran daño que podían causar aun los pecados más pequeños. Un poco de chismorreo puede arruinar la reputación de cualquiera. Una respuesta iracunda puede iniciar una guerra. El objetivo de esas exageraciones era el de impresionar a los oyentes para que evitaran el mal a toda costa. Sus fuertes advertencias expresan su angustia por la destrucción que se origina cuando no resistimos la tentación en el momento inicial.

UN MAESTRO DIFERENTE

Como ya hemos señalado, el estilo de enseñanza de Jesús era semejante al de los otros rabinos. Él empleó muchas de las mismas frases idiomáticas y métodos de lógica. Pero había una diferencia esencial.

Imagine una vez más que se encuentra sentado en la ladera de la colina sobre el lago de Galilea. Al concluir Jesús su gran sermón, usted escucha el murmullo entusiasmado de la multitud. Las personas tenían la misma pregunta en la mente: ¿Quién es este extraordinario maestro? Mateo nos resume la respuesta de la multitud al decir: «Cuando Jesús terminó de decir estas cosas, las multitudes se asombraron de su enseñanza, porque les enseñaba como quien tenía autoridad, y no como los maestros de la ley» (Mateo 7:28-29). A diferencia de los demás maestros, este rabino hablaba con gran autoridad, como si conociera la mente de Dios, y esa era la diferencia esencial.

Muchos de los demás rabinos tendían a enfocarse en definir los requisitos mínimos de la ley. Ellos trataban de bosquejar exactamente lo que usted debía hacer o no debía hacer para permanecer dentro de la ley. Este enfoque tiene sentido, puesto que por naturaleza las leyes tienden a definir la menor cosa que usted puede hacer bien y todavía estar dentro de sus límites: no matar, no robar, no trabajar en el día de reposo. Los rabinos carecían de autoridad para decir: «Esto es lo que Dios quería *de verdad* decir cuando nos dijo que guardáramos y santificáramos el día de reposo». ¿Quién podía saber eso, sino Dios mismo? De manera que la estrategia era asegu-

HILLEL Y SHAMMAI
Hillel y Shammai fueron eruditos judíos muy famosos que vivieron poco antes del tiempo de Jesús. Shammai estuvo activo en el siglo I a. C. y fue conocido por su enfoque estricto en la interpretación de las leyes de la Tora. Hillel vivió poco después y estuvo activo entre las fechas 30 a. C. y 10 d. C. Él fue conocido por su suavidad y moderación en la interpretación de la Ley. Los discípulos de su escuela debatieron con frecuencia con los discípulos de Shammai con relación a su estricta interpretación de la ley judía. Esos debates arrojan luz sobre el contexto de los dichos de Jesús.

rar los mínimos, con la esperanza de que el hacer eso llevaría a las personas cada vez más cerca de la santidad.

Mientras que otros se esforzaban por definir los límites, Jesús adoptó el enfoque opuesto. En vez de concentrarse en lo mínimo, se enfocó en lo máximo, hablando acerca de las *metas* supremas de la Tora. Como era el autor de la Tora, solo Jesús podía explicar su verdadera intención. Como los demás rabinos, el objetivo de Jesús fue el de enseñar a sus seguidores cómo cumplir con la voluntad de Dios. Pero él lo hizo llevando a la Tora a su más grandiosa expresión[13].

Caso en estudio: Compare la manera en que Hillel resumió la Tora con la forma en que Jesús la resumió cuarenta años más tarde. Un día, un gentil impaciente le preguntó a Hillel que explicara toda la Tora mientras permanecía sobre un pie. La respuesta de Hillel fue brillante: «Aquello que sea aborrecible para ti, no se lo hagas a tu prójimo. Esta es toda la Tora y el resto son comentarios, ve y apréndelo»[14].

Hillel resumió claramente la Ley. En verdad, ¡usted podría repetir su formulación mientras permanece parado sobre un pie! Aquellos que seguían esta enseñanza podía conseguir un estándar mínimo de conducta que los mantenía seguros de los límites de la Tora.

Pero preste atención a la respuesta de Jesús. Él dijo: «Ama a tu prójimo como a ti mismo». Al cambiar la formulación de Hillel, Jesús nos obliga a fijarnos en lo máximo, apuntando a la meta de seguir la voluntad de Dios[15]. La diferencia entre el enfoque de Hillel y el de Jesús puede parecer sutil, pero es revolucionario. La mayoría de nosotros podemos encontrar que somos capaces de evitar ser odiosos. ¡Pero nos puede resultar bien difícil amar a nuestro prójimo como a nosotros mismos!

Veamos cómo puede esto funcionar en nuestras propias vidas:

Cuando hay una tormenta de nieve...
Hillel dice: Limpia la entrada de tu casa para que nadie resbale y se haga daño.
Jesús dice: Limpia la entrada de tu casa y luego limpia también la de tu vecino.

Cuando su hermana menor toma prestada su ropa…
Hillel dice: No registres su armario.
Jesús dice: Deja abierta la puerta de tu armario
para ver si hay algo más que a ella le gustaría usar.

Cuando está quebrantado financieramente…
Hillel dice: No robes.
Jesús dice: Mira a tu alrededor para ver quién
está peor que tú y encuentra una manera de ayudar.

Cuando alguien le molesta…
Hillel dice: No hables mal de esa persona.
Jesús dice: Encuentra algo amable que puedas
decir de esa persona..

Cuando alguien le fuerza a ir con él una milla…
Hillel dice: Ve con él.
Jesús dice: Ve con él dos millas

EL RETO A IR MÁS ALLÁ

En última instancia, Jesús no está entregando una lista más estricta de reglas y regulaciones, ni tampoco está elevando el nivel para hacer que la vida sea miserable. La intención del Sermón del Monte no es la de hacernos correr más rápido y saltar más alto, sino ayudarnos a redirigir nuestro enfoque. Jesús nos está diciendo: «¡No vivas con el mínimo!». No se diga a sí mismo: mientras que no cometa adulterio, está bien gozar de la lujuria. No diga: mientras que no mate a alguien, me puedo poner furioso con él. Si usted quiere ser parte del reino redentor de Dios en la tierra, no pregunte cuál es el mínimo que tiene que hacer, sino cuánto puede hacer para agradar a su Padre celestial. Al cambiar el blanco al que apuntamos nos liberamos de la carga de prestar atención a las reglas interminables diseñadas para mantenernos lejos de los problemas, de modo que podemos usar nuestra energía para amar a Dios con más pasión.

Imagine por un momento que tiene una cita con alguien que ha admirado por mucho tiempo. Usted quiere que la tarde vaya de verdad muy bien, así que le pide información al hermano pequeño de la señorita. Él le pasa algunas sugerencias para evitar que usted cometa errores y se le arruine la cita:

No propongas ir a un restaurante italiano, porque a ella no le gusta la pasta.

No menciones que te gusta el boxeo, porque ella piensa que es primitivo y brutal.

No lleves pantalones anchos y camisas de talla grande, porque te va a eliminar al instante.

Deja que sea ella la que elija la película.

La lista sigue con otras muchas sugerencias. Usted hace todo lo posible para evitar todas las dificultades, temeroso de ofender a la chica. Pero la tarde es un desastre y no hay que preguntarse por qué. Enfocarse en lo mínimo no ayuda para nada a despertar una relación apasionada. Jesús quiere que busquemos apasionadamente el máximo en nuestra relación con Dios.

Esta idea de «ir más allá de lo mínimo» es en realidad el tema predominante en el Sermón del Monte. Una y otra vez Jesús usa una fórmula para comunicar el mensaje: «Ustedes han oído que se dijo […] Pero yo les digo…».

Ustedes han oído que pueden hacer un juramento en el nombre de Dios, pero yo les digo que sean personas con una integridad tal que su «sí» y su «no» sean tan buenos como un juramento. Ustedes han oído que pueden castigar a las personas en la misma medida en que ustedes han sido heridos o dañados, pero yo les digo que pongan la otra mejilla. Ustedes han oído que tienen que amar a su prójimo y aborrecer a su enemigo, pero yo les digo que amen a sus enemigos. Presten su dinero a la gente, lleven sus cargas, vayan la milla extra. Hagan todo lo que puedan para mostrar que ustedes son como su Padre que está en los cielos.

Nadie puede legislar lo que se puede hacer solo por puro amor. Así pues, ¿qué quiso decir Jesús al exhortar a sus seguidores a que mostraran una «justicia que supere a la de los fariseos y de los maestros de la ley»? (Mateo 5:20). Puede que él no estuviera hablando de superar a ciertos individuos en su observancia de la Ley, sino que fueran «más allá» de lo que los intérpretes oficiales de la Ley decían que se debería hacer. Ese pasaje lo podemos leer como si dijera: «Hagan *más* de lo que el mejor intérprete de la ley dice que se debe hacer».

La idea de ir «más allá del mínimo» se fue aceptando y más tarde los rabinos la definieron mediante un nombre. La llamaron el *hasidut*, que con frecuencia aparece traducido como «piedad». Se refiere a caminar muy cerca de Dios y ser completamente obediente a él. Un *hasid*, o persona piadosa, pregunta con anhelo: «¿Qué más puedo hacer para agradarle?». Un rabino ortodoxo describe la idea de ser un *hasid* como alguien que «no hace solo lo que se le dice, sino que busca maneras de cumplir la voluntad de D-s. Eso requiere inteligencia y planificación; uno debe anticipar lo que D-s quiere que haga y cómo puede usar mejor sus talentos y habilidades para servir a su Creador». Este rabino distingue rápidamente la verdadera piedad de una piedad «fingida», que incluye las exhibiciones de ayuno y oración. La verdadera piedad «es un servicio a D-s responsable, cuidadoso y planeado. No estamos para sacrificarnos por D-s mediante actos autodestructivos de devoción; él nos llama a vivir para él»[16]. (Note que la sustitución de las vocales con un guión en la palabra Dios es por reverencia a su santo nombre, para no usarlo en vano).

LA SALVACIÓN ES SOLO EL PRIMER PASO

El Sermón del Monte no fue una revolución en contra de la Tora, sino una revolución para entender cómo vivir mejor y más profundamente la Tora. Si usted hubiera estado sentado en la ladera de aquella antigua colina, ¿cómo podría haber respondido? Quizá se habría sentido a la vez impugnado y emocionado por lo que había escuchado, al darse cuenta de que Jesús acababa de probar que la Tora era aun más profunda de lo que el gran Hillel había dicho. Parecía que este maestro tenía una notable percepción y entendimiento del corazón y la mente de Dios. Además, él no le estaba exhortando a que se hiciera más estricto que los estrictos, sino que ajustara su vida al carácter de Dios mismo al vivir de una forma que reflejara su gran bondad.

El Sermón del Monte no solo redirige nuestro enfoque en la vida, también nos dice otra cosa: que no debemos vivir como si tuviéramos un boleto de viaje al cielo metido en el bolsillo, como si lo único que tuviéramos que hacer es acomodarnos y disfrutar del viaje. «Aceptar a Cristo» es solo el comienzo, no la meta final. Del mismo modo, el evangelismo es vital, pero también lo es el discipulado. No ir más profundo es arriesgarnos a ser como la semilla que no cae en buena tierra, sino en terreno pedregoso, que crece un poco, pero da poco o nada de fruto. Concentrarnos solamente en el don de Dios gratuito de la salvación es concentrarnos en lo mínimo.

Es emocionante ver a una persona acudir a Cristo, pero eso no es todo. Las personas que no exhiben los frutos de la vida cristiana son como una pareja que sueña con un hijo, pero una vez que el bebé ha nacido están impacientes por que crezca, para poder recuperar su libertad. La paternidad es un proyecto a largo plazo, es un llamamiento de veinticuatro horas al día que con frecuencia le pide que niegue sus propios deseos por amor a su hijo. Usted pone en la tarea todo lo que tiene, incluso aunque sabe que nunca va a ser perfecto. A eso se parece el caminar con Cristo.

HASIDUT

Hasidut es la palabra hebrea que se traduce «piedad». Viene de la palabra hesed, que significa «bondad amorosa». En hebreo, una persona que es piadosa es un hasid (hasidim en plural). Hasídico es un adjetivo que describe a un judío ultra-ortodoxo, y a menudo hace referencia al movimiento judío que empezó en el siglo XVIII, que enfatiza el misticismo y la piedad.

Decirle sí a Cristo es el primer paso para una gran aventura con abundancia de sorpresas y retos a lo largo del camino. Debido a la gracia capacitadora de Cristo, podemos hacer que el amor sea la meta central y la gran realización de nuestras vidas. En última instancia, el amor de Dios es lo que nos libera de la rigidez y del legalismo. Y el Espíritu de Dios es lo que nos capacita para lograr que nuestra vida sea como la de Cristo.

¿A qué sería semejante una vida como esa? Puede parecerse a un millón de cosas diferentes, pero veamos la historia de a qué se parece en la vida de un hombre, un cristiano vietnamita llamado Tong Phuoc Phuc, un contratista-constructor de cuarenta y un años que vive en un país con uno de los índices de aborto más elevado de la tierra. Hace unos pocos años, él decidió comprar una parcela de terreno para enterrar los cuerpos pequeñitos de los niños abortados, cuyas tragedias sentía profundamente. Todos los que supieron de su plan, incluyendo médicos, vecinos e incluso su propia esposa, pensaron que estaba loco. ¿Por qué alguien en su sano juicio estaría dispuesto a gastar sus ahorros en comprar un cementerio? Pero la determinación de Phuc de honrar a esas criaturas que no habían nacido produjo un resultado inesperado. Cuando se extendió la noticia de sus esfuerzos, las mismas mujeres que habían tenido abortos empezaron a visitar el cementerio con el fin de orar y quemar incienso. Quizá se preguntaban cuál era la tumba de sus hijos entre los sietes mil que ya había allí enterrados.

Phuc habló con las mujeres y les instó a que les dijeran a otras mujeres que estaban considerando abortar que hablaran con él primero. Desde entonces él y su familia han dado cobijo a varias mujeres con embarazos no deseados. Hasta ahora, sesenta bebés han nacido y veintisiete han regresado a casa con sus madres. «Voy a continuar con esta tarea hasta el último momento de mi vida», dice él. «Voy a animar a mis hijos a que sigan con esta tarea de ayudar a otras personas que carecen de recursos»[17].

Usted no puede fabricar esa clase de pasión que es tan evidente en la voz de este hombre. Solamente el amor de Cristo puede impulsar a una persona a responder a una necesidad humana con tanta generosidad.

EL AMOR, LA ESENCIA DE LA TORA

Antes y después de Jesús, los rabinos estaban fascinados por la importancia de la pregunta: «¿Cuál es el principio más grande de la Tora?»[18]. Ellos andaban buscando el principio que fuera la encarnación de todos los demás. La respuesta de Hillel —«Aquello que sea odioso para ti, no lo quieras para tu prójimo»— era una de las respuestas. Como unos cien años después de Jesús, el maestro Akiba dijo: «Amarás a tu prójimo como a ti mismo, ese es el gran principio [*clal gadol*] de la Tora».

Más tarde, el Talmud registra una conversación en la que los rabinos usaban pasajes bíblicos claves para resumir los 613 mandamientos de la Ley (como los contaban entonces) en un número cada vez menor de preceptos, para al final terminar con uno[19]. Miqueas, dijeron ellos, redujo la ley a tres cosas: «Practicar la justicia, amar la misericordia, y humillarte ante tu Dios» (Miqueas 6:8);

Isaías los redujo a dos: «Observen el derecho y practiquen la justicia» (Isaías 56:1); y finalmente, Amós y Habacuc lo redujeron a uno: «Busquen al Señor y vivirán» (Amós 5:6), o «El justo vivirá por su fe» (Habacuc 2:4).

Escuchar estas conversaciones nos dice que cuando le preguntaron a Jesús: «¿Cuál es el mandamiento más importante de la ley?» (Mateo 22:36), se las tenía que ver con la pregunta más inquietante de su tiempo: ¿Cuál es el principio fundamental de la Tora? Su respuesta no fue citar un solo pasaje de las Escrituras, sino dos, empezando con la *Shemá*: «Ama al Señor tu Dios con todo tu corazón y con toda tu alma y con todas tus fuerzas» (Deuteronomio 6:5). Luego citó Levítico 19:18: «No seas vengativo con tu prójimo, ni le guardes rencor. Ama a tu prójimo como a ti mismo. Yo soy el Señor».

> **LA SHEMÁ**
> Orar la *Shemá* es dedicarse a sí mismo por completo a un Dios amoroso y obedecer sus leyes. *Shemá* es la palabra hebrea con la que comienza este famoso pasaje de Deuteronomio: «Escucha, Israel: El Señor nuestro Dios es el único Señor». *Shemá* significa «escuchar», pero implica acción, y también significa «prestar atención» y «obedecer». La *Shemá* completa está formada por tres pasajes bíblicos: Deuteronomio 6:4-9; 11:13; y Números 15:37-41.

¿Por qué dos mandamientos y no uno solo. Jesús se comportaba como un judío típico al poner juntas dos verdades en oposición una con la otra. ¿Recuerda a Tevye, en la película *El violinista sobre el tejado*, que acostumbraba a decir: «por un lado […] pero por el otro lado»? En su libro, *The Gospel according to Moses: What My Jewish Friends Taught Me about Jesus*, el novelista cristiano Athol Dickson nos dice cómo los dos son esenciales:

> Si yo trato de amar a Dios con todo mi corazón y alma y mente con la exclusión de todo lo demás, excluyo el amor a mi prójimo y me arriesgo a verle como una distracción, como una *cosa* que interfiere con mi devoción a Dios. Este es el error de los ermitaños piadosos y de aquellos que prefieren iglesias y sinagogas antes que las cocinas populares. Pero si yo concentro toda mi atención en amar a mi prójimo como a mí mismo y me olvido de amar a Dios, encuentro que es imposible

mantener ese amor fraternal, porque ya no estoy conectado con la fuente del amor mismo. Este es el error de los humanistas seculares. El verdadero amor debe fluir de Dios por medio de mí hacia otra persona [...] Así, pues, ¿«ama al Señor tu Dios» es el más grande de los mandamientos o es «ama a tu prójimo»? La respuesta es «sí». Y «sí»[20].

Hace varios años, Ann fue parte de un grupo cristiano que se escindió en dos. Como la mayoría de tales escisiones, esta fue confusa, dañina y prolongada. Las acusaciones volaron por el aire como nubes de mosquitos en verano. A veces resultaba difícil saber a quién o qué creer, especialmente cuando las personas que ella admiraba empezaron a actuar como políticos anónimos que competían por cargos. Todo el asunto fue deprimente y desconcertante. Se sintió rodeada de una nube de confusión.

Entonces, en medio de todo eso, ella recordó algo vital. Las palabras aparecieron en su mente como un mensaje de Dios: *Solo acuérdate de los dos grandes mandamientos. Eso es todo lo que necesitas.* Esas simples palabras pusieron todo en una luz diferente, e hicieron que la niebla desapareciera. Al trazar su rumbo a través de ese tiempo tan difícil, ella supo que sus principios directivos tenía que ser: Ama a Dios y ama a tu prójimo. Piense en eso: los dos mandamientos que Jesús eligió pueden ayudarnos a navegar por medio de cualquier disputa. En dondequiera que estemos y sea lo que sea que enfrentemos —en el hogar, la iglesia o en el puesto de trabajo— podemos confiar en el consejo del más grande de los maestros.

Jesús estaba diciendo que el amor era la mejor interpretación de las leyes de la Tora, era el resumen supremo de todo lo que Dios había enseñado en las Escrituras. En la jerga rabínica, usted podría incluso decir que «el amor cumple la ley». De hecho, Pablo dice exactamente eso: «En efecto, *toda la ley se resume* en un solo mandamiento: "Ama a tu prójimo como a ti mismo" (Gálatas 5:14, cursivas añadidas). No solo el amor es la mejor interpretación de la Ley, Pablo dice que amar a su prójimo es la forma suprema de vivirla.

No tengan deudas pendientes con nadie, a no ser la de amarse unos a otros. De hecho, quien ama al prójimo *ha cumplido la ley*. Porque los mandamientos que dicen: «No cometas adulterio», «No mates», «No robes», «No codicies», y todos los demás mandamientos, se resumen en este precepto: «Ama a tu prójimo como a ti mismo». El amor no perjudica al prójimo. Así que *el amor es el cumplimiento de la ley* (Romanos 13:8-10, cursivas añadidas).

Pablo llevó el mensaje de Jesús por todo el mundo, y nos dice que cuando amamos a nuestro prójimo, estamos de verdad cumpliendo con el propósito de cada uno de los mandamientos. Hemos hecho lo que Dios nos ha pedido.

A fin de cuentas, para los gentiles y los judíos, el amor a Dios y el amor al prójimo es lo que cumple con la Tora. Como nos lo dice Juan elocuentemente:

En esto consiste el amor: no en que nosotros hayamos amado a Dios, sino en que él nos amó y envió a su Hijo para que fuera ofrecido como sacrificio por el perdón de nuestros pecados. Queridos hermanos, ya que Dios nos ha amado así, también nosotros debemos amarnos los unos a los otros. Nadie ha visto jamás a Dios, pero si nos amamos los unos a los otros, Dios permanece entre nosotros, y entre nosotros su amor se ha manifestado plenamente (1 Juan 4:10-12).

A LOS PIES DEL MAESTRO

1. Lea el Sermón del Monte en Mateo 5—7. Trate de imaginar que usted se encuentra sentado en el escenario en el que fue predicado. Imagine que está sentado en la ladera de la colina que se eleva al lado del lago de Galilea, escuchando atentamente a lo que Jesús está diciendo. ¿Cuáles son sus preguntas? ¿Cuál es su oración? Deje que el Espíritu Santo llene su corazón con las palabras de este extraordinario maestro.

2. ¿Qué tentaciones tiende usted a considerar pequeñas y sin importancia? Escríbalas y pídale al Señor que le ayude a ver adónde pueden llevarle. Luego pídale la sabiduría y el poder para eliminar cada una de ellas de su vida.

3. El rabino Joseph Telushkin cuenta de un hombre rico que maldecía con frecuencia. En un esfuerzo para eliminar este mal hábito, él hizo un acuerdo con su rabino, prometiendo donar 180 dólares para una causa judía cada vez que maldijera. ¿Qué le parece hacer un trato semejante con un amigo suyo de confianza, prometiendo multarse a sí mismo siempre que pierda el control de su temperamento? «Si usted piensa que esta técnica es muy cara para su gusto», dice Telushkin, «no haga nada para controlar su temperamento. En unos pocos años, este curso de acción no le habrá costado a usted un centavo, pero puede que le haya costado sus amigos, su cónyuge, y su relación con sus hijos»[21].

CAPÍTULO 13

EL MISTERIOSO REINO DE DIOS

Hagamos que su nombre sea glorificado
y santificado en todo el
universo que él ha creado conforme a su
propósito. Quiera él traernos
el establecimiento de su reino durante el
tiempo de nuestra vida, en nuestros días,
y en el tiempo de toda la casa de Israel,
rápidamente y pronto[1].
Del *Kaddish*, una antigua oración judía

Sentada en el asiento trasero de la camioneta de su familia, Lois acostumbraba a pasar el tiempo, en los viajes de cuatro horas a través de los montes boscosos de Wisconsin para llegar a la cabaña familiar, jugando a «Veinte preguntas». ¿Es animal, vegetal o mineral? ¿Es más grande que un paquete de naipes, más pequeño que un elefante, más grande que un cerdo hormiguero? Con cada respuesta de sí o no iba creciendo su confianza. Podía sentir que iba afinando la puntería sobre el misterioso objeto. Pero de vez en cuando, en el instante en que estaba a punto de aclarar el misterio, un sorprendente «sí» o «no» la llevaba de regreso al primer escalón y se daba cuenta que se había estado dirigiendo por el camino equivocado.

A veces tenemos la impresión de que Jesús estaba jugando con sus discípulos a algo parecido a las «Veinte preguntas» para pasar las horas, en sus largas caminatas de pueblo en pueblo, hablando de su reino misterioso.

Es como una semilla de mostaza.

Es como la red de un pescador.

Es como un agricultor que tiene su campo lleno de hierbas.

Jesús parecía estar siempre dándoles pistas más bien que proveerles a sus discípulos una definición clara. Al leerlas, puede que usted se pregunte si no habrá una clave, algo simple que nos ayude a entender lo que Jesús estaba diciendo. Quizá usted ha oído sermones en los que se ha dicho: «El reino es la iglesia» o «Es el cielo» o «Es el reino de Cristo cuando él regrese», o «Ya está aquí pero todavía no». Pero entonces nos encontramos con otra de las parábolas de Jesús que no tiene sentido a la luz de la última hipótesis, como pasa en las «Veinte preguntas».

Sinceramente, muchos de los dichos de Jesús acerca del reino han llevado a los cristianos a rascarse la cabeza a los largo de los siglos. ¿Qué significa «recibir» el reino, o qué significa que el reino viene a vosotros? ¿Es el reino algo real en este momento, o es algo futuro, o ambos? ¿Por qué es importante?

Podemos decir que algunas interpretaciones del reino han causado considerable ansiedad entre los cristianos. Philip Yancey, el reconocido autor evangélico, cuenta en su libro *El Jesús que nunca conocí* acerca de la conferencia profética anual a la que él asistía durante su niñez en su iglesia, y en la que venerables ancianos de pelo canoso se levantaban a predicar sobre los últimos tiempos. Yancey escribe:

> Yo escuchaba con temor y fascinación cómo ellos trazaban una línea recta hacia el sur desde Moscú a Jerusalén y esbozaban el movimiento de un fuerte ejército de un millón de hombres que pronto convergería en Israel. Aprendí que los diez miembros del Mercado Común Europeo habían cumplido no hacía mucho la profecía de Daniel sobre la bestia de diez cuernos. Muy pronto todos llevaríamos un número en nuestra frente, que era la marca de la bestia, y quedaríamos anotados en una computadora en un lugar de Bélgica. Empezaría la guerra nuclear y nuestro planeta se vería al borde de la aniquilación, hasta el último segundo en que Jesús mismo regresaría a la tierra para capitanear el ejército de los justos[2].

Philip estudió en la escuela secundaria unos cursos de chino y su hermano de ruso con el fin de poder comunicarse con cualquiera de los ejércitos que los invadiera. En los años que siguieron a esas conferencias, su perspectiva sobre el reino cambió profundamente al darse cuenta de que «Dios no está obrando primariamente a través de naciones, sino por medio de un reino que trasciende a todas las naciones»[3].

Leer todo lo que Jesús tiene para decir sobre el reino no nos ayuda siempre a aclarar las cosas. Veamos este bien conocido pasaje: «Le resulta más fácil a un camello pasar por el ojo de una aguja, que a un rico entrar en el reino de Dios» (Marcos 10:25). Si Jesús está definiendo los requisitos de entrada al reino, resulta difícil ver cómo los ricos pueden jamás salvarse. Dado que la mayoría de las personas en el mundo desarrollado serían consideradas «ricas» comparadas con el resto del mundo, parece ser que todos nos encaminamos hacia una eternidad bien caliente e incómoda. ¿Pero es eso lo que Jesús está diciendo?

Hablar sobre reyes y reinos puede parecer con frecuencia algo irrelevante y arcaico, pues nos traen a la memoria imágenes de autócratas y dictadores o los cuentos de hadas que leíamos en la niñez. ¿Por qué no podemos contentarnos con pensar en Dios como el amoroso Padre celestial o como un buen amigo? Porque, aunque la frase «reino de Dios» nos puede sonar anticuada, era de suprema importancia para Jesús. En realidad era el meollo de su misión, la razón por la que había venido a la tierra.

Los lectores modernos encuentran confusas las palabras de Jesús porque hablar sobre el reino es algo demasiado *judío*. De hecho, Jesús no fue el único que habló acerca del reino. Había una gran discusión sobre el tema por todas partes. Como no tenemos acceso a lo que se estaba diciendo, somos como aquel que solo escucha una parte de la conversación telefónica que dos están sosteniendo y trata de completar el rompecabezas usando su imaginación. Ponernos en sintonía con esta conversación judía de dos mil años de antigüedad nos proporcionará mucha claridad. Puede que incluso transforme nuestro entendimiento del ministerio de Jesús y de la naturaleza y el carácter de Dios mismo.

Vamos a examinar de nuevo los dichos sobre el reino usando los oídos de los judíos del siglo I. Al hacerlo, empezaremos a unir los puntos, y nos daremos cuenta que Jesús estaba usando algunas ideas judías y rechazando otras. También veremos por qué estaba él tan entusiasmado al comunicar su mensaje. Al unirnos a la conversación, puede incluso que nos demos cuenta que nos habla también a nosotros hoy.

ECHEMOS OTRO VISTAZO A LAS PALABRAS

Primero, veamos las palabras mismas. Los Evangelios usan dos frases diferentes: El «reino de los cielos» y el «reino de Dios». «Reino de los cielos» es la expresión que se usa más en el Evangelio de Mateo, mientras que «reino de Dios» se emplea más en los Evangelios de Marcos, Lucas y Juan. ¿Por qué esa diferencia? Porque en el tiempo de Jesús, e incluso ahora, los judíos muestran su reverencia por el nombre de Dios y no lo pronuncian. En su lugar, lo sustituyen respetuosamente por eufemismos como «cielos»[4].

Jesús lo hizo también. Por ejemplo, en su parábola sobre el hijo pródigo, el hijo dice: «Papá, he pecado contra el cielo y contra ti» (Lucas 15:21). Hacemos lo mismos cuando decimos: «cielo santo» o el «cielo lo vea». Al usar «reino de los cielos» el Evangelio de Mateo estaba usando la expresión cultural correcta. El resto de los escritores de los Evangelios escriben «reino de Dios» con el fin de comunicarse con más claridad con los lectores de cultura griega, que no habrían entendido que «cielo» significaba «Dios»[5].

Pero todavía podemos aprender mucho más si vamos más allá de las traducciones y examinamos la frase que Jesús probablemente usó: *malkhut shamayim*, una frase idiomática propia de la enseñanza rabínica de aquel tiempo[6]. *Malkhut*, que se traduce como «reino», suena como un lugar o alguna forma de gobierno. Pero en realidad se refiere a un antiguo sentido de la palabra para describir las acciones y dominio de un rey: su reinado y autoridad, y a todos los que estaban bajo su autoridad. *Shamayim* es la palabra hebrea que se traduce «firmamento» o «cielo». «Cielos», en el «reino de los cielos», siempre se refiere a Dios, no a un lugar.

En otras palabras, una forma simple de traducir «reino de Dios» o «reino de los cielos» sería *reinado de Dios*, o *cómo reina Dios*, o *aquellos sobre los que Dios reina*. Esta frase hebrea es rica, es una expresión multifacética que los maestros usaban en formas que podemos encontrar sorprendentes, aun cuando muchas de sus ideas eran semejantes a lo que Jesús mismo enseñó acerca del reino.

Nos ayuda mucho darnos cuenta que los rabinos usaron esta frase idiomática de varias formas diferentes, como Jesús lo hizo[7]. En ocasiones, Jesús estuvo de acuerdo y usó ideas que ya estaban en circulación. Otras veces se mostró en desacuerdo con las ideas prevalecientes. En esos momentos, sus parábolas y dichos acerca del reino debieron sorprender e incluso aturdir a los oyentes judíos, orientadas como estaban a redirigir y ampliar su pensamiento.

Aunque el pueblo judío creía que Dios iba a redimir el mundo llevándolo a vivir en su reino, la mayoría de ellos no entendía qué clase de Rey sería él. Esa era la esencia del mensaje de Jesús: explicar que Dios era un rey completamente diferente de los reyes que ellos habían tenido o que podían imaginarse y que su Mesías era también diferente.

VENGA TU REINO

Una de las frases más familiares del Padrenuestro es: «Venga tu reino». ¿Pero qué quiso decir Jesús con eso? Puede que usted se sorprenda al saber que los judíos han estado orando de una manera semejante durante miles de años. Escuche las palabras de *Aleu,* una oración antigua que todavía está hoy en los labios judíos:

> Por tanto, te esperamos pronto, oh Señor nuestro Dios, para contemplar tu gloria, cuando tú quitarás las abominaciones de la tierra y los ídolos serán exterminados; cuando el mundo será regenerado por el reino del Todopoderoso, y toda la humanidad invocará tu nombre; cuando todos los impíos de la tierra regresarán a ti. Entonces todos los habitantes de la tierra percibirán y confesarán que ante ti se doblará toda rodilla y toda lengua confesará [...] De modo que ellos aceptarán el yugo de tu reino, y tú reinarás sobre ellos completamente y para siempre. Porque tuyo es el reino, y tú reinarás por toda la eternidad en gloria, como está escrito en la Tora: «El Señor reinará por siempre jamás». Y también se dice: «Y el Señor será Rey sobre

toda la tierra; en aquel día el Señor será Uno y su nombre será Uno»[8].

Aun cuando los antiguo judíos creían que Dios ya reinaba sobre ellos, oraban pidiendo que un día todo el mundo conociera y honrara a Dios. Ellos querían que toda nación sobre la tierra se arrepintiera y adorara al Dios verdadero del cielo.

Eso nos puede ayudar a entender la oración modelo de Jesús (el Padrenuestro). Para muchos de nosotros la frase «Venga tu reino» suena como si se tratara de la segunda venida de Cristo. Pero el *Aleu* nos muestra de lo que se trata en realidad: de que todo el mundo llegue a adorar a Dios. Así, pues, las tres primeras líneas del Padrenuestro expresan nuestro deseo de que Dios extienda su reinado amoroso, llevando a todas las personas a una relación con él para que puedan reverenciarle y hacer su voluntad. En efecto, estamos orando para que el evangelio siga adelante. En vez de estar esperando pasivamente el regreso de Cristo, le estamos pidiendo a Dios que nos ayude a hacer discípulos de todas las naciones.

No obstante, la oración de Jesús como otras muchas oraciones judías apunta a una diferencia entre el reinado ideal de Dios y la forma en que él en realidad reina en el presente. Parecen estar diciendo que Dios todavía no es el rey del mundo. Por supuesto, como Creador él es en última instancia el supremo soberano. Pero en el pensamiento rabínico, el mal todavía llena la tierra porque el mundo ha rehusado reconocer que Dios es el rey verdadero.

EL REINO ESTÁ AQUÍ

Con todo, Jesús afirma que el reinado de Dios ha llegado definitivamente a la tierra en su ministerio. Jesús sanó o echó demonios y luego declaró que «el reino de Dios ya está cerca de ustedes» (Lucas 10:9). Esta forma de hablar del reino de Dios era exclusiva de Jesús y era esencial en su mensaje[9].

Puede que una cosa le confunda un poco: la palabra «cerca» puede inducirle a error, porque suena como si Jesús estuviera diciendo a sus amigos que el reino está «a la mano, pero no del todo». Pero es probable que Jesús estuviera usando la palabra hebrea *karav*, que significa íntimamente cerca. El profeta Isaías, por ejemplo, «estuvo cerca» (*karav*) de su esposa en Isaías 8:3, y ella concibió un hijo. ¿Cuánto más cerca podía haber estado el profeta para conseguir eso?

Para expresar la idea de otra manera, algunos de los amigos daneses de Lois acostumbraban a escribirle e invitarla cordialmente a «ir y estar junto a ellos». Suena como si quisieran que ella tomara un vuelo hasta Dinamarca y montara una tienda en el jardín de la casa. Por el contrario, lo que de verdad querían sus amigos es que ella estuviera con ellos dentro de su casa. En una forma semejante, los matices del lenguaje pueden hacer creer que Jesús estaba hablando del reinado de Dios como «sí, pero todavía no», cuando él en realidad estaba declarando que se estaba manifestando en la tierra por medio de su ministerio.

¿Pero qué es lo que exactamente significa que el «reino» de Dios ha llegado en el ministerio de Jesús? Quiere decir que por medio de Jesús, Dios ha revelado su soberanía. Él estaba entrando en la historia y tomando su dirección, derrotando a los dioses de este mundo por medio de la vida, muerte y resurrección de su Hijo.

Cada semana, en su liturgia sabática, los judíos recuerdan la maravillosa redención de Israel de Egipto mediante estas palabras: «Tu pueblo vio tu reino cuando atravesó el mar delante de Moisés». Mediante esto, ellos están diciendo que cuando las aguas del mar Rojo se separaron, el poder de Dios actuó sobre la creación en una forma asombrosa. Fue como si una mano gigantesca saliera de entre las nubes y separara las aguas, permitiendo que el pueblo de Dios caminara en seco mientras sus enemigos fueron tragados por las olas. Al ejecutar ese grandioso milagro de liberación, Dios le estaba mostrando a su pueblo (y a sus enemigos) quién tenía de verdad el control del universo[10].

Del mismo modo, cuando Jesús caminaba por la tierra sanando y liberando a las personas, el reino de Dios estaba entrando de manera visible en la historia humana, como sucedió en el Éxodo. Pero ahora el reinado de Dios se estaba dando a conocer de una forma muy superior a nunca antes, porque las personas estaban experimentado su amor salvador y redentor.

Después de un impresionante incidente de liberación, los oponentes de Jesús le acusaron de usar poderes demoníacos para echar fuera a los demonios. Preste mucha atención a su respuesta: «Mas si por el *dedo de Dios* echo yo fuera los demonios, ciertamente el reino de Dios ha llegado a vosotros» (Lucas 11:20, RVR 60, cursivas añadidas). Jesús estaba haciendo una referencia nada sutil al Éxodo, a la escena en la que los magos egipcios, después de ser testigos del poder de Dios en las plagas, exclaman: «Dedo de Dios es éste» (Éxodo 8:19, RVR 60). Es en este momento que los asalariados del faraón se dan cuenta de que han sido derrotados. El poder de Dios es muy superior a todas las fuerzas demoníacas que ellos habían invocado. De la misma forma, Jesús está diciendo que ahora es el momento en que las personas deben darse cuenta que su poder sobre las fuerzas demoníacas revela su autoridad espiritual[11].

Los cristianos ya han invadido las playas del reino de Satanás e iniciado su gran derrota. Jesús está tomando a sus prisioneros y liberándoles de su influencia. No nos asombra que las palabras de Jesús resultaran tan asombrosas para sus acusadores.

Volvamos por un momento a la escena del mar Rojo. Imagine la enorme multitud de personas que empezaban a sentir pánico al darse cuenta de la situación en la que estaban metidas. Estaban atrapadas entre el ejército del Faraón que avanzaba y las olas del mar Rojo. Al no tener manera de escapar, sabían que serían aniquilados. De repente todo cambia. Los aparentes ganadores terminan siendo los perdedores. En un momento impresionante se abre la cortina y todos pueden ver quién está de verdad sentado en el trono.

Algo parecido nos puede suceder, aunque en una escala menor. Por un tiempo nos podemos sentir amenazados por alguna clase de tinieblas, y la vida parece quedar sumida en un torbellino sin control. Entonces algo sucede que nos demuestra que Dios está con nosotros. Ann recuerda haber tenido esa sensación cuando por fin su padre dejó de beber, después de vivir la mayor parte de su vida hecho un alcohólico. «Junto con otros miembros de la familia», dice ella, «le había suplicado a Dios que le ayudara. Si tan solo Dios quisiera revelarse a él en alguna forma inequívoca. Si le diera a mi padre el deseo de dejar de beber. Pero mientras más oraba, peor se ponía él, hasta el punto de que por poco se muere a causa del alcoholismo. Entonces, cuando era casi demasiado tarde, algo notable sucedió y mi padre dejó de beber. En los años que siguieron, al ver una vida arruinada que se recuperaba por la gracia divina, supe quién de verdad tenía el control del universo».

EL MESÍAS Y EL REINO

¿Por qué Jesús estaba tan concentrado en proclamar que el reino de Dios había llegado a la tierra, y por qué lo vinculó con su ministerio de sanidad física y de liberación espiritual? Jesús lo hizo porque *todos esperaban que el Mesías trajera el reino de Dios a la tierra*.

Es notable que algunos teólogos no se dieran cuenta de esto y sacaran la conclusión errónea de que Jesús nunca afirmó ser el Mesías. Pero los oyentes de Jesús sí que reconocieron inmediatamente lo que él estaba diciendo, que estaba haciendo la asombrosa afirmación de que él era el cumplimiento de las grandes promesas de Dios. Jesús empleó una forma judía de decir que él era el Cristo, el Rey Ungido que Dios había prometido[12].

Desde el principio en Génesis, Dios había prometido ungir a un rey del pueblo de Israel que reinaría sobre todo el mundo (ver Génesis 49:10). Observe este bello pasaje mesiánico de parte del profeta Isaías:

> Porque nos ha nacido un niño,
> se nos ha concedido un hijo;
> la soberanía reposará sobre sus hombros,
> y se le darán estos nombres:
> Consejero admirable, Dios fuerte,
> Padre eterno, Príncipe de paz.
> Se extenderán su soberanía y su paz,
> y no tendrán fin.
> Gobernará sobre el trono de David
> y sobre su reino,
> para establecerlo y sostenerlo
> con justicia y rectitud
> desde ahora y para siempre.
> Esto lo llevará a cabo
> el celo del Señor Todopoderoso (Isaías 9:6-7).

Jesús es todas las cosas que Isaías profetizó, aunque él todavía no está reinando en todo el esplendor de su gloria. Aunque es el Dios Todopoderoso, los Evangelios nos lo presentan como el humilde Príncipe de Paz. Pero un día él se manifestará como el Rey de reyes y Señor de señores.

¿Cómo puede Jesús traer el reinado de Dios a la tierra y, no obstante, hablar a la vez como que vendrá en el futuro? Vea cómo lo explica Charles Colson:

> Probablemente el evento más significativo en Europa durante la Segunda Guerra Mundial fue el llamado Día D, el 6 de junio de 1944, en que las fuerzas aliadas desembarcaron en las playas de Normandía. Ese ataque garantizó que al fin pudieran ser derrotados los ejércitos del Eje en Europa. Aunque la guerra continuó con algunas incertidumbres a lo largo del camino, el resultado final ya estaba determinado. Pero no fue sino el 8 de mayo de 1945 que los resultados de las fuerzas puestas en movimiento se vieron realizados.

Colson sigue escribiendo:

> La muerte y resurrección de Cristo —el Día D de la historia humana— aseguró su victoria final. Pero estamos todavía en las playas. El enemigo todavía no ha sido derrotado, y la lucha todavía es feroz. La invasión de Cristo ha asegurado el resultado final, sin embargo, la victoria de Dios y de su pueblo están aun en el futuro. La segunda parte, que tendrá lugar cuando Cristo vuelva, completará el reinado de Dios sobre todo el universo; su reino se verá entonces sin ninguna imperfección[13].

UNA CLASE DIFERENTE DE REINO

Una detrás de la otra, Jesús cumplió las promesas del Antiguo Testamento acerca del Mesías. ¿Por qué, entonces, no todos le reconocieron inmediatamente como tal? Parte de la razón está en que Jesús no estuvo de acuerdo con sus contemporáneos en varios aspectos significativos. Los zelotes y los esenios esperaban que el Mesías fuera un conquistador militar que estableciera rápidamente el reino de Dios en la tierra. Ellos esperaban un rey poderoso que no solo derrotaría a los enemigos de Israel, sino que también destruiría a los pecadores de dentro de la misma nación. Incluso los discípulos de Jesús estaban convencidos de que su meta era derrotar a los enemigos de Israel. Después de su resurrección, le preguntaron: «Señor, ¿es ahora cuando vas a restablecer el reino a Israel?» (Hechos 1:6).

No es difícil entender que el pueblo anhelara que el juicio de Dios cayera sobre sus enemigos. Los fieles judíos encontraban muchos pasajes en sus Escrituras acerca del gran y terrible «día del Señor», un día en el que él vendría a juzgar a sus enemigos[14]. Ellos anhelaban aquel día como todo pueblo oprimido puede hacerlo. Había, por supuesto, indicaciones en las profecías de un «siervo sufriente» y de un «Príncipe de paz», pero la imagen que captó su imaginación y encendió sus esperanzas fue la de un rey poderoso que vendría a juzgar a los malvados y a derrotar a los enemigos de Israel.

Bajo el gobierno de Herodes, la crucifixión y la tortura eran prácticas comunes y los impuestos eran muy gravosos. Los únicos judíos que prosperaban eran los recaudadores de impuestos y los sacerdotes corrompidos, que se habían vendido por completo a los romanos. James Carroll, el autor de *Constantine's Sword* [*La espada de Constantino*], describe al Imperio Romano como «el primer régimen totalitario mundial», y afirma que «Jesús y su movimiento surgieron a la sombra de lo que podemos calificar como la violencia más grande contra los judíos hasta el intento de Hitler en la Solución Final»[15].

LOS ESENIOS
Los esenios eran un grupo ascético que existió durante el tiempo de Cristo. Algunos se retiraron al desierto de Judea, donde vivieron con gran pureza ceremonial. Muchos de sus escritos del primer siglo fueron descubiertos entre los Rollos del Mar Muerto. Algunos creen posible que Juan el Bautista estuviera asociado con una comunidad esenia.

En su angustia, muchos judíos anhelaban que Dios estableciera un reino de justicia mediante la purificación de su nación de la corrupción y para su liberación de la opresión romana. El mensaje de Jesús debió ofender a muchos de sus oyentes; debió ser muy duro para ellos escuchar que solo abandonando el deseo de venganza entrarían en el verdadero reino de Dios. No nos asombra que muchos dejaran de seguirle.

No debemos, sin embargo, cometer el error de suponer que todos los judíos pensaban de esa forma. El deseo de que el juicio de Dios llegara era característico de los zelotes y esenios, que deseaban la guerra. Las enseñanzas de los fariseos y de los maestros posteriores acerca del reino de Dios parecían tener la intención de refutar aquellas ideas[16]. Como Jesús, ellos veían el reinado de Dios como algo de aquí y ahora, y no obstante venidero en el futuro. Pero ellos decían que el Mesías solo llegaría cuando Israel viviera conforme a la ley de Dios. Jesús usó sus ideas y edificó sobre ellas, y también dijo algo nuevo: que el reinado de Dios *había* llegado por medio de su ministerio de sanidad y de su obra expiatoria en la cruz[17].

LA ENSEÑANZA DE JESÚS ACERCA DEL REINO

Incluso Juan el Bautista se hizo eco del entendimiento de que el Mesías traería juicio cuando dijo: «Es más, el hacha ya está puesta a la raíz de los árboles, y todo árbol que no produzca buen fruto será cortado y arrojado al fuego» (Lucas 3:9). Juan estaba diciendo que el hacha ya no estaba ociosa en el taller; ya empezaba a actuar y cuidado con la persona que no había estado viviendo para Dios. Juan habló de Cristo como viniendo con «fuego» para destruir a los malvados.

Aparentemente, Jesús sorprendió a Juan por no aparecer en la manera que él y otros habían anticipado. De hecho, algunas de las parábolas de Jesús parece que tienen la intención de redirigir estas expectativas. Jesús contó una parábola en particular que parece responder a las palabras proféticas de Juan. Mientras que Juan habló de un hacha lista para cortar todos los árboles infructíferos, Jesús dijo esto:

> Entonces les contó esta parábola: «Un hombre tenía una higuera plantada en su viñedo, pero cuando fue a buscar fruto en ella, no encontró nada. Así que le dijo al viñador: "Mira, ya hace tres años que vengo a buscar fruto en esta higuera, y no he encontrado nada. ¡Córtala! ¿Para qué ha de ocupar terreno?" "Señor —le contestó el viñador—, déjala todavía por un año más, para que yo

pueda cavar a su alrededor y echarle abono. Así tal vez
en adelante dé fruto; si no, córtela" (Lucas 13:6-9).

Como Juan, Jesús describió a un árbol que estaba amenazado
de juicio. Pero a diferencia del árbol de Juan, aquel del cual Jesús
hablaba no sería cortado inmediatamente, sino que le darían otra
oportunidad. El juicio no vendría entonces, sino más tarde. Otras
parábolas de Jesús sobre el reino tienen un tema similar, acerca del
reino que crece y prospera, y el juicio que viene al final[18].

El ver la diferencia en cómo Juan y Jesús entendieron el orden
de cosas de Dios nos revela por qué Juan envió a sus discípulos a
preguntar: «¿Eres tú el que ha de venir, o debemos esperar a otro?»
(Mateo 11:3). Jesús respondió citando un versículo bíblico tras
otro para confirmarle a Juan que él era el esperado, pero que estaba
llevando a cabo la misión de Dios de una forma muy diferente a lo
que Juan había imaginado.

¿Estaba, entonces, Juan equivocado en cuanto a Jesús? No, en
lo absoluto. Su idea del tiempo era prematura, como ocurría con
los discípulos de Jesús. Juan sabía que Jesús era el Cristo, y que
vendría a juzgar. Pero no sabía cuándo. Jesús confirmó su papel
de juez cuando habló de su segunda venida, diciendo que en ese
momento él separaría a las ovejas de las cabras, juzgando al mundo
para toda la eternidad (Mateo 25:31-46).

TRANSFORMAR NUESTRO CONCEPTO DE DIOS

No solo la enseñanza de Jesús sobre el reino cambió expectativas con respecto al Mesías. También transformó el concepto que
sus seguidores tenían de Dios. En vez de hablar de un Dios lleno de
ira justa dispuesto a aniquilar a la oposición, Jesús reveló a un Dios
compasivo que estaba inclinado a la misericordia. La apelación al
juicio parecería correcta según los estándares humanos, una respuesta lógica al problema del mal. Por supuesto, aquellos que más
estaban esperando el juicio de Dios daban por supuesto que *ellos*
eran los justos que sobrevivirían al juicio.

Jesús estaba en completo desacuerdo con este punto de vista. En
vez de vincular el reinado de Dios con el derrocamiento violento
de los romanos y la destrucción de los pecadores dentro de la na-

ción de Israel, relacionó el reino con su obra de sanidad y perdón. Él edificaría su reino no mediante la destrucción de los impuros, sino mediante el perdón y la expiación de sus pecados en la cruz. De esa forma ganaría un reino de seguidores puros de corazón. Una vez que entendemos el reino que Cristo estaba describiendo, muchos de sus dichos empiezan a caer en su lugar correspondiente. Su reino está compuesto de los «pobres en espíritu», de aquellos que admiten su culpa y piden perdón. «Bienaventurados los misericordioso» porque no quieren que el juicio de Dios descienda sobre otros y ellos mismos reciben misericordia. Aunque el reino de Cristo puede parecer al principio oculto, como una pequeña semilla de mostaza crecerá hasta un tamaño enorme, recibiendo y dando cobijo a toda clase de personas en sus ramas.

Irónicamente, algunos de los judíos más fieles eran los que tenían más dificultades para aceptar a Jesús. Ellos querían un Mesías que ofreciera alivio de sus enemigos, no uno que les expusiera sus propias necesidades de perdón y que entonces demandara que extendieran el perdón a sus opresores. No nos asombra que los «pecadores» —las prostitutas y los recaudadores de impuestos— corrieran a Jesús, atraídos por su mensaje de misericordia.

Sería fácil fijarnos en el mal que todavía desfigura a nuestro mundo y llegar a la conclusión de que Jesús era nada más que un soñador. Pero eso significaría entender mal su estrategia y su misión. En vez de usar el burdo instrumento del juicio, Jesús inauguró su reino con misericordia. Y la misericordia puede tener efectos secundarios, uno de los cuales es que permite que el mal crezca al lado de la bondad. Pero la misericordia es lo que hace posible la más grande las de las victorias: derrotar a los enemigos de Dios no por medio del uso de una fuerza externa, sino mediante el poder interno de la gracia, que transforma nuestros corazones desde dentro. Al final, es la misericordia de Dios la que determina el tiempo para el juicio final.

Escuche lo que los rabinos decían acerca de la relación entre la misericordia y la justicia de Dios: «Más grande es el día de lluvia que la resurrección de los muertos, porque la resurrección de los muertos beneficia solo a los justos, pero la lluvia beneficia a los justos y a los injustos»[19]. Cada día que Dios envía lluvia para suplir de alimentos a las personas que le aborrecen muestra su gran amor por la humanidad. ¡Su misericordia es aún mayor que su justicia!

Jesús les dice a sus seguidores que ellos deben dar a conocer el amor de Dios por los pecadores, y lo hace poniéndoles como ejemplo el don de la lluvia: «Pero yo les digo: Amen a sus enemigos y oren por quienes los persiguen, para que sean hijos de su Padre que está en el cielo. Él hace que salga el sol sobre malos y buenos, y que llueva sobre justos e injustos» (Mateo 5:44-45).

CÓMO ENTRAR EN EL REINO

Pero el reino no es inevitable para cada uno. Debido a que es un rey misericordioso, Jesús extiende una invitación, no un mandamiento. Él nunca forzará a nadie a unirse, pero espera con paciencia a que nos arrepintamos y le sigamos. Cuando Jesús habló sobre recibir el reino (Lucas 18:17) o entrar en el reino de los cielos (Mateo 7:21), no estaba hablando de cómo entrar en el cielo después de morir, como muchos han pensado. Estaba hablando de cómo tener la mejor vida posible. ¿Cómo? Por medio de una vida bajo su reino a través del poder de su gracia. Y, repito, él estaba usando una frase idiomática para comunicar su mensaje.

Uno de los dichos más tempranos y mejor conocidos acerca del «reino de los cielos» es uno que ya comentamos en la *Shemá*, la oración que todo fiel judío repite cada mañana y tarde. Como ya hemos visto, la *Shemá* empieza con Deuteronomio 6:4-5: «Escucha [*Shemá*], Israel: El Señor nuestro Dios es el único Señor. Ama al Señor tu Dios con todo tu corazón y con toda tu alma y con todas tus fuerzas». Los rabinos enseñaron que todo aquel que ora esta oración con un corazón sincero «recibe sobre él el reino de los cielos»[20].

¿Por qué asociaron los rabinos el «reino de los cielos» con esta particular oración? Ellos entendían que las personas que hacían este compromiso diario estaban mentalmente postrándose ante Dios, «entronizándole» como su rey. Esas personas estaban proclamando su fe en Dios y prometiendo vivir bajo su reinado. Hacer ese compromiso no tenía nada que ver con tomar parte en un movimiento político, sino que era una decisión espiritual individual. Esta comprensión encaja perfectamente con las palabras de Jesús: «Dense cuenta de que el reino de Dios está entre ustedes» (Lucas 17:21).

De manera que, para Jesús y los rabinos, «recibir» o «entrar en el reino de los cielos» podía describir el hacer un compromiso personal de amar a Dios con todo su corazón. Los rabinos lo entendieron como adorar a Dios Padre como el rey de uno, pero Jesús lo amplió para que quisiera decir adorar a Dios a la luz de la autoridad que Cristo había recibido para gobernar sobre todo. Esa es la razón por la que Cristo habló de ello como «mi» reino.

No nos asombra que Cristo pasara gran parte de su ministerio proclamando el reino. Para eso vino al mundo: para abrir el camino mediante la expiación de los pecados a fin de que todas las personas pudieran volver a Dios. Se puede decir que entrar en esa relación es como «entrar en el reino de Dios». Usamos un lenguaje semejante cuando hablamos de «aceptar a Cristo como Señor», una frase que capta la idea de entronizar a Cristo como nuestro Rey.

Las enseñanzas de Jesús acerca del reino se hacen mucho más claras cuando entendemos esto. Escuche sus palabras: «Bienaventurados los pobres en espíritu, porque de ellos es el reino de los cielos» (Mateo 5:3). Los «pobres de espíritu» son aquellos que se sienten aplastados por las circunstancias que están más allá de su control, o aquellos que están enfermos y cansados de sus vidas sometidas a su mal juicio. Hambrientos del liderazgo de Dios, ellos aceptan su dirección con humildad, dándose cuenta de la imposibilidad de una vida sin Cristo.

Jesús también declaró que «el que no reciba el reino de Dios como un niño, de ninguna manera entrará en él» (Lucas 18:17). Note que él no dijo que vayamos a recibirlo como adolescentes que prueban los límites y procuran saltarlos. Tampoco como adultos confiados en sí mismos que piensan que lo tienen todo. No, tenemos que tener la actitud del niño pequeño que responde con confianza, dependencia, agrado y un deseo de complacer.

Recuerde lo que Jesús dijo acerca del joven rico que desaprovechó la oportunidad de convertirse en uno de sus discípulos: «¡Qué difícil es para los ricos entrar en el reino de Dios!» (Lucas 18:24). Jesús no estaba hablando sobre lo que el hombre necesitaba hacer para ir al cielo después de morir. Decía que aquel joven y orgulloso líder estaba rehusando aceptar el reinado de Dios sobre su vida en ese momento. Cuán difícil es aceptar la voluntad de Dios sobre la nuestra.

Por supuesto, pertenecer al reino significa prometer obediencia al Rey. Jesús mismo, que no era para nada legalista, dijo: «No todo el que me dice: "Señor, Señor", entrará en el reino de los cielos, sino solo el que hace la voluntad de mi Padre que está en el cielo» (Mateo 7:21)[2]. Una vez más, no estaba hablando de la vida en el cielo después de la muerte. Se estaba refiriendo a entronizar a Dios aquí y ahora, mostrándole nuestro amor haciendo lo que él nos pide.

Muchos anhelamos experimentar a Dios en formas más profundas. Pero nos olvidamos de que la obediencia es la clave para la vitalidad espiritual. Ann tiene una amiga que es la madre de dos muchachos que están en el polo opuesto del espectro de la obediencia. Al mayor le gusta ayudar a su madre siempre que puede, mientras que al más joven hay que llevarlo a rastras, y llorando y pataleando, para que haga la mínima tarea. Esa amiga ama a sus dos hijos, pero reconoce que su hijo pequeño es una fuente constante de frustración. Esta madre entiende bien por qué Jesús dijo una vez: «Si ustedes me aman, obedecerán mis mandamientos» (Juan 14:15). En realidad, ella se ve a sí misma diciendo algo semejante cuando pregunta: «¿Por qué me dices que me amas y no haces lo que te pido que hagas?». Como la mayoría de las madres, ella celebra todos los besos y abrazos que su hijo menor le dedica, pero lo que aprecia más es su obediencia. Lo mismo sucede en nuestra relación con el Señor.

Si usted se reconoce a sí mismo en esta historia, anímese. La desobediencia es un problema, pero también puede ser una oportunidad. Si la desgana ha estado atrofiando su crecimiento, usted puede revertir esos resultados mediante el arrepentimiento y pidiendo a Dios que le ayude a responderle con obediencia y una renovada confianza. Al hacerlo, puede que se vea a sí mismo disfrutando de un crecimiento espiritual sin precedentes al Dios abrir nuevos canales de gracia que fluyan en su vida.

La forma en que entendemos las palabras de Jesús sobre el reino es clave para la clase de vida que viviremos. Si pensamos que el «reino de los cielos» es solo acerca de la segunda venida de Cristo o irnos al cielo cuando fallecemos, nos sentiremos tentados a ser pasivos y sentirnos satisfechos de nosotros mismos. Pero si el reino de Jesús es una realidad viva y dinámica —una realidad que está ahora mismo avanzando firmemente en contra del reino de las tinieblas— esa es una historia diferente. Como seguidores de Cristo, nuestra obediencia es vital porque es un catalizador para la obra del Espíritu, que nos hace más semejantes a Jesús con el fin de que su reino se extienda por la tierra.

El mensaje de Jesús sobre el reino es judío por completo. También es esencial en el evangelio, al revelar a un Dios de compasión y misericordia, que pospone el juicio final hasta que todas las personas posibles puedan ser llevadas al reino de su Hijo.

Después de aprender todo esto acerca de la condición judía de Jesús y de las raíces judías de nuestra fe, parece que es apropiado que nos hagamos algunas preguntas importantes. ¿Cuánto del judaísmo de Jesús debemos aceptar? ¿Qué aspectos pueden enriquecer nuestra fe cristiana, y cuáles debemos rechazar? Además, ¿cómo podemos mantener un buen equilibrio y discernimiento cuando buscamos aprender del judaísmo de Jesús? Examinaremos juntos estas preguntas.

A LOS PIES DEL MAESTRO

1. Trate de orar estas palabras de la *Kaddish* cada día de la semana: «Hagamos que su nombre sea glorificado y santificado en todo el universo que él ha creado conforme a su propósito. Quiera él traernos el establecimiento de su reino durante el tiempo de nuestra vida, en nuestros días, y en el tiempo de toda la casa de Israel, rápidamente y pronto».

2. El Padrenuestro debería sonarle completamente diferente a la luz de lo que ha aprendido acerca del reino y acerca de la oración judía en el capítulo 6. Escriba una versión moderna basada en cómo usted la escucha ahora, a la luz de todo lo que ha aprendido.

3. Piense en un momento en su vida o en la vida de alguien que usted conoce cuando vio «el dedo de Dios» obrando en la redención de alguien en una forma inequívoca. Dedique tiempo a bendecir a Dios por la manera en que él está edificando su reino aquí mismo y en este momento.

SEAMOS VERDADEROS DISCÍPULOS DE NUESTRO SEÑOR JUDÍO

La sabiduría engendra humildad.
Rabino Abraham Ibn Ezra (alrededor del 1100)

¡Ah! ¡Qué gusto da entrar otra vez en tu propia casa después de una caminata de dos semanas durante el verano por la tierra reseca del Medio Oriente! Lleno de la evidencia de sus tres religiones —judaísmo, islamismo y cristianismo— Israel es fascinante, pero también abrumador. Repleto de ruinas antiguas, de fermento cultural y fervor religioso, es muy diferente de cualquier otro lugar en la tierra. Usted ha aprendido tanto que nunca va a volver a leer su Biblia de la misma manera. La historia parece volver a desarrollarse delante de sus propios ojos.

Ahora usted se ha dejado caer en su confortable mecedora, respirando la fragancia familiar de su hogar. Ya se acabó la aventura maravillosa por la que había orado y se había preparado, y la «vida normal» está llamando con su propio sentido de urgencia. Al tratar se resistir su llamado, se empieza a sentir un poco cansado, un poco desalentado. Parece como si todo el viaje no hubiera sido otra cosa sino un sueño.

Pero entonces usted echa un vistazo a sus maletas, todavía llenas de pegatinas del sistema de seguridad israelita. Al empezar a vaciarlas, se da cuenta de que su traje de baño todavía conserva un poco del olor del lago de Galilea y que los surcos de las suelas de sus botas están todavía llenos de la tierra que un agricultor judío pudo haber pisado y trabajado hace miles de años. Entonces un trozo de alfarería (arcilla) muy apreciado cae de dentro de un calcetín sin lavar. Imagínese, puede que una mujer israelita tropezara en su camino al pozo y se le rompiera su cántaro favorito, dejando fragmentos sobre el polvo que usted pudo encontrar muchos siglos después.

Puede que solo le tome unos minutos el deshacer las maletas, pero le llevará años vaciar su memoria. Usted recuerda la emoción de ver por primera vez las murallas de roca caliza de Jerusalén reluciendo bajo el sol a medida que su autobús ascendía por los montes de Judea. Su nariz todavía recuerda los olores de los mercados de la parte antigua de la ciudad. Sus piernas todavía sienten las agujetas, los dolores y el escozor de pasar por sendas con espinos y hierba quemada por el sol mientras usted explora los lugares bíblicos.

Aunque ya han pasado más de dos mil años desde que Jesús nació, usted ya no tiene ninguna dificultad en imaginarlo caminando con sus discípulos a lo largo y ancho del terreno tan escabroso de Israel. Pasajes familiares de las Escrituras aparecen ahora con una vida y significado más penetrante. Usted nunca olvidará su viaje a esta antigua tierra.

Nuestra esperanza es que este viaje relámpago al Israel del siglo I que ha encontrado en este libro se haya parecido un poco a lo arriba descrito. Usted ha estado caminando por esas antiguas calles con su Maestro, absorbiendo las diferentes costumbres y tradiciones de este antiguo lugar. Al examinar con cuidado el escenario cultural en el que Jesús vivió, puede haber descubierto muchas cosas nuevas acerca de él, tales como la manera en que …

- usó las Escrituras para hacer afirmaciones poderosas en una manera judía sutil.
- se unió a la conversación con otros rabinos a su alrededor.
- celebró las antiguas fiestas judías y fue en verdad su cumplimiento supremo.
- llevó la Tora a su más alta expresión.
- hizo que su meta primaria mientras vivía en la tierra fuera la de formar *talmidim*: discípulos.

¿Pero en qué sentido impacta su vida el aprender acerca de la condición judía de Jesús? ¿Cuáles son las implicaciones para usted, que vive dos mil años más tarde en un ambiente cultural diferente por completo?

A estas alturas ya se habrá dado cuenta de que el contexto judío de Jesús es *de verdad* importante. A medida que lee la Biblia, puede que nuevas preguntas empiecen a surgir en su mente: *¿Era aquello una frase idiomática? Me pregunto cuál fue la importancia de eso en la cultura judía. ¿Estaba Jesús citando un versículo del Antiguo Testamento cuando dijo…?* Ahora que conoce más sobre el trasfondo judío de Jesús, ya no habrá vuelta atrás. Confiamos en que este libro haya despertado en usted una curiosidad que le ayudará a crecer y profundizar en la Palabra de Dios.

Si usted es como nosotros, su fe se ha fortalecido a medida que aprende acerca de las raíces judías del cristianismo. A medida que la realidad histórica de Jesús queda más claramente enfocada, también lo hacen sus palabras y afirmaciones. Durante los pasados cincuenta años los arqueólogos y los eruditos bíblicos han desenterrado importantes textos y pistas antiguas que nos ayudan a entender mejor a Jesús. En verdad, tenemos ahora acceso a información sobre el siglo I que los teólogos de siglos pasados apenas podían soñar que fuera posible. Mucho de ello reafirma la confiabilidad de los antiguos documentos, y hace que muchos eruditos bíblicos sean hoy menos escépticos acerca de la exactitud histórica de la Biblia de lo que habían sido en las décadas anteriores.

REEVALUEMOS NUESTRA ACTITUD HACIA EL PUEBLO JUDÍO

Lois describe cómo su actitud hacia el pueblo judío, especialmente en el tiempo de Jesús, ha quedado transformada por lo que ha aprendido. «Con la ventaja de una mirada en retrospectiva», dice ella, «puedo ver cómo acostumbraba a pintar el trasfondo judío de los Evangelios con pinceles negros, como si un trasfondo profundamente sombreado pudiera hacer que Jesús apareciera más brillante. Si él valoraba a las mujeres, yo suponía que sus contemporáneos las despreciaban. Si él hablaba en contra del amor al dinero, yo pensaba que eso era porque todos su alrededor estaba ansiosos por las riquezas. Recuerdo cuán incómoda me sentí al empezar a darme cuenta que estas cosas no siempre eran como yo las imaginaba. Gradualmente, a medida que mi fe se fue fortaleciendo, gané la confianza necesaria para reexaminar mis suposiciones.

»Se me ocurre», sigue diciendo ella, «que desdeñar a la audiencia judía de Jesús era también una forma de quitarme la responsabilidad de encima. Yo quería pintar a Jesús como invariablemente amoroso y compasivo, así que me aferré a las palabras fuertes que dirigió a sus oyentes del siglo I. Sin duda alguna él no me hablaría a mí de esa forma. Sus oyentes debieron ser personas necias y obstinadas. ¡Qué contenta estoy de no ser como ellos! ¿Pero qué pasa si ellos fueron personas como yo? Peor aún, ¿qué pasa si su fe era aún más ferviente y consagrada que la mía? De repente, las palabras fuertes de Jesús se convirtieron en un enorme reto, que me llamaba a ser mucho más justa de lo que yo había imaginado».

Aunque los cristianos han representado con frecuencia a los judíos del siglo I de una forma negativa, les debemos mucho, así como a sus antepasados judíos, porque Dios obró por medio de ellos para traernos al Salvador. (No deberíamos olvidarnos de cuántos, incluso entre los sacerdotes y fariseos, se hicieron fervientes seguidores de Jesús; ver Hechos 21:20). No obstante, así como es un error pintar a todos los judíos del primer siglo como villanos, es igualmente erróneo suponer que todos ellos fueron santos. Los primeros oyentes de Jesús luchaban con el pecado, la fe y las dificultades de la vida igual que nosotros mismos lo hacemos hoy. Podemos estar agradecidos de cómo Dios ha obrado por medio del pueblo judío, pero deberíamos evitar idealizar el judaísmo por su propio bien.

Aprender más acerca de la condición judía de Jesús hace que surjan preguntas muy dolorosas. ¿Por qué no han sido instruidos los cristianos en el trasfondo judío de su fe? ¿Podría tener eso algo que ver con la historia tan trágica entre cristianos y judíos? Apenas cien años después del nacimiento de la iglesia, Marción, un obispo de Turquía, argumentó que el Dios del Antiguo Testamento era cruel y malo, y que el Dios verdadero fue revelado por Cristo. Hasta propuso que el Antiguo Testamento fuera eliminado de la Biblia junto con todo libro del Nuevo Testamento que tuviera excesiva influencia judía. Es triste que, aunque Marción fue excomulgado por herejía en el 144 d. C., sus ideas hayan persistido a lo largo de la historia cristiana[1]. Si usted se pregunta por qué los cristianos no han sabido más sobre el judaísmo de Cristo antes de ahora, esa es en buena medida la razón.

Pero escuche cómo el apóstol Pablo advierte a los creyentes gentiles para que no se jacten de su relación con Dios:

Ahora bien, es verdad que algunas de las ramas han sido desgajadas, y que tú, siendo de olivo silvestre, has sido injertado entre las otras ramas. Ahora participas de la savia nutritiva de la raíz del olivo. Sin embargo, no te vayas a creer mejor que las ramas originales. Y si te jactas de ello, ten en cuenta que no eres tú quien nutre a la raíz, sino que es la raíz la que te nutre a ti (Romanos 11:17-18).

Pablo está diciendo que los gentiles han sido injertados en el «olivo» que Dios plantó miles de años antes en sus promesas de pacto con Abraham. La verdad es que somos ramas injertadas en un árbol judío, nutridos por las palabras que Dios dio a los profetas y apóstoles judíos, e incluso a un Mesías judío. De todos los pueblos, los cristianos deberían ser los más humildes. Cuán diferente podía haber sido la historia de nuestra relación con el pueblo judío si hubiéramos prestado atención a esta advertencia. Pero, durante una buena parte de nuestra historia, la iglesia ha prestado muy poca atención a esta importante amonestación de Pablo.

Después de la Segunda Guerra Mundial, muchos eruditos cristianos empezaron a darse cuenta que la monstruosa tragedia del Holocausto era la consecuencia de siglos de un antisemitismo rampante en la iglesia por toda Europa. Se desarrolló una nueva apertura hacia el examen de la condición judía de Jesús y el Nuevo Testamento. Algunos eruditos cristianos empezaron a estudiar con eruditos judíos con el fin de saber más sobre las tradiciones de las cuales surgió la Biblia. Al reconectarnos con el trasfondo judío de nuestra fe, debemos darnos cuenta que también tenemos que hacer mucho examen de conciencia y arrepentirnos por los pecados de nuestros antepasados. Más bien que culpar a «aquellos individuos que vivieron hace siglos», es mucho mejor que nos preguntemos cuál es nuestra responsabilidad en este momento.

UNA NUEVA PERSPECTIVA

Después de leer *Sentados a los pies del Maestro Jesús*, puede que usted se dé cuenta que su forma de leer la Biblia ha cambiado. Puede resultar desconcertante ver las Escrituras desde una perspectiva algo diferente. Pero piense en eso como si viera un partido de fútbol en la televisión. Se ha completado un pase, pero el jugador que iba a recibirlo está caído; ¿se le cayó la pelota o él logró atraparla? Por medio de la magia de repetir la imagen grabada, puede ver cómo se desarrolló la acción en cámara lenta, y esta vez desde un ángulo diferente. La realidad no ha cambiado, pero los detalles que usted se perdió al principio quedan de repente aclarados.

O pruebe con esta experiencia. Mientras usted sostiene este libro en sus manos, cierre un ojo. Note los detalles de dónde se encuentra el libro en relación con los objetos que están detrás. Las dos visiones son semejantes, pero diferentes. Las cosas están escondidas de uno de los ojos, pero para el otro son visibles. Los bordes se pierden en ángulos ligeramente diferentes. Su cerebro está recibiendo dos juegos de informes conflictivos, dos imágenes ligeramente diferentes, y que se funden en una. En realidad su cerebro necesita ambas imágenes con el fin de dar una sensación de profundidad. Ninguno de los ojos solo puede capacitarle para distinguir tres dimensiones. Del mismo modo, ver al cristianismo y a Jesús desde una perspectiva judía puede añadir profundidad y dimensión a nuestra fe.

Usemos la analogía del «ojo» un poco más. La razón por la que su cerebro puede fusionar dos imágenes es porque uno de los ojos es dominante, y establece la perspectiva que su cerebro al final considera «autoritativa». Con sus dos ojos abiertos, señale con el dedo índice a algo que esté al otro lado del cuarto. Ahora cierre un ojo. Luego cierre el otro. Desde la perspectiva de su ojo dominante su dedo permanece en el mismo lugar. Pero desde la perspectiva del otro, «salta». Si ninguno de los ojos fuera dominante, su cerebro no sería capaz de procesar la increíble mezcla de información que recibe de ambos ojos.

De la misma forma, es importante que usted tenga un «ojo dominante» en lo que se refiere a aprender de las raíces judías de su fe. Las personas que crecen más con esta clase de estudio son las que comienzan con un estudio sólido de las Escrituras y una fe fuerte en Cristo Jesús. Esas personas no están en «precario», temerosas de que su fe pueda derrumbarse cuando se enfrenten a nueva información. Ellas pueden revisar su entendimiento todo lo que sea necesario y, a la vez, rechazar ideas que sean incompatibles con su fe. Una persona sin un «ojo dominante» quedará confundida cuando le presenten dos imágenes conflictivas de la realidad.

Es también importante tratar con precaución la fuente que usted lee. Las fuentes judías tradicionales, por definición, no dan por supuesto que Jesús sea el Mesías. Ya llevamos dos mil años de acalorado debate entre judíos y cristianos, y ambas partes han reaccionado distanciándose una de la otra. Así como el cristianismo ha ignorado y se ha distanciado de su trasfondo judío, el judaísmo ha hecho a veces lo mismo, minimizando las creencias y prácticas tempranas que llevaron a muchos judíos del siglo I a creer en Jesús como el Mesías.

Encontramos un buen ejemplo en un comentario clásico sobre la Tora llamado el *Chumash* escrito por Rashi, una fuente usada ampliamente hoy por los judíos ortodoxos. Rashi vivió en Francia durante la Primera Cruzada en 1096. Dado que algunos de sus amigos y familiares más cercanos habían muerto a manos de cristianos, difícilmente nos sorprende que sus comentarios sobre la Tora y los Salmos refuten con frecuencia las creencias cristianas, ya sea abierta o indirectamente[2]. Los cristianos modernos interesados en el estudio de la Tora usan a menudo la *Chumash*, sin darse cuenta que fue una reacción en contra de la forma en que los cristianos leían el texto bíblico. Es importante darse cuenta que el judaísmo no es una religión estática. Ha estado influida por su propia necesidad de responder enérgicamente a las afirmaciones del cristianismo.

Las fuentes cristianas también deben ser tratadas con cuidado. Aparece toda clase de extrañas teorías en libros y en la Internet. Debido a que el interés por el trasfondo judío de Jesús es un fenómeno bastante reciente entre los laicos, el campo está abierto a toda clase de voces. Puede que también algunas fuentes eruditas cuestionen las formas tradicionales de leer las Escrituras, algunas veces de forma legítima, otras no. El discernimiento en oración es una necesidad absoluta.

Si el cristianismo tradicional es como un jardín bien cuidado, estudiar la Biblia desde una perspectiva hebraica es como adentrarse en un terreno de caminos agrestes y sendas rocosas. A veces usted pasa un recodo y se encuentra con una vista bellísima, o profundiza más y desentierra una joya brillante. Pero hay muchos baches y agujeros y espinas, así como posibilidades de perderse. Necesita piernas fuertes y sabiduría para elegir sus senderos.

SÉDER

El *Séder* es el nombre de la comida ritual que se toma en la Pascua. Esa palabra la podemos traducir como «orden» y se refiere al hecho de que el *Séder* de la Pascua sigue un orden tradicional de liturgia e incluye ciertos alimentos ceremoniales que conmemoran el sufrimiento de los antiguos israelitas y su éxodo (salida) de Egipto.

¿Recuerda el intento de Lois de recrear una Pascua del siglo I con otros miembros de su iglesia? Sus instrucciones para el Séder indicaban que Jesús y sus discípulos comieron mientras estaban reclinados alrededor de la parte exterior de una mesa en forma de semicírculo llamada triclinio. Para ser tan auténticos como fuera posible, ellos arreglaron una serie de mesas plegables rectangulares en forma de una U. Después todos se reclinaron alrededor de aquella imitación de triclinio tumbados sobre el suelo y sosteniéndose sobre un brazo. Era una forma incómoda de comer. No obstante ellos se sintieron iluminados, porque habían evitado el «error» de celebrar la Pascua sentados en sillas alrededor de una mesa moderna, como Leonardo DaVinci representó que lo hacían Jesús y sus discípulos en su famoso cuadro de la Última Cena.

Diez años más tarde, mientras viajaba de nuevo por Israel, Lois aprendió que sus instrucciones sobre la Pascua (que usan otros muchos grupos) habían malentendido lo que era un *triclinio*. Jesús y sus discípulos no habían estado sentados incómodamente alrededor de una mesa en forma de U. Parece ser que un *triclinio* no es, después de todo, una mesa. La palabra significa «tres divanes» puestos juntos en forma de U. Los comensales se reclinaban sobre los divanes, y los alimentos se servían por el cuarto lugar, puestos sobre una mesa pequeña redonda en el medio[3]. Un *triclinio* es también el nombre que se daba al comedor donde se ubicaba este antiguo «diván de secciones». Con frecuencia esta plataforma de tres lados la construían pegada a las paredes. No hay espacio detrás de ella para sentarse o yacer, las personas yacían sobre los divanes.

Lo que es más, el doctor Steve Notley, el erudito que dirigió el viaje de Lois, dudaba de que hubiera un *triclinio* en la Última Cena[4]. Él pensaba que era mucho más probable que Jesús y sus discípulos se hubieran sentado sobre alfombras o se reclinaran sobre cojines puestos en el suelo. El alimento se servía sobre platos (bandejas) que se ponían sobre pequeñas mesas.

¿Importa de verdad cómo se sentaban las personas en aquel momento de la Última Cena? Por supuesto que no. Pero los detalles tienen la virtud de ayudarnos a revivir las escenas antiguas. De modo que al buscar saber más acerca del trasfondo judío de Jesús, es importante que nos demos cuenta de que quizá necesitemos revisar nuestras teorías más tarde. Mientras tanto, es bueno que permanezcamos humildes y abiertos a la corrección. Como dice el maestro Ibn Ezra: «La sabiduría engendra humildad».

NUESTRO LLAMAMIENTO COMO *TALMIDIM*

Descubrir nuevos aspectos sobre la realidad histórica de Jesús es fascinante, y puede ser muy enriquecedor para nuestro entendimiento. ¿Pero qué debiéramos hacer con el nuevo conocimiento que hemos encontrado? Una de las cosas más importantes que podemos hacer es darnos cuenta que Jesús nos llama a ser sus discípulos, sus *talmidim*. Millones de cristianos en todo el mundo y a lo largo de los siglos han visto a Jesús sobre todo a través del lente del Credo de los Apóstoles, que empieza de esta manera:

> Creo en Dios Padre, Todopoderoso, Creador del cielo y de la tierra,
> y en Jesucristo, su único Hijo, nuestro Señor,
> que fue concebido por el Espíritu Santo, y nació de la virgen María,
> padeció bajo Poncio Pilatos, fue crucificado, muerto y sepultado…

Ellos saben de Jesús como Salvador e Hijo de Dios, creen en su muerte expiatoria y resurrección. Con todo lo importantes que son estas creencias para nuestra fe, muchos de nosotros todavía no nos damos cuenta de que hay mucho más en el cristianismo que asentir a un credo. También somos llamados a estar en una relación diaria y viva con nuestro Maestro Jesús, a convertirnos en sus *talmidim* y luego transmitir a otros nuestra vida y testimonio, con el fin de que ellos también lleguen a ser discípulos. Hacer hincapié en la salvación y descuidar el discipulado es perdernos la razón de por qué Jesús vino a la tierra y vivió como un rabino[5].

Jesús no espera que sus discípulos sean perfectos pronto en el futuro. Si duda de ello, mire con detenimiento a sus primeros *talmidim*. Pero Cristo sí que espera que le sigamos a lo largo del camino de la vida, que «nos sentemos a sus pies» para que aprendamos cómo vivir. Recuerde cuando Jesús dijo: «¿Por qué me llaman ustedes "Señor, Señor", y no hacen lo que les digo?» (Lucas 6:46). Quizá Jesús esté diciéndonos esas mismas palabras, llamando a los cristianos a una mayor obediencia y a una fidelidad más profunda.

Dado que todo buen discípulo necesita entender lo que el maestro está diciendo, aclarar las palabras de Jesús es un paso preliminar imprescindible para poder vivir sus mandamientos. Los cristianos hoy tienen una oportunidad sin precedentes de conocer y comprender el contexto histórico y religioso en el que Jesús vivió y ministró. Aprovechémonos al máximo de estos descubrimientos, profundizando en nuestro discipulado mediante la exploración de lo que eran la vida y la fe en el siglo I.

Vivir las tradiciones judías —tales como orar bendiciones, observar el día de reposo o celebrar un Séder— puede enriquecer nuestro conocimiento de Cristo. Los que lo han hecho han descubierto cuán significativas son estas prácticas. Cada vez que las experimentan crecen mucho más en el entendimiento de las Escrituras y en los caminos de Dios. Debido a la posibilidad de que las costumbres y tradiciones judías nos acerquen más a nuestro Maestro, y nos transformen en unos *talmidim* más fieles y sabios, deberíamos hacerlo.

Pero debemos tomar algunas precauciones. Muchas tradiciones judías son lindas, pero tienen muy poco que ver con Jesús, puesto que surgieron mucho después del siglo I. Costumbres relacionadas con la vestimenta y los alimentos tradicionales vienen tan solo de hace unos pocos cientos de años, y proceden típicamente de la cultura de los países donde han vivido los judíos. Puede ser también interesante saber cuán tarde han entendido los judíos muchas de las mismas Escrituras que leemos, pero ellos pueden o no reflejar la realidad de cómo esos textos fueron entendidos en el tiempo de Jesús[6].

También debiéramos preguntarnos si el adoptar una práctica en particular nos hacer ser mejores testigos para otros. Vivimos en una comunidad, y no podemos ignorar el impacto que nuestras acciones tienen sobre los demás. Además, nuestro respeto por la fe y las prácticas del judaísmo no debería convertirnos en relativistas, como si todos los caminos llevaran igualmente a Dios. Tampoco debemos ignorar las advertencias de no caer en el legalismo al explorar las raíces hebraicas del cristianismo.

Es importante darse cuenta que el nuevo conocimiento puede llevar en ocasiones al orgullo y la división. Si, en nuestro entusiasmo por lo que hemos aprendido, empezamos a hablar una «jerga» judía que nadie entiende o nos mostramos irritados por causa de nuestros amigos «menos entendidos», el orgullo espiritual terminará siendo probablemente un problema. Los cristianos deberíamos ser las personas más humildes porque estamos empezando a entender cuánto más nos queda por aprender.

Al final, lo que importa más es cumplir los dos mandamientos más grandes. Jesús, el más grande de los rabinos, nos invitó a que amáramos a Dios con todo nuestro corazón y a nuestro prójimo como a nosotros mismos. Estos dos resumen *todo* el contenido de la ley de Dios. Todo lo que hacemos, o aprendemos, o decimos debe ser evaluado a la luz de cómo nos ayuda a ser fieles a estos dos mandamientos.

Pensemos en un ejemplo sencillo. Digamos que usted está pensando en sujetar una *mezuzah* al marco de la puerta de su casa. Para aquellos que no sepan qué es una *mezuzah*, diremos que es una cajita alargada que contiene una copia de la Shemá escrita en un rollo diminuto. La co-

TZITZIT, TZITZIYOT

Tzitzit o tzitziyot (plural) son flecos que se colocan en las cuatro esquinas de una vestimenta en conformidad con el mandamiento de llevarlos según Números 15:37. A principios del siglo I los llevaban en la parte exterior de su vestimenta de lana, pero hoy los llevan en una especie de mantón ceremonial durante la oración. Los judíos hasídicos todavía llevan el *tzitziyot* todo el tiempo, pues se ponen un pequeño *tallit* (una pieza rectangular que lleva los flecos, con un agujero para la cabeza) por debajo de la camisa.

locan junto a una puerta para cumplir con el mandamiento de Deuteronomio 6:9, que se refiere a las leyes de Dios: «Escríbelas en los postes de tu casa y en los portones de tus ciudades». *Shaddai*, uno de los nombres de Dios, aparece a menudo escrito en letras hebreas en el frente de la *mezuzah*. Todos los edificios judíos la tienen, y se pueden ver junto a la puerta de cada cuarto, excepto el baño. Una *mezuzah* es un simple recordatorio de guardar la Palabra de Dios en tus pensamientos todo el tiempo. Es una práctica anterior a Jesús. De hecho, se encontró una antigua *mezuzah* con los famosos Rollos del Mar Muerto, y Josefo, el famoso historiador judío del primer siglo, las menciona[7].

Como cristiano, usted tiene libertad en Cristo. No está obligado a poner una *mezuzah* en el marco de la puerta de su casa, pero puede hacerlo si quiere. La tradición de la *mezuzah* es bonita y significativa, y un recordatorio útil de las raíces judías de nuestra fe cristiana. Sujetar una a la puerta de su casa puede suscitar conversaciones interesantes con sus vecinos y amigos que le visitan, forzándole a estar a la altura de su fe, como si llevara un *tiztzit*. Un judío que se dé cuenta de su *mezuzah* puede verlo como una demostración de amabilidad y comprensión, como un esfuerzo de superar el antisemitismo del pasado.

Pero por el otro lado (como Tevye diría), puede que una *mezuzah* no sea una buena idea. Quizá algunos judíos lo encuentren ofensivo, pensando que no es correcto apropiarse de sus símbolos religiosos. O quizá alguien saque la conclusión de que usted piensa que todas las religiones son equivalentes. Por supuesto, puede que estas cosas no sucedan. En muchos sentidos una *mezuzah* puede ayudarle a cumplir el mandamiento de amar al Señor y su prójimo. Pero sin sabiduría, puede ser una dificultad. *Todo* lo que hacemos debiera ser evaluado a la luz de los mandamientos supremos del Maestro Jesús: ama a Dios y ama a tu prójimo.

NUEVAS HERRAMIENTAS PARA PROFUNDIZAR EN EL TERRENO

Pocos contrastes son tan asombrosos como el panorama de En-Gadi en el sur de Israel, cerca del mar Muerto. Los ondulantes montículos que rodean En-Gadi parecen estériles y sin vida, completamente pelados bajo el calor abrasador del sol. Pero la escena cambia tan pronto como uno mira hacia abajo, al barranco. Allí puede contemplar varios manantiales que borbotean y transforman el terreno quemado por el sol en un oasis lujuriante que desborda de vida. La única diferencia entre el crecimiento vibrante del barranco y la desolación de los montículos que le rodean es el agua. En verdad, todo el país de Israel es así. Casi cada planta del planeta puede crecer allí, siempre y cuando la tierra sea regada. Con un poco de agua es intensamente fértil, pero sin ella, solo hay polvo y tierra seca.

Aprender sobre la Biblia en su contexto cultural puede ser muy parecido a eso. Los textos más antiguos pueden parecer a veces secos. Las largas listas de nombres y de imágenes arcaicas parecen a menudo como terreno seco y sin cultivar, duro para labrar y arar en profundidad. Pero descubrir cómo profundizar más en la cultura de la Biblia y su contexto es como si le dieran un nuevo azadón más afilado y penetrante que le permite cavar más hondo para llegar a las riquezas en las entrañas del suelo. Con el agua viva del Espíritu, los jardines del entendimiento y la aplicación brotan llenos de vida y crecen donde nada podía crecer antes. Cada nueva experiencia lleva a alguna parte mejor, y los momentos de asombro nunca se acaban.

APÉNDICES

LAS ORACIONES QUE JESÚS ORÓ

LA SHEMÁ

La *Shemá* no es en realidad una oración, sino una serie de pasajes bíblicos que se recitan en la mañana y tarde de cada día como una declaración de lealtad al Dios del pacto. Es el compromiso a amar a Dios y obedecerle en todo, a enseñar las Escrituras a sus hijos, y a tenerlas en sus pensamientos en todo momento.

> Escucha, Israel: El Señor nuestro Dios es el único Señor. Ama al Señor tu Dios con todo tu corazón y con toda tu alma y con todas tus fuerzas. Grábate en el corazón estas palabras que hoy te mando. Incúlcaselas continuamente a tus hijos. Háblales de ellas cuando estés en tu casa y cuando vayas por el camino, cuando te acuestes y cuando te levantes. Átalas a tus manos como un signo; llévalas en tu frente como una marca; escríbelas en los postes de tu casa y en los portones de tus ciudades (Deuteronomio 6:4-9).
>
> Si ustedes obedecen fielmente los mandamientos que hoy les doy, y si aman al Señor su Dios y le sirven con todo el corazón y con toda el alma, entonces él enviará la lluvia oportuna sobre su tierra, en otoño y en primavera, para que obtengan el trigo, el vino y el aceite. También hará que crezca hierba en los campos para su ganado, y ustedes comerán y quedarán satisfechos. ¡Cuidado! No se dejen seducir. No se descarríen ni adoren a otros dioses, ni se inclinen ante ellos, porque entonces se encenderá la ira del Señor contra ustedes, y cerrará los cielos para que no llueva; el suelo no dará sus frutos, y pronto ustedes desaparecerán de la buena tierra que les da el Señor. Grábense estas palabras en el corazón y en la mente; átenlas en sus manos como un signo, y llévenlas en su frente como una marca. Enséñenselas a

sus hijos y repítanselas cuando estén en su casa y cuando anden por el camino, cuando se acuesten y cuando se levanten; escríbanlas en los postes de su casa y en los portones de sus ciudades. Así, mientras existan los cielos sobre la tierra, ustedes y sus descendientes prolongarán su vida sobre la tierra que el Señor juró a los antepasados de ustedes que les daría (Deuteronomio 11:13-21).

(La última sección que encontramos abajo la repiten solo por la mañana, porque el tallit, *que lleva los flecos, lo llevan solamente durante las horas del día).*

El Señor le ordenó a Moisés que les dijera a los israelitas: Ustedes y todos sus descendientes deberán confeccionarse flecos, y coserlos sobre sus vestidos con hilo de color púrpura. Estos flecos les ayudarán a recordar que deben cumplir con todos los mandamientos del Señor, y que no deben prostituirse ni dejarse llevar por los impulsos de su corazón ni por los deseos de sus ojos. Tendrán presentes todos mis mandamientos, y los pondrán por obra. Así serán mi pueblo consagrado. Yo soy el Señor su Dios, que los sacó de Egipto para ser su Dios. ¡Yo soy el Señor!» (Números 15:37-41).

LA AMIDAH

La *Amidah* ha sido la oración central de la liturgia judía a lo largo de más de dos mil años. La versión que se usa hoy fue formalizada alrededor del año 70 d. C., excepto una bendición añadida más tarde. En el tiempo de Jesús existían algunas variaciones de la oración, y sin duda él conoció muy bien una versión de la misma. Vea el capítulo 6 (pp. 91-94) para más información.

(1) Bendito seas, oh Señor, nuestro Dios y Dios de nuestros padres, Dios de Abraham, Dios de Isaac y Dios de Jacob. El Dios grande, todopoderoso y maravilloso, Dios Altísimo, que derrama bondad amorosa y es el Creador de todas las cosas. Quien recuerda el amor de nuestros padres, y enviará amorosamente un reden-

tor para los hijos de sus hijos, por amor de su nombre. Oh Rey, Ayudador, Salvador y Protector, bendito seas tú, Escudo de Abraham.

(2) Tú eres poderoso para siempre, oh Señor, tú resucitas a los muertos, tú eres grande para salvar. Sostienes a los vivos con amor, resucitaste a los muertos con misericordia abundante, sostienes a los caídos y sanas a los enfermos, liberas a los cautivos, y mantienes la fe de aquellos que duermen en el polvo. ¿Quién es como tú, que obras maravillas, y quién puede ser comparado contigo? Oh Rey, que envías muerte y luego revives, y haces que surja la salvación. Creemos que tú resucitas a los muertos. Bendito seas, Señor, que das nueva vida a los muertos.

(3) Tú eres santo y tu nombre es santo, y los santos te alaban cada día. Bendito seas, Señor, el Dios santo.*

(4) Tú das amorosamente conocimiento al hombre y enseñas a los mortales el entendimiento. Favórécenos con tu conocimiento, entendimiento e inteligencia. Bendito seas, oh Señor, que da amorosamente conocimiento.

(5) Llévanos de nuevo, Padre nuestro, a tu Tora; acércanos a tu servicio, nuestro Rey, y haznos volver al arrepentimiento perfecto en tu presencia. Bendito seas, oh Señor, que aceptas el arrepentimiento.

(6) Perdónanos, Padre, porque hemos pecado; perdónanos, nuestro Rey, por nuestras transgresiones, porque tú eres un Dios que perdonas. Bendito seas, oh Dios lleno de gracia, que multiplicas el perdón.

(7) Mira nuestras aflicciones y pelea nuestras luchas, y redímenos cuanto antes por amor de tu nombre, porque tú eres un Redentor fuerte. Bendito seas, oh Señor, Redentor de Israel.

(8) Sánanos y seremos sanos, ayúdanos y seremos ayudados, porque tú eres nuestro gozo. Concédenos sanidad de todas nuestras heridas, porque tú, oh Dios

---

* Cuando lo recitan públicamente se incluye una liturgia en este punto.

y Rey, eres un Médico verdadero y misericordioso. Bendito seas, oh Señor, que sanas a los enfermos de tu pueblo Israel.

(9) Bendice, oh Señor y Dios, este año y todas sus cosechas y derrama una bendición sobre la faz de la tierra. Llénanos con tu abundancia y haz que sea un buen año para todos. Benditos seas, oh Señor, que bendices los años.

(10) Haz sonar la gran trompeta para nuestra liberación, y levanta una bandera para recoger a todos nuestros exiliados, y recógenos como un cuerpo desde todos los rincones de la tierra. Bendito seas, oh Señor, que recoges a los dispersados de tu pueblo Israel.

(11) Restaura a nuestros jueces como antes, y a nuestros consejeros como en el principio, y quita de entre nosotros el dolor y la pena. Reina tú solo sobre nosotros, oh Señor, con amor y compasión, y perdónanos en tu juicio. Bendito seas, oh Señor y Rey, que amas la equidad y la justicia.

(12) Que no haya esperanza para los calumniadores y que los malvados perezcan en un momento. Que tus enemigos sean pronto eliminados y desarraiga con presteza a los arrogantes. Aplástalos y humíllalos en nuestro tiempo. Bendito seas, oh Señor, que derribas a los enemigos y humillas a los arrogantes.**

(13) Que tu compasión, oh Señor nuestro Dios, sea derramada sobre los justos, y sobre los piadosos y sobre los ancianos de tu pueblo, la casa de Israel; sobre el remanente de los escribas, sobre los prosélitos, y sobre nosotros. Concede una buena recompensa sobre los que de verdad confían en tu nombre, y asígnales una porción para siempre. Que nunca nos avergoncemos de haber confiado en ti. Bendito seas, oh Señor, fortaleza y seguridad de los justos.

(14) Regresa en misericordia a Jerusalén, tu ciudad, y mora en medio de ella como tú has prometido. Edi-

---

**Esta bendición fue insertada unos 100 años más tarde.

fícala en nuestro días con una estructura eterna, y establece allí rápidamente el trono de David. Bendito seas, oh Señor, el edificador de Jerusalén.

(15) Que el descendiente de David, tu siervo, venga cuanto antes, y que sea exaltado a través de tu salvación, porque esperamos tu salvación cada día. Bendito seas, oh Señor, que traes tu cuerno de salvación.

(16) Escucha nuestra voz, oh Señor nuestro Dios, líbranos y ten misericordia de nosotros, y acepta con misericordia y favor nuestras oraciones. Porque tú eres un Dios que escucha oraciones y súplicas. No nos envíes con las manos vacías, oh nuestro Rey, cuando acudimos a tu presencia. Porque tú escuchas las oraciones de tu pueblo Israel con misericordia. Bendito seas, oh Señor, que oyes las oraciones.

(17) Agrádate, oh Señor nuestro Dios, de tu pueblo Israel y de sus oraciones, y restablece el servicio de sacrificios en el altar de tu casa. Acepta las ofrendas encendidas de Israel y sus oraciones ofrecidas en amor, y que los servicios de sacrificio de Israel tu pueblo sean aceptables para ti. Y nuestros ojos vean tu regreso misericordioso a Sión. Bendito seas tú Señor que restauras la Shequiná en Sión.

(18) Reconocemos ante ti, oh Señor, que tú eres nuestro Dios como fuiste el Dios de nuestros padres, por siempre jamás. Roca de nuestra vida, Escudo de nuestra salvación, tú eres inmutable por todas las edades. Te damos gracias y declaramos tu alabanza, porque nuestras vidas están en tus manos y nuestras almas están confiadas en ti. Tus milagros están con nosotros cada día, y tus beneficios están con nosotros en todo tiempo, en la mañana, en la tarde y al mediodía. Tú eres bueno, y tus misericordias son infinitas; tú eres misericordioso, porque tus bondades nunca se acaban; desde siempre hemos confiado en ti. Y tu nombre sea bendecido y exaltado por todas estas cosas, por siempre y por la eternidad. Que todo lo que vive te dé gracias y alabe tu nombre en verdad, oh Dios, nuestra salva-

ción y nuestra ayuda. Bendito seas, oh Señor, porque tu nombre es glorioso y darte gracias es bueno.

(19) Concede paz, felicidad y bendición, bondad y misericordia a nosotros y a Israel tu pueblo. Bendice, Padre nuestro, a cada uno de nosotros con la luz de tu presencia, porque por esta luz de tu presencia, oh Señor nuestro Dios, nos diste la ley de vida, de amor, de justicia, y de bendición y misericordia, vida y paz. Que sea agradable ante tus ojos bendecir con tu paz a tu pueblo Israel en todo momento y hora. Bendito seas, oh Señor, que bendices a tu pueblo Israel con paz.

Este texto, con modernizaciones menores, está adaptado del artículo «Shemoneh Esreh», escrito por Cyrus Adler y Emil Hirsch en www.jewishencyclopedia.com (dominio público)

UNA SELECCIÓN DE BENDICIONES (*BERAKHOT*)

Desde el año 400 d. C., las oraciones de bendición han empezado siempre con las palabras «Bendito seas, Señor nuestro Dios, Rey del universo...». En el siglo I eran mucho más cortas y comenzaban solo con las palabras «Bendito sea...». El primer libro de la Mishná (*Berakhot*) aporta docenas de bendiciones y cuándo fueron usadas. Abajo aparecen algunas de ellas en la forma que tendrían en el siglo I.

Cuando abres los ojos en la mañana, dices:
Bendito sea el que da vista a los ciegos.

Cuando sales de la cama, dices:
Bendito sea el que libera a los cautivos.

Cuando te pones la ropa, dices:
Bendito sea el que viste al desnudo.

Cuando te pones el calzado, dices:
Bendito el que suple todas mis necesidades.

Cuando tomas una comida con pan en la mesa, sostienes el pan y dices:

Bendito sea el que nos provee el pan que obtenemos de la tierra.

Cuando tomas una comida de fiesta en la que se sirve vino, dices:

Bendito sea el Creador que nos da el fruto de la vid.

Cuando comes otro tipo de alimento, dices:

Bendito sea el que por medio de su palabra hace que las cosas existan.

(Hay otras varias oraciones específicas para las varias clases de alimentos).

Cuando ves los primeros brotes en los árboles en la primavera, dices:

Bendito sea el que no omitió nada en el mundo y creó dentro de este buenas criaturas y buenos árboles para que las personas los disfruten.

Cuando ves los relámpagos, las cometas brillantes, los montes elevados, los grandes desiertos y el firmamento con toda su belleza, dices:

Bendito sea el que ha hecho la creación.

Cuando oyes los truenos y sientes los terremotos, dices:

Bendito sea aquel cuyo poder y fuerza llena el mundo.

Cuando vez a una persona bella, un animal o árbol, dices:

Bendito sea el que tiene cosas como estas en el mundo.

Cuando ves a un amigo después de un año de separación, dices:
Bendito sea el que reaviva a los muertos.

Cuando llueve (u otra cosa buena sucede), dices:
Bendito sea el que es bueno y nos da cosas buenas.

Cuando ves que algo terrible sucede, dices:
Bendito sea el que es un juez verdadero.

Cuando eres librado de un accidente o enfermedad grave, dices:
Bendito sea el que hace el bien al que no lo merece y ha tenido tanta bondad para conmigo.

Cuando te encuentras con un lugar donde Dios ha hecho un milagro, dices:
Bendito sea el que ha hecho milagros en este lugar.

Cuando has alcanzado una ocasión que tanto has esperado, dices:
Bendito sea el que nos ha dado vida, nos ha preservado y nos ha traído hasta este momento.

Para más sobre estas y otras bendiciones, vea el artículo «Bendiciones» por Cyrus Adler y Emil Hirsch en www.jewishencyclopedia.com.

APÉNDICE B
LAS FIESTAS

EL CALENDARIO ANUAL Y LAS FIESTAS

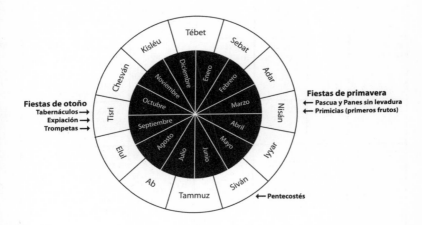

FECHAS DE ALGUNAS DE LAS FIESTAS VENIDERAS

2010

PASCUA (*PESACH*)	**30** MARZO (EMPIEZA A LA PUESTA DEL SOL DEL **29** MARZO)
PENTECOSTÉS (*SHAVUOT*)	**19** MAYO (EMPIEZA A LA PUESTA DEL SOL DEL **18** MAYO)
TROMPETAS (*ROSH HASHANÁ*)	**9** SEPTIEMBRE (EMPIEZA A LA PUESTA DEL SOL DEL **8** SEPTIEMBRE)
DÍA DE XPIACIÓN (*YOM KIPPUR*)	**18** SEPTIEMBRE (EMPIEZA A LA PUESTA DEL SOL DEL **17** SEPTIEMBRE)
TABERNÁCULOS (*SUKKOT*)	**23** SEPTIEMBRE (EMPIEZA A LA PUESTA DEL SOL DEL **22** SEPTIEMBRE)

2011

PASCUA (*PESACH*)	**19** ABRIL (EMPIEZA A LA PUESTA DEL SOL DEL **18** ABRIL)
PENTECOSTÉS (*SHAVUOT*)	**8** JUNIO (EMPIEZA A LA PUESTA DEL SOL DEL **7** JUNIO)
TROMPETAS (*ROSH HASHANÁ*)	**29** SEPTIEMBRE (EMPIEZA A LA PUESTA DEL SOL DEL **28** SEPTIEMBRE)
DÍA DE EXPIACIÓN (*YOM KIPPUR*)	**8** OCTUBRE (EMPIEZA A LA PUESTA DEL SOL DEL **7** OCTUBRE)
TABERNÁCULOS (*SUKKOT*)	**13** OCTUBRE (EMPIEZA A LA PUESTA DEL SOL DEL **12** OCTUBRE)

FIESTAS BÍBLICAS

Nombre común	Nombre hebreo	Fecha	Actividades	Tema	Cumplimiento
*Pascua	Pesach	14 de Nisán (primavera)	Sacrificio del cordero pascual	Protección del ángel de la muerte Liberación de la esclavitud en Egipto	Jesús murió en el día de Pascua como el cordero cuya sangre protege a los creyentes del juicio de Dios. Jesús nos libera de la esclavitud del pecado y la muerte.
Panes sin levadura	Matzot	15 de Nisán (primavera)	Quitar la levadura Vivían siete días sin levadura	Quitar el pecado (levadura)	El cuerpo de Cristo sin pecado, un sacrificio perfecto. Los creyentes viven vidas sin pecado en respuesta.
Primicias	Bikkurim	1º domingo después de la Pascua (primavera)	Llevar al templo los primeros frutos	Celebración de los primeros frutos de la cebada	La resurrección de Jesús fue durante esta fiesta. Jesús es el primer fruto de los que resucitarán.
*Pentecostés	Shavuot	50 días después de la Pascua	Celebración en el templo. Presentaban ofrenda de trigo Leer Ezequiel 1—2	Primicias de la cosecha de trigo. Celebración del pacto de la ley en el Sinaí	El Espíritu desciende y la primera cosecha de almas tiene lugar. El Espíritu Santo escribe la ley en el corazón de los creyentes.
Fiesta de las Trompetas	Rosh Hashaná	Día 1 del mes de Tisri	Hacían sonar el shofar Confesión de pecados por diez días	Celebración del Año Nuevo Ungen a Dios como Rey	Los muertos resucitarán a la final trompeta. Cristo regresa a gobernar como Rey
Día de la expiación	Yom Kippur	10 de Tisri (comienzo del otoño)	El sumo sacerdote hace expiación por el pecado	Expiación por el pecado Chivo expiatorio	Jesús hace expiación por nuestros pecados en el juicio final.
*Fiesta de los tabernáculos (cabañas)	Sukkot	15 de Tisri (comienzo del otoño)	Vivir en cabañas. Morar con Dios en el desierto.	Celebración de la cosecha. Ceremonia de derramamiento de agua (último día)	Todo el pueblo de Dios está reunido con un nuevo cielo y una nueva tierra para morar con él para siempre. Jesús promete el agua viva del Espíritu.

*Las fiestas de Pascua, Pentecostés y Tabernáculos son para peregrinos. Se animaba a todo el pueblo de Israel a que subiera a Jerusalén para celebrarlas en comunidad en esos días/semanas.

**La Biblia menciona otras dos fiestas que todavía se celebran, pero que no están ordenadas en la Tora: Jánuca y Purim. La Jánuca se celebra en diciembre y conmemora la victoria de Judas Macabeo y la purificación del templo en el año 168 a. C. El Purim tiene lugar más tarde en el invierno y conmemora la liberación del pueblo de Israel en el tiempo de la reina Ester. El Sabbat está también considerado un día santo, tan importante como las fiestas anuales.

GLOSARIO

Nota: Muchas de estas palabras tienen más de una forma aceptada de escribirse debido a que son transliteraciones, o sea, son aproximaciones debidas a la diferencias entre los idiomas (hebreo y español).

Afikomen. Una pieza que se parte del *matzah*, se esconde durante la comida de la Pascua, y se saca más tarde para comerla al final.

Amidah. La oración central en la liturgia judía, que se repite tres veces al día y se dice de pie. También se conoce con la *Shemoneh Esreh*, que significa «dieciocho», porque originalmente estaba compuesta de dieciocho bendiciones, aunque ahora le han añadido una decimonovena.

Berakhah. Significa literalmente «bendición»; el plural es *berakhot*. Una oración breve de alabanza o acción de gracias, reconociendo que Dios es la fuente de toda bendición.

Bet Midrash (Literalmente: «casa de interpretación»). Centro para estudio y enseñanza de la Tora y su interpretación rabínica. En el primer siglo se encontraba generalmente ubicada dentro de una sinagoga. Era como una «escuela secundaria» donde los muchachos entre las edades de 13 y 17 años estudiaban textos religiosos, aunque los adultos continuaban estudiando allí en su tiempo libre.

Challah. Pan trenzado y dulce que sirven en el día sábado y otros días festivos.

Daven. Palabra yiddish que significa «orar», se usa a menudo para describir la práctica de balancearse mientras se recitan las oraciones. Esta costumbre surgió entre los judíos en la Edad Media.

Esenios. Grupo reformista activo en el siglo I a. C. y en el siglo I d. C. Junto con los fariseos, saduceos y zelotes, era uno de los grupos más influyentes durante el tiempo de Cristo. Los esenios deploraban la corrupción del judaísmo por los elementos paganos, pero no eran activistas políticos. Algunos se retiraron al desierto de Judea, donde vivieron en quietud y con gran pureza ceremonial, preparándose a sí mismos para la gran batalla final entre los «Hijos de la luz» (ellos) y los «Hijos de las tinieblas (la mayoría de todos los demás). Los Rollos del Mar Muerto contienen muchos de sus escritos, junto con docenas de copias de textos bíblicos.

Fariseo. (Literalmente: «los separados» o «separatistas»). Las raíces de esta secta las podemos encontrar en el siglo II a. C. A diferencia de los saduceos aristocráticos, la mayoría de ellos eran obreros comunes y corrientes que dedicaban su tiempo libre al estudio y la enseñanza. Al considerar las lecciones del exilio y la persecución, ellos llegaron a la conclusión de que su mejor esperanza para el futuro era vivir conforme a la ley. Como uno de los grupos más influyentes del período del Nuevo Testamento, ellos determinaron el carácter del judaísmo rabínico después de la caída del templo en el año 70 d. C.

Gezerah Shavah (Literalmente: «una comparación de iguales»). Uno de los «Siete principios de interpretación» de Hillel, que decía que dos textos bíblicos que contienen la misma palabra o frase puede ser usados para interpretar el uno al otro.

Hagada. (Literalmente: «contar», también escrito *Aggadah*). Parábolas e historias rabínicas, como opuestas a las decisiones de la ley; ver *halakah*.). También la *Hagada* es un libro de oraciones y liturgia tradicionales que se lee en el Séder de Pascua.

Halajá. (Lit.: «caminar»). Palabra hebrea que se usa para las ordenanzas en el judaísmo. (Note que «Tora» no se entiende de esa forma, sino como «instrucción» o «enseñanza». *Halajá* define cómo se tiene que aplicar la Tora a tu «caminar» en la vida (leyes y ética). Los rabinos, incluyendo a Jesús, enseñaron *Halajá* (éticas y leyes) y *Hagada* (historias para explicar las Escrituras).

Hashem. Palabra hebrea que se traduce «el nombre». Usada en general por los judíos de hoy como un sustituto del nombre de Dios, por reverencia hacia Dios. *Adonai* (que significa «mi Señor») es otro sustituto del nombre de Dios. En el tiempo de Jesús «el cielo» y «el Santo» eran otras sustituciones.

Hasídico. Adjetivo que describe a los judíos ultra-ortodoxos, a menudo en referencia al movimiento judío que empezó durante el siglo XVIII y que hacía énfasis en el misticismo y la piedad.

Hasidut. Palabra hebrea que se traduce «piedad», que viene de la palabra *hesed*, que significa «bondad». En hebreo, una persona que es piadosa es una *hasid,* y en plural *hasidim.*

Haver. (Literalmente: «amigo»; masculino plural *haverim*). Un estudiante que se asocia con otro para estudiar y hablar sobre textos religiosos, y se ayudan el uno al otro en el aprendizaje. Una compañera, o condiscípula, femenina es una *haverah*, plural *haverot.*

Havruta. El método tradicional de estudiar textos judíos juntos para debatirlos en pareja.

Hillel. Famoso maestro judío que enseñó entre los años 30 a. C. y 10 d. C. Fue conocido por su suavidad y moderación en la interpretación de la ley. Su escuela de discípulos debatió a menudo con los discípulos de Shammai sobre las interpretaciones estrictas de la ley judía.

Judío mesiánico. Persona que cree que Jesús es el Mesías, pero retiene su identidad judía. Algunos judíos evitan usar el nombre «cristiano» por causa de la suposición de que los cristianos son gentiles.

Kaparot. (Literalmente: «cubrir»). Ritual de sacrificar una gallina como expiación por los pecados de la persona en el día anterior a *Yom Kippur*, el Día de la Expiación. Esta práctica se inició siglos después de la destrucción del templo, y todavía la usan hoy unos pocos judíos ultra-ortodoxos.

Kavanah (Literalmente «intención). Enfocar la atención y concentrarse en estar en la presencia de Dios; dirigir los pensamientos hacia Dios.

Lechem. Palabra hebrea que se traduce «pan», pero que también se refiere al alimento o nutrición en general.

Malkhut shamayim. (Literalmente: «reino de los cielos»). Término rabínico usado desde el siglo I para describir la actividad y reinado de Dios sobre aquellos que le adoran como Rey. *Malkhut* significa «reino» o «reinado»; *shemayim* significa «cielos», un eufemismo respetuoso para Dios. Es exactamente como «reino de Dios».

Mashiach. (Literalmente: «ungido»). Palabra hebrea que se traduce Mesías; *Cristo* en griego. Significa literalmente «el Ungido» y se refiere al hecho de que Dios prometió que alguien vendría para ser especialmente escogido y ungido como un gran rey sacerdote para su pueblo.

Matzah. Pan sin levadura que se come en la Pascua.

Midrash. (Plural: *midrashim*). Una explicación o comentario rabínico del texto bíblico. En los últimos siglos ampliaba con frecuencia las historias bíblicas con leyendas acerca de los personajes con el fin de explicar el texto. *Midrash* también se refiere a la compilación de comentarios sobre el texto. Los *midrashim* datan del año 400 a. C. y llegan hasta la Edad Media. Estos comentarios fueron transmitidos de forma oral y más tarde compilados de forma escrita. Los *midrashim* aparecen muy citados en el Talmud.

Minyan. Reunión de un mínimo de diez adultos varones judíos requerido para algunas oraciones públicas. En el siglo I las mujeres también podían ser incluidas en ese número.

Mishná. Colección de decisiones y dichos rabínicos compilados y preparados de forma escrita alrededor del año 200 d. C. La Mishná recoge los dichos de rabinos que vivieron y enseñaron durante los cuatrocientos años previos, antes y después del tiempo de Jesús.

Mitzvá. (Literalmente: «mandamiento»; plural, *mitzvot*). Palabra hebrea que significa «mandamiento», y se refiere a las obligaciones religiosas, con frecuencia «buenas obras».

Moed. (Literalmente: «reunión»; en plural: *moedim*). Palabra hebrea que significa «reunión» o «nombramiento». Se referían como *moedim* a los días de las fiestas bíblicas, los «tiempos señalados» por Dios.

Tora oral. Explicaciones e interpretaciones sobre la ley dada por Moisés (la «Tora escrita») que pasaron de forma oral por medio de los maestros rabínicos hasta el tiempo de Jesús, y después recogidos de forma escrita en la *Mishná* (vea la definición arriba).

Pesach. (Literalmente: «proteger» o «pasar por encima», el significado está en discusión). La Pascua, la primera de las siete fiestas bíblicas, que se celebra en marzo-abril para recordar el éxodo de Egipto. Los judíos de hoy todavía celebran la Pascua en sus hogares con una comida ceremonial.

Peyot. Rizos del pelo en los lados de la cabeza que llevan algunos judíos ultra-ortodoxos con el fin de observar el mandamiento de Levítico 19:27 de no afeitarse los lados de la barba.

Pirke Avot. (Lit.: «Capítulo de los padres»). Una sección de la *Mishná* que contiene dichos rabínicos sobre ética y sabiduría que vienen del 200 a. C hasta el 200 d. C. Muchos comentan sobre los mismos temas de que habló Jesús, arrojando luz sobre cómo sus palabras fueron entendidas en su tiempo.

Rabí. (Lit.: «mi maestro»). Término de respeto que usaban para dirigirse a los maestros de las Escrituras en el tiempo de Jesús. Después del año 70 d. C., «rabino» se convirtió en un título oficial.

Rosh Hashaná. (Lit.: «cabeza del año»). Año Nuevo judío, llamado también *Yom Teruah*, el «día de tocar trompetas».

Saduceos. Los miembros del partido saduceo procedían principalmente de la clase sacerdotal y aristocrática. Ellos controlaban la adoración en el templo. Muchos tenían resentimiento contra ellos porque se enriquecían y aseguraban su posición por medio de la colaboración con los romanos. A diferencia de los fariseos, no creían en la resurrección de los muertos, y solo en la Tora escrita como obligatoria. Su influencia terminó con la destrucción del templo en el año 70 d. C.

Séder. (Lit.: «orden»). Comida ritual que se tomaba en la Pascua. El nombre procede del hecho de que la comida seguía el orden tradicional de la liturgia y de los alimentos ceremoniales.

Sabbat. (Palabra hebrea que se traduce «reposo», la cual significa «cesar»). Un tiempo de cesar el trabajo, conforme a las Escrituras. Los judíos observaban el Sabbat desde la puesta del sol del viernes hasta la puesta del sol del sábado.

Shammai. Famoso erudito judío del siglo I a. C. que fue conocido por su enfoque estricto en la interpretación de las leyes de la Tora. Su escuela de discípulos debatió con frecuencia con los discípulos más moderados de Hillel durante el siglo I, y estos debates arrojan luz sobre el contexto de los dichos de Jesús.

Shavuot. (Lit.: «semanas»). Palabra hebrea que se traduce la fiesta que se conoce en griego como *Pentecostés* y que significa «cincuenta días». Para llegar al día de esa fiesta contaban siete semanas después de la fiesta de las Primicias. Conmemoraba la entrega de la Ley por Dios a Moisés y el pacto del monte Sinaí. El Espíritu Santo fue derramado sobre los nuevos creyentes en ese día, como una señal del nuevo pacto, en el que Dios escribiría su ley en sus corazones (Jeremías 31:31).

Shemá. (Lit.: «escucha»). Compuesto por tres pasajes bíblicos que los judíos han venido recitando durante milenios desde antes del tiempo de Jesús. Son Deuteronomio 6:4-9; 11-13; y Números 15:37-41. La primera palabra de Deuteronomio 6:4: «Escucha, Israel: El SEÑOR nuestro Dios es el único SEÑOR». *Shemá* significa «escucha», pero implica acción, también significa «presta atención» y «obedecer». Orar la *Shemá* es comprometerse con Dios y dedicarse a amarle y obedecer sus leyes.

Shofar. Es un cuerno de carnero que hacen sonar como una trompeta. En los tiempos bíblicos lo usaban para una variedad de propósitos, pero ahora lo hacen sonar en el día de *Rosh Hashaná,* el día del año nuevo judío, y al final de la fiesta de *Yom Kippur*, el Día de la Expiación.

Sukkak. Una cabaña o tabernáculo, un cobijo temporal construido para la fiesta de *Sukkot*.

Sukkot. (Lit.: «cabañas»). La fiesta de los Tabernáculos, una fiesta de la cosecha que se celebra en el otoño, es la última de las siete grandes fiestas bíblicas. Se manda a los judíos que vivan durante siete días en cabañas con el fin de recordar cuando vivieron en el desierto durante cuarenta años después de salir de Egipto.

Sulha. Una comida de pacto y reconciliación que se acostumbra hacer en la cultura árabe. La palabra *sulha* es la palabra árabe equivalente a la hebrea *shulhan*, que significa «mesa». Se deriva de la creencia antigua de que comer en la misma mesa con otros es la esencia de una relación pacífica y armoniosa.

Sinagoga. (Lit.: «asamblea»). Un centro local comunitario que es el lugar para la oración y el estudio de las Escrituras. Muy probablemente comenzó durante el tiempo del destierro en Babilonia cuando los judíos no podían adorar en el templo. En el siglo I celebraban toda clase de reuniones en la sinagoga: escuela durante la semana y oración y estudio de la Tora en el sábado.

Tallit. En el uso moderno judío, un *tallit* es una mantilla de oración, una mantilla ceremonial a la que se sujetan los flecos. En el tiempo de Jesús, el *tallit* era la capa exterior de lana, una pieza rectangular de tejido grueso que llevaba los flecos en las cuatro esquinas. Lo llevaban en público en todo momento y lo podían usar como una manta (cobija) para dormir. Debajo llevaban el *haluk*, una especie de túnica, una prenda de vestir de lino. Al presente, los judíos hasídicos y algunos judíos ortodoxos suelen llevar un *tallit* pequeño (un *tallit katan*, una pieza de tejido rectangular que lleva flecos, con una abertura para meter la cabeza) debajo de sus camisas con el fin de llevar los flecos todo el tiempo.

Talmid. (Lit.: «estudiante»; plural, *talmidim*). Discípulo o estudiante de un rabino, uno que dedica su vida a vivir junto con su maestro, sirviéndole humildemente y asimilando el conocimiento y entendimiento que el maestro tiene de las Escrituras y su forma de vivirlas.

Talmud. Un comentario voluminoso de la *Mishná*. Este comentario aparece impreso sección por sección siguiendo cada versículo de la *Mishná*. Hay dos Talmudes: el de Jerusalén (o Palestino), completado sobre el año 400 a. C.; y el Talmud Babilónico, que fue terminado un siglo más tarde. Este último es el que ha llegado a ser usado más ampliamente.

Tanaj. El término judío para la Biblia. Incluye los mismos libros que el «Antiguo Testamento» protestante. *Tanaj* es en realidad un acrónimo, las siglas de las primeras letras con que empieza cada una de las tres secciones principales. Estas son:

- **Tora** (Pentateuco): Los cinco libros de Moisés (el pacto y la ley).
- **Nevi'im** (literalmente: «profetas»): Josué, Jueces, 1—2 Samuel, otros libros históricos; Isaías, Jeremías, y otros profetas.
- **Ketuvim** (literalmente: «escritos»): Salmos, Proverbios, Job, Rut y otros.

Tefillah. (Lit.: «oración»). Usada algunas veces para referirse a la *Amidah*, la oración central en la liturgia judía.

Tefilim. Filacterias, cajitas de piel que contienen pasajes de las Escrituras que los judíos llevan en la frente y en el brazo izquierdo para cumplir lo que se les manda en Deuteronomio 6:8: «Átalas a tus manos como un signo; llévalas en tu frente como una marca». En el tiempo de Jesús las llevaban la mayor parte del día, pero ahora las llevan solo en el momento de la oración durante la semana.

Tora. («Enseñanza, instrucción»). Se refiere a los cinco primeros libros de la Biblia, llamados también el Pentateuco. Los cristianos traducen a menudo Tora como «ley», mientras que los judíos la traducen generalmente como «enseñanza».

Tzitzit (plural, *tzitziyot*). Flecos sujetos al borde de una prenda de vestir, llamado un *tallit,* en concordancia con el mandamiento en Números 15:37-41 de llevar flecos. (Vea *tallit* para más información).

Yarmulke. Casquete de tejido para la cabeza que llevan tradicionalmente los varones judíos. Algunos hombres lo llevan en todo tiempo, mientras que otros los usan solo en ocasiones religiosas.

Yeshiva. Escuela ortodoxa judía para los estudios religiosos en los tiempos modernos. Algunas escuelas enseñan a los estudiantes más jóvenes, y otras preparan a adultos para llegar a ser rabinos ordenados.

Yeshua. Nombre de Jesús como se pronunciaba en hebreo. Es la forma abreviada de *Yehoshua*, que en español es «Josué». Ambos significan «salvación de Dios», que es lo que el ángel dijo: «Le pondrás por nombre Jesús, porque él salvará a su pueblo de sus pecados» (Mateo 1:21).

Yom Kippur. (Lit.: «día de cubrir»). Día de la Expiación. El día más sagrado del año para los judíos, que es cuando ellos oran y ayunan por el perdón de sus pecados. En los tiempos bíblicos los pecados de la nación pasaban a la cabeza de un chivo expiatorio, que luego soltaban en el desierto, y el sumo sacerdote entraba en el lugar santísimo del templo para hacer expiación por los pecados de la nación.

Zelotes. Los zelotes se originaron durante el reinado de Herodes el Grande. Formaban un partido político con bases religiosas que fomentaba la rebelión violenta de Israel en contra de Roma. La región de Galilea donde Jesús vivió y enseñó era una zona fuerte para los zelotes. Este movimiento saltó a primera plana durante el levantamiento con los romanos en los años 66-70 d. C. y desapareció después de la caída de Jerusalén.

NOTAS

CAPÍTULO 1: ÚNASE A MARÍA A LOS PIES DE JESÚS

1. Vea Shmuel Safrai: «*The Place of Women in First-Century Synago-gues*», *Jerusalem Perspective* 40 (1993): pp. 3-6, 14. Mujeres ricas que con frecuencia se encargaban de las contribuciones familiares a las obras de caridad, a veces sostenían a los maestros, como Juana y otras mujeres apoyaron a Jesús, según Lucas 8. Vea Tal Ilan: *Integrating Women into Second Temple History* (Hendrickson, Peabody, MA, 1999), pp. 15-31.

2. Mishná, *Pirke Avot* («Saying of the Fathers») 1:4. Este dicho se atribuye a Yose ben Yoezer, uno de los primeros maestros rabínicos, que vivió en el siglo II a. C.

3. Las palabras literales de Pablo en griego fueron que él se había educado «a los pies» de Gamaliel. La NVI oscurece esta metáfora al traducir esta línea, al decir: «Bajo la tutela de Gamaliel recibí instrucción cabal...».

4. David Bivin: *New Light on the Difficult Words of Jesus* (En-Gedi Resources Center, Holland, MI, 2005), p. 14.

5. Por ejemplo, ha sido solo en los últimos doce años que se ha establecido cuán fuertemente judía era el área de Galilea cuando Jesús creció allí. Durante décadas, los eruditos dieron por supuesto que el área de Galilea era una tierra de agricultores alejados del fervor religioso de Jerusalén. De modo que difícilmente sorprende que, por ejemplo, hace quince años, Philip Yancey escribiera que Galilea era una zona «relajada en asuntos religiosos» en su libro *The Jesus I Never Knew* (Zondervan, Grand Rapids, 1995), pp. 59-60. Pero recientemente los arqueólogos han descubierto que Jesús vivió entre judíos muy fervorosos, conocidos por su celo religioso y nacional. Esto hace que todo sea muy diferente a cómo pintamos el trasfondo cultural del ministerio de Jesús. Vea Mark Chancey: *The Myth of a Gentile Galilee* (Cambridge University Press, Cambridge, UK. 2002). El reconocido erudito Craig Evans señala que ver el judaísmo en el que Jesús creció contradice algunas de las teorías más cuestionables acerca de las enseñanzas de Jesús, por ejemplo que él surgió como resultado de sus contactos con filósofos griegos paganos. Vea Craig Evans: *Fabricating Jesus: How Modern Scholars Distort the Gospels* (InterVarsity Press, Downers Grove, IL, 2006), pp. 100-122.

6. Esto explica por qué en Mateo 2 los magos del Oriente llegaron para honrar a Jesús como el recién nacido rey de Israel y le llevaron oro, incienso y mirra. En aquel mundo, estos eran regalos apropiados para un rey. Esto establece el paralelismo con la vida de Salomón cuando la reina de Sabá le llevó regalos muy costosos, incluyendo grandes cantidades de especias. Vea 1 Reyes 10.

7. Debemos notar que, aunque el Evangelio de Juan describe el ungimiento de Jesús por María como que tuvo lugar la tarde antes de su entrada

triunfal, Mateo 26:6 y Marcos 14:3 lo ponen más tarde durante la Semana Santa, un par de días antes de su arresto y crucifixión. (Mateo y Marcos no identifican a la mujer, pero Juan dice específicamente en Juan 11:2 que fue María).

8. Aparece en www.calvin.edu/worship/stories/bailey_bonus.php (accedido el 8 de julio de 2008).

9. Philip Yancey: *The Jesus I Never Knew* (Zondervan, Grand Rapids, 1995), p. 50.

CAPÍTULO 2: ¿POR QUÉ UN MAESTRO JUDÍO?

1. Mishná, *Pirke Avot* 5:27.

2. Las edades recomendadas para el estudio las encontramos en la Mishná, *Pirke Avot* 5:21.

3. Shmuel Safrai y Menahem Stern, editors: *The Jewish People in the First Century* (Van Gorcum, Amsterdam, 1976), p. 968.

4. Talmud Babilónico, *Sabbat* 31b.

5. Con frecuencia se dirigían a Jesús llamándole «maestro» en el sentido temprano de la palabra. Muchos eruditos modernos llaman a Jesús «sabio» en vez de «maestro» porque él vivió unos pocos años del período rabínico, que empezó en el año 70 d. C. Debido a que Jesús fue reconocido como un erudito muy estimado de las Escrituras, usamos «Maestro» para hablar de él aquí.

6. La profesión de rabino aparece descrita en Isadore Singer et al., «Rabbi», *Jewish Encyclopedia* (Funk y Wagnalls, Nueva York, 1905-1906), de dominio público. En www.jewishencyclopedia.com; Safray and Stern. *The Jewish People in the First Century,* 953. El término para carpintero es *tekton* y muy probablemente se refiere a constructor, porque ellos solían trabajar más con piedra que con madera.

7. Safray and Stern: *The Jewish People in the First Century,* p. 965.

8. Dan Brown: *The Da Vinci Code* (Anchor, Nueva York, 2006), p. 245.

9. Mishná, *Pirke Avot* 5:21.

10. David Bivin: *New Light on the Difficult Words of Jesus*, p. 67.

11. Brad Young: *Jesus the Jewish Theologian* (Hendrickson, Peabody, MA, 1995), p. xii.

12. Joseph Frankovic. *«Is the Sage Worth His Salt?»*, *Jerusalem Perspective* 45 (julio-agosto 1994): pp. 12-13.

13. Athol Dickson: *The Gospel According to Moses* (Baker, Grand Rapids, 2003), p. 63.

14. Craig A. Evans y W. H. Brackney, edit.: *From Biblical Criticism to Biblical Faith* (Mercer Univ. Press, Macon, GA. 2007), pp. 41-54.

15. La discusión sobre el divorcio se encuentra en Mateo 19:3-11. Vea David Instone-Brewer: *Divorce and Remarriage in the Bible: The Social and Literary Context* (Eerdmans, Grand Rapids, 2002).

16. En las décadas de 1970 y 1980 muchos eruditos sintieron que las fuentes judías tempranas tales como la Mishná no eran útiles para describir el escenario de Jesús porque fueron escritas más tarde, aunque parecen

que citan dichos y tradiciones del primer siglo. El influyente erudito judío Jacob Neusner es reconocido por plantear estas preocupaciones. Sin embargo, en la pasada década ha aumentado la confianza en que estas fuentes son confiables cuando se usan con cuidado. Vea David Instone-Brewer: *Traditions of the Rabbis from the Era of the New Testament* (Eerdmans, Grand Rapids, 2004), pp. 28-40, y repase el artículo de Instone-Brewer «The Use of Rabbinic Sources in Gospel Studies», *Tyndale Bulletin* 50 (1999): 281-98.

Algunos de los trabajos que fueron criticados por usar fuentes rabínicas en la interpretación del Nuevo Testamento están siendo ahora reimpresos. Por ejemplo, el libro *Memory and Manuscript*, de Birger Gerhardsson (Eerdmans, Grand Rapids, 1998, publicado por primera vez en 1961) estuvo descontinuado por varias décadas porque comparaba los métodos de enseñanza de Jesús a los de los primeros rabinos. Neusner, que había criticado bastante el libro, recomendó que se volviera a publicar, e incluso escribió un prólogo pidiendo disculpas en la versión de 1998.

En *Sentados a los pies del Maestro Jesús* hemos hecho todo el esfuerzo necesario para usar las fuentes tempranas en vez de los materiales rabínicos posteriores para describir el medio de Jesús. Ocasionalmente citamos sabiduría judía del Talmud Babilónico y trabajos posteriores, sin dar por supuesto que describen la realidad del tiempo de Jesús.

17. La idea de Dios como rey la encontramos en 1 Samuel 8:7; Salmo 24; 47; como pastor en Isaías 40:11; Jeremías 23; 31; Ezequiel 34; y como agricultor o dueño de una viña en Salmo 80 e Isaías 5. Estas imágenes las encontramos también en otros muchos lugares.

18. Del Maestro Haggai bar Eleazar: *Midrash Psalms*, 119:3. Citado por Brad Young en *The Parables: Jewish Traditions and Christian Interpretation* (Hendrickson, Peabody, MA, 1998), p. 192. El rabino Eleazar vivió entre los años 100 y 200 d. C. Puesto que no podemos saberlo con seguridad, los eruditos generalmente dan por supuesto que él y otros rabinos posteriores no conocieron las enseñanzas de Jesús, y que las semejanzas entre ellos provienen de un contexto cultural común. Sin embargo, los eruditos sí dan por sentado que Jesús conoció las influyentes enseñanzas de Hillel y Shammai.

19. Mishná, *Pirke Avot* 5:15.

20. Rabino Meir Zlotowitz, Ruth: *A New Translation with a Commentary Anthologized from Talmudic, Midrashic and Rabbinic Sources* (Mesorah Publications, Brooklyn, Nueva York), pp. xxxi-xxxiii.

21. Talmud Babilónico, *Hagigah* 15b.

CAPÍTULO 3: CUANDO ENSARTABAN PERLAS

1. Martin Abegg. Michael Phelps y Hershel Shanks: «Will Marty Abegg Ever Find a Job? Scholar Thrives Despite Unauthorized Publication» *Biblical Archaeology Review* 29 (enero-febrero 2003): pp. 36-39. Abbeg escribió un simple programa de computación para reconstruir el texto de

una concordancia no publicada, y después lo comparó con fotografías de los rollos.

2. Del prólogo del Maestro David Wolpe en *Jesus the Jewish Theologian*, de Brad Young, p. xiv.

3. Otros textos judíos del tiempos de Jesús también asocian a Lamec con la frase «setenta veces siete» y con la actitud de venganza. Ver *Testament of Benjamin 7*.

4. Craig Keener: *Commentary on the Gospel of Matthew* (Eerdmans, Grand Rapids, 1999), p. 388. Un *seah* es en realidad una medida de volumen. Los eruditos difieren en cuanto a cuál es el tamaño de un *seah*, estimando que es entre seis y trece litros. Con estas estimaciones, un *seah* de flor de harina pesaría entre ocho y dieciséis libras.

5. Otros rabinos usan a veces también la levadura en una forma positiva, como una fuerza invisible, pero poderosa que permea la masa. Vea Young: *Jesus the Jewish Theologian*, pp. 79-80. La historia de la fiesta de Abraham fue también usada por los primeros rabinos como una lección para la vida, porque Abraham solo tenía para ofrecer un poco de agua y algo para comer, pero en vez de eso preparó una buena comida y excelente recepción. Shammai señala que debemos «hablar poco y hacer mucho». Hacer lo que prometemos y luego algo más (*Avot d'Rabbi Natan* 13:3).

6. Muchos prefieren referirse al Antiguo Testamento como la «Biblia hebrea» o «Escrituras hebreas», porque «Antiguo Testamento» es una expresión cristiana que compara el texto con el del Nuevo Testamento, haciendo obsoletos los textos que todavía leen los judíos. Usamos aquí la expresión «Antiguo Testamento» por que es muy conocida. También, en las culturas orientales, la edad avanzada está asociada con la sabiduría, no con la vejez ni la obsolescencia.

7. Entre los rollos encontrados en Qumrán había treinta y siete de los Salmos, treinta copias de Deuteronomio y veintiuna copias de Isaías. Estaban además bien representados otros libros de la Tora. Vea Jonathan Campbell, *Deciphering the Dead Sea Scrolls* (Blackwell, Oxford, UK. 2002), p. 34.

8. Vea Edward Ellis: *History and Interpretations in the New Testament Perspective* (Brill, Leiden 2001), pp. 126-129. Para más sobre las Reglas de Hillel, vea Brad Young: *Meet the Rabbis* (Hendrickson, Peabody, MA, 2007), pp. 165-71.

9. Joseph Frankovic: «Remember Shiloh», *Jerusalem Perspective* 46-47 (septiembre-diciembre 1994), pp. 24-31. Está disponible en la Web en www.jerusalemperspective.com (accedido el 23 de mayo de 2008). Debemos decir que puede que la conexión entre los dos mandamientos de amor se hiciera antes del tiempo de Jesús. Vea David Daube: *The New Testament and the Rabbinic Judaism* (Hendrickson Peabody, MA, 1998), p. 247.

10. Vea David Instone-Brewer: *Techniques and Assumptions in Jewish Exegesis Before 70 CE* (Mohr Siebeck, Tubinga. 1992). Una teoría citada con frecuencia es que Jesús usó el método llamado «*PaRDesS*»,

NOTAS

un acrónimo por varias formas diferentes en que se pueden interpretar las Escrituras (*Pashat*, en su sentido pleno; *Ramez*, como una pista; *Drash*, en una forma alegórica u homilética; *Sod*, en un sentido secreto). Aunque Jesús usó formas tempranas de lo que fue luego conocido como Pashat, Remez, e incluso Drash, esta terminología viene después de este tiempo. Y el método *PaRDesS*, especialmente *Sod*, incluye un misticismo que Jesús no usó. Vea David Bivin: «Medieval Jargon on First-century Lips», en www.jerusalemperspecttive.com (accedido el 29 mayo de 2008). Vea también David Stern: *The New Testament Commentary* (Messianic Jewish Resources International, Clarksville, MA, 1992), pp. 11-14.

11. De *Song of Songs Rabbah* 1:10, como lo cita Philip Culbertson: *A Word Fitly Spoken: Context and Transmission and Adoption of the Parables of Jesus* (State Univ. of New York Press, NY. 1995), p. 101.

12. Las alusiones al Salmo 2 e Isaías 42 están ampliamente reconocidas por los eruditos. Génesis 22 no lo es tanto, pero no es improbable. Vea Craig Keener: *A Commentary on the Gospel of Matthew*, p. 135. Vea también James Dunn y John Rogerson: *Eerdmans Commentary on the Bible* (Eerdmans, Grand Rapids, 2003), p. 1010.

13. Dios hizo también una declaración como esta en la Transfiguración, cuando los discípulos de Jesús le vieron en gloria en la cima del monte. En ese momento se repitió un texto diferente: «A él si lo escucharás» (Dt. 18:15). En este pasaje Dios promete enviar otro líder profético como Moisés. Estaba extendida la interpretación de que este texto se refería al Mesías. Vea Young: *Jesus the Jewish Theologian*, pp. 209-211; David Flusser: *The Sage from Galilee: Rediscovering Jesus' Genius* (Eerdmans, Grand Rapids, 2007), p. 103.

14. Parte de la razón por la que Jesús hizo esto es porque hubiera sido grosero, incluso blasfemo, hacer abiertamente esta afirmación. Un siglo después, Bar Kokhba usó referencias indirectas para indicar que él era el Mesías, llamándose a sí mismo «Nasi», que significa «príncipe». El nombre Bar Kokhba significa «Hijo de la estrella», y «estrella» era otra referencia mesiánica

15. Vea Philip Payne: «Jesus' Implicit Claims to Deity in His Parables», *Trinity Journal* 2 (1981): pp. 3-23.

16. Vea Young: *Jesus the Jewish Theologian*, pp. 243-252; también Flusser: *The Sage from Galilee*, pp. 107-116.

17. En las visiones del Apocalipsis sobre el segundo advenimiento de Jesús, Juan ve una escena de alguien «semejante al Hijo de hombre» que viene en gloria (vea Ap. 1:13; 14:14).

18. Robert Funk, Roy Hoover, y el Seminario de Jesús: *The Five Gospels: The Search for the Authentic Words of Jesus* (HarperCollins, San Francisco. 1997), pp. 4-5.

19. Vea Randall Buth: «Jesus' Most Important Title», *Jerusalem Perspective* 25 (marzo-abril; 1990): pp. 11-15. Disponible en la Web en www.jerusalemperspective.com (accedido el 30 de junio de 2008).

20. Rally Lloyd-Jones: *The Jesus Storybook Bible: Every Store Whispers His Name* (Zondervan, Grand Rapids, 2007).

CAPÍTULO 4: SIGAMOS AL MAESTRO

1. Ange Sabin Peter: «A Japan Story», *Ceramics Technical* 23 (2006): pp. 95-97.
2. John Singleton ed.: *Learning in Likely Places: Varieties of Apprenticeship in Japan* (Cambridge Univ. Press, Nueva York, 1989), pp. 16-17. Vea «The Life of a Craftsman», Shofu.pref.ishikawa.jp/shofu/chinkin/en/index.html (accedido el 10 de diciembre de 2007).
3. Safrai y Stern: *The Jewish People in the First Century*, p. 958. La práctica de que un joven aprendiz (y a veces una chica) vaya a vivir con su maestro o artesano ha sido algo también tradicional en Europa durante siglos. Vea Barbara Hanawalt: *Growing Up in Medieval London: The Experience of Childhood in History* (Oxford Univ. Press, Nueva York, 1993), pp. 129-133.
4. Mishná, *Pirke Avot* 1:1.
5. Eliseo es considerado a menudo como un discípulo modelo, especialmente por su servicio humilde y su dedicación a Elías. Vea Talmud Babilónico, *Berakhot* 7a, y Rabino Menashem Bleoweiss: «Elisha ben Shaphat: The Wonder Years» en www.ohryrushalayim.org.ilparsha.php?id=14&archive=5764 (accedido el 10 de diciembre de 2007).
6. Safrai y Stern: The Jewish People in the First Century, p. 964.
7. Mishná, *Pirke Avot* 6:4.
8. Mishná, *Bava Metzia* 2:11.
9. Ibíd. vea también Shmuel Safrai: «Master and Disciple», *Jerusalem Perspective* 29 (1990): pp. 3-5, 19. Otros artículos sobre el discipulado en el siglo I están disponibles en www.jerusalemperspective.com. También se puede encontrar una excelente discusión en el trabajo de David Bivin: *New Light on the Difficult Words of Jesus*, pp. 17-21.
10. Talmud Babilónico, *Makkot* 10a.
11 Talmud Babilónico, *Ketubot* 96a.
12. Safrai y Stern: *The Jewish People in the First Century*, p. 964.
13. Talmud Babilónico, *Taanit* 7a.
14. David Brooks: «The Obama-Clinton Issue», *The New York Times* (18 de diciembre de 2007).
15. De un sermón de Joseph Stowell no publicado, 14 de agosto de 2008. El visitante de Jerusalén que se menciona en esta historia es el doctor Ed Dobson.

CAPÍTULO 5: BÚSQUESE ALGUNOS *HAVERIM*

1. Mishná, *Pirke Avot* 1:6.
2. Mishná, *Pirke Avot* 3:32. Se le atribuye a Hananya ben Teradion, de principios del siglo II. Otro rabino, Halafra ben Dosa, dijo algo semejante una pocas décadas más tarde (*Pirke Avot* 3:7). La similitud de estos dichos con las palabras de Jesús puede ser una evidencia de que los ra-

binos conocían sus enseñanzas o que estaban hablando de un trasfondo cultural común, uno que enfatiza la riqueza espiritual de estudiar con otros.

3. Nahum Goldmann: *Memories* (Weidenfeld & Nicolson, Londres, 1970), p. 6.

4. En 1 Corintios 10:1, Pablo dice: «No quiero que desconozcan, hermanos, que *nuestros* antepasados estuvieron todos bajo la nube y que todos atravesaron el mar» (cursivas añadidas). Él está predicando principalmente a gentiles. Pero habla como si los no judíos fueran parte de la familia judía amplia y que pueden aprender de las experiencias de sus antepasados.

5. Eugene Peterson: *A Long Obedience in the Same Direction* (InterVarsity Press, Downers Grove, Il. 2000), pp. 166-167.

6. Pastor Robert C. Stone: «Qualities that Build Friendships», en la Web en www.eagleflight.org/ministrycentral/friedship.html (accedido el 14 julio de 2008).

7. Vea David Smith: *The Friendless American Male* (Regal, Ventura, CA. 1983), p. 21.

8. Mishná, *Pirke Avot* 2:5.

CAPÍTULO 6: MAESTRO, ENSÉÑANOS A ORAR

1. Abraham Heschel: *Man's Quest for God* (Scribner, Nueva York, 1954), p. 15.

2. Yigael Yadin: «Tefillim from Qumran», *Eretz-Israel* 9 (1969): pp. 60-83.

3. Safrai y Stern: *The Jewish People in the First Century*, p. 799; David Bivin: *New Light on the Difficult Words of Jesus*, pp.51-53.

4. Shmuel Safrai: «Did Jesus Wear a Kippah?, *Jerusalem Perspectives* 36 (enero-febrero 1992): p. 11. Safrai señala que en frescos del siglo III encontrados en sinagogas antiguas, los hombres aparecen con la cabeza descubierta. Pero el Talmud Babilónico (escrito alrededor del 500 a. C.) dice que algunos hombres cubrían sus cabezas. Esta práctica se hizo común en la Edad Media.

5. Vea Safrai y Stern: *The Jewish People in the First Century*, p. 798.

6. Rabino Wayne Dosick, *Living Judaism* (HarperSanFrancisco, San Francisco. 1995), pp. 250-251.

7. Con la excepción de unas pocas oraciones en arameo, los judíos ortodoxos oran siempre en hebreo. Está permitido orar en otras lenguas, pero el hebreo es tradicional para la oración comunal. Sin embargo, los judíos reformados oran a menudo en sus lenguas nativas. Según Shmuel Safrai, todas las oraciones encontradas en la literatura rabínica, sin excepción, están en hebreo. Estas incluyen oraciones personales y comunales. Vea «Literary Languages in the Time of Jesus», *Jerusalem Perspective* 31 (marzo-abril 1991): pp. 3-8.

8. Esta traducción es de la JPS *Tanaj* (Jewish Publication Society, Nueva York, 1985). La *Shemá* está compuesta de tres pasajes de las Escrituras: Deuteronomio 6:4-9; 11:13; Números 15:37-41. La Shemá no es

técnicamente una oración, sino un compromiso diario de amar y servir a Dios.

9. *Aminah* significa, en realidad, «estar de pie», porque esa oración se recita mientras el creyente está parado.

10. Algunas fuentes antiguas dicen que en los primeros tiempos el *Aminah* lo recitaban dos veces como una oración, en la mañana y la tarde, pero después del año 79 d. C., la oraban tres veces al día. La Shemá la recitaban en la mañana y la tarde.

11. Joseph Heinamann: *Prayer in the Talmud* (De Gruyter, Nueva York, 1977), p. 46.

12. Dosick: *Living Judaism*, pp. 9-10.

13. Bivin: *New Light on the Difficult Words of Jesus*, pp. 59-66.

14. *Didaché* 8:3

15. Los eruditos creen que en el tiempo de Jesús, las mujeres podían ser contadas en ese número, a diferencia de hoy. Vea Shmuel Safrai: «The Place of Women in First Century Synagogues», pp. 3-6, 14. También en las sinagogas del siglo I los hombres y las mujeres se sentaban juntos. Separar a los sexos se hizo costumbre siglos después.

16. Por ejemplo, en la promesa de Dios de un descendiente del rey David, él dijo: «Yo seré su padre, y él será mi hijo» (2 S. 7:14). Vea también Salmo 2:7 y 89:26-28. Otros pocos maestros judíos hablaron de Dios como «Abba», pero eso es poco común. Vea Brad Young: «La Oración del Señor (2): "Padre Nuestro que estás en los cielos"», *Jerusalem Perspective* 10 (julio 1988): pp. 1-2.

17. Josa Bivin: «Don't Throw Away That Piece of Bread», *Jerusalem Perspective* 29 (octubre 1999), disponible en blog-jerusalemperspective. com/archives/000060.hyml (accedido el 24 de enero de 2008).

18. Por ejemplo, vea el Salmo 121:7 o Job 5:19. En estos pasajes la palabra *ra* aparece traducida como «mal». El Salmo 121:7 dice: El Señor te protegerá; de todo mal protegerá tu vida», y habla del peligro físico más bien que del mal moral.

19. Vea Randall Buth: «Deliver Us from Evil», *Jerusalem Perspective* 55 (abril-junio 1999): pp. 29-31.

20. Mishná, *Pirke Avot* 2:13.

21. Mishná, *Berakhot* 9:3.

22. Talmud Babilónico, *Sabbat* 165b.

23. Annie Dillard: *Teaching a Stone to Talk: Expeditions and Encounters* (Harper & Row, Nueva York, 1982), p. 40.

24. Heschel: *Man's Quest for God,* p. 84.

25. Talmud Babilónico, *Berakhot* 32b.

CAPÍTULO 7: UNA BENDICIÓN PARA CADA COSA

1. Como lo cita Joseph Hertz en *A Book of Jewish Thought* (Oxford Univ. Press, Oxford. 1922), p. 283.

2. *Fiddler on the Roof* (MGM Home Entertainment, Santa Mónica, CA. 1998). Apareció por primera vez en 1971.

3. La mayoría de los traductores creen que los dos significados de *barakh* («arrodillarse» y «bendecir») son similares. Otros sugieren que en tiempos antiguos, la palabra para arrodillarse tomó más tarde el sentido de bendición, porque uno se arrodilla para recibir una bendición y también para adorar a Dios. Vea la discusión sobre *barak* (1) y (2) en *The New International Dictionary of Old Testament Theology and Exegesis*, ed. Willen VanGemeren (Zondervan, Grand Rapids, 1997), 1:755-67.

4. La Mishná, que tomó forma escrita alrededor del año 200 d. C. y preserva tradiciones del tiempo de Cristo, incluye las oraciones más cortas. Para cuando se escribió el Talmud de Jerusalén, entre los años 300-400, los rabinos decretaron que uno debería recordarse a sí mismo en cada oración que Dios «es el rey del universo» de modo que reconozca su soberanía sobre su persona. Esto es semejante a cómo dicen los rabinos que las personas «reciben el reino de los cielos» cuando recitan la *Shemá*. Para más información, vea el capítulo 13.

5. Los textos de las bendiciones (con correcciones menores) están tomados del artículo «Benedictions», de Cyrus Adler y Kaufmann Kohler: *Jewish Enciclopedia* (Funk y Wagnalls, Nueva York, 1901-1906 de dominio público en www.jewishencyclopedia.com (accedido el 19 de febrero de 2008).

6. La oración después de usar el baño es: «Bendito sea el que ha formado al hombre en sabiduría y ha creado en él muchos orificios y muchas cavidades. Es obvio y conocido ante tu trono de gloria que si uno de ellos estuviera roto o bloqueado, sería imposible para ese hombre sobrevivir y estar en tu presencia. Bendito sea el que sana toda carne y hace maravillas» (Talmud Babilónico, *Berakhot* 60b). Un artículo excelente sobre esta oración, escrito por el doctor en medicina Kenneth Prager, titulado «For Everything a Blessing» aparece en el *Journal of the American Medical Association* 227 (20) (28 mayo 1997): 1589.

7. Reb David Din, una tradición oral citada en *Hasidic Tales*, p. 149, citado por Philip Yancey en *Prayer: Does It Make Any Difference?* (Zondervan, Grand Rapids, 2006), pp. 68-69.

8. La NVI traduce la palabra «bendecir» como «dar gracias».

9. Mishná, *Berakhot* 6:1

10. Vea por ejemplo, la NASB. Otras, como la NVI, dice «dar gracias», lo que explica más claramente lo que él estaba haciendo. Vea Young: *Jesus, the Jewish Theologian*, pp. 122-123.

11. David Flusser: «A Lost Jewish Benediction in Matthew 9:8», *Judaism and the Origin of Christianity* (Magnes, Jerusalem, 1988), pp. 535-542.

12. A este se le llama el *Birkat ha Gomel* y lo recitan ahora públicamente en la sinagoga después de pasar por una experiencia significativa de liberación de parte de Dios, tal como salir libre de la cárcel, sobrevivir a una enfermedad grave, dar a luz o completar un viaje peligroso.

13. *Midrash Psalms* 117. Vea «Rain in Jewish Tradition» en www.jewishnaturecenter.org/html/jewish_rain.html (accedido el 19 de febrero de 2008).

14. Lauren Winner: *Mudhouse Sabbath* (Paraclete, Brewster, MA, 2003), p. 55.

15. Ibíd., p. 60.

CAPÍTULO 8: UN DESCUBRIMIENTO DE PASCUA

1. Mishná, *Pesahim* 10:5.

2. Algunos han pensado que la Última Cena no fue una comida de Pascua porque el Evangelio de Juan parece indicar que fue celebrada la tarde antes de la fiesta, aunque los otros Evangelios claramente se refieren a ella como la Pascua (vea Lucas 22:15). Para una excelente discusión de las posiciones de este debate, así como para una fuerte evidencia de que la comida fue en realidad en la Pascua, vea Joachim Jeremias: *The Eucharistic Words of Jesus* (SCM, Londres. 1966), pp. 15-88.

3. Mishná, *Pesahim* 10:8. Vea David Daube: *The New Testament and Rabbinic Judaism* (Hendrickson, Peabody, MA, 1998), pp. 332-335.

4. Los eruditos creen ahora que la idea de que Jesús fue completamente rechazado por los judíos es un error, porque en Hechos numerosos relatos describen una gran cantidad de creyentes judíos (por ej. Hch. 21:20) y, por supuesto, los discípulos, y todos los de la iglesia naciente eran judíos. Los judíos estaban divididos acerca de Jesús, aunque los líderes religiosos le rechazaron. Vea Jacob Jervell: *Luke and the People of God* (Augsburg, Minneapolis. 1972), pp. 41-74; Oskar Skarsaune y Reidar Hvalvik: *The Jewish Believers in Jesus* (Hendrickson Peabody, MA, 2007). Una fuente excelente sobre el complot de la Pascua es la serie de audio «Misconceptions about Jesus and the Passover», por Dwight A. Prior, Está disponible en www.jcstudies.com.

5. Jeremias: *The Eucharistic Words of Jesus*, p. 206.

6. Vea Geza Vermes: *Scripture and Tradition in Judaism: Haggadic Studies*, 2ª ed. (Brill, Leiden. 1983), pp. 214-219. El erudito judío Vermes dice que el sacrificio de Isaac fue una imagen prominente en la celebración temprana de la Pascua, mucho más en el tiempo de Jesús que hoy. La tradición judía enfatiza la obediencia heroica de Isaac tanto como la fe de Abraham. Ellos señalan que tenía que ser un adulto a fin de poder cargar con la leña del sacrificio, que debió de pesar más de 50 kilos. Con esta interpretación en mente, el paralelismo entre Isaac y Jesús es aún mucho más claro.

7. El calendario judío está basado en el ciclo lunar con un ocasional «año bisiesto» que añadían, de modo que sus fechas cambiaban cada año en relación con nuestro calendario, que está basado en el año solar.

8. Vea Bruce Okkema: «Has DaVinci Painted Our Picture of Jesús?» en www.egrc.net (accedido el 18 de marzo de 2008).

9. Vea David Daube: «He That Cometh» (conferencias dadas en la Catedral de San Pablo en Londres, octubre de 1966). Vea también Deborah Carmichael: «David Daube on the Eucharist and the Passover Seder», *Journal for the Study of the New Testament* 42 (1991): pp. 45-67.

10. Al presente se usan tres piezas en el ritual del *afikomen*, y la del medio está rota. Algunos ven esto como una imagen de la Trinidad y dicen que la pieza del medio, el Hijo, fue quebrada y quitada. Sin embargo, la tradición de estas tres piezas surgió después del tiempo de Jesús.

11. La celebración de las Primicias siempre tenía lugar en el primer día de la semana después del Sabbat siguiente a la Pascua. Debido a que la Pascua podía caer en días diferentes de la semana, dependiendo del año, la fiesta de las Primicias a veces caía varios días después de la Pascua. Fue celebrada en domingo en el tiempo de Jesús, y los judíos karaítas todavía la celebran en domingo. Más tarde, los rabinos la pasaron para el día después de los Panes sin levadura.

12. Los teólogos de hoy leen Ezequiel 37 como una profecía dada durante el cautiverio babilónico acerca de que Dios «resucitaría» a su pueblo al recogerlos de nuevo en su tierra. Pero en el siglo I, el texto fue entendido por los judíos y cristianos como apuntando a la futura resurrección de los muertos. En la iglesia primitiva lo leían cada semana. Vea Gary T. Manning: *Echoes of a Prophet: The Use of Ezekiel in the Gospel of John and the Literature of the Second Temple* (T&T Clark, Nueva York, 2004), pp. 70, 96-97.

13. La más temprana referencia a la *Dayeinu* en los escritos judíos es de alrededor del año 1000. Pero un sermón cristiano del siglo II incluye una liturgia de la Pascua basada en ese canto. La más temprana evidencia sugiere que puede ser que el *Dayeinu* se conociera incluso en el tiempo de Jesús. Vea Eric Werner: «Two Hymns for Passover and Good Friday» en *The Sacred Bridge: The Interdependence of Liturgy and Music in the Synagogue and the Church in the First Millennium* (KTAV, Nueva York, 1959), pp. 127-148.

CAPÍTULO 9: DESCUBRAMOS A JESÚS EN LAS FIESTAS JUDÍAS

1. Abraham Joshua Heschel: *The Earth Is the Lord's / The Sabbath* (Harper Torchbook, Nueva York, 1966), p. 8.

2. Mauna Kea, una cumbre de la misma isla, es en realidad ligeramente más alta que el Mauna Loa. Pero el Mauna Loa es mucho más colosal debajo del agua. Puede que no sea la montaña más alta sobre el nivel del mar, pero es el sistema montañoso más grande del mundo.

3. En este capítulo estamos hablando de las «fiestas» como las siete grandes fiestas que se establecían en Levítico 23 y a las que los israelitas debían asistir. Más tarde se agregaron dos celebraciones más: Hanukkah y Purim. Al Sabbat lo consideran también como una fiesta.

4. Parte de la razón por la que se creyó que Pentecostés estaba sucediendo en el aposento alto fue porque Hechos 2:2 habla de «una ráfaga de viento que llenó la casa», pero esto probablemente se refiere al templo. En las Escrituras, los judíos se referían a menudo al templo como «la casa de Dios» o simplemente «la casa». Incluso hoy, en hebreo, el Monte del templo es llamado *har ha-bayit*, que significa «el Monte de la Casa».

5. Varias piezas de evidencia sugieren que estas tradiciones Shavuot tenían ya doscientos o trescientos años de antigüedad en el tiempo de Jesús. En el pasado, los eruditos creían que habían surgido después de Jesús. Vea Moshe Weinberg: *Normative and Sectarian Judaism in the Second*

Temple Period (Continuum, Nueva York, 2005), pp. 268-278.

6. Walter C. Kaiser Jr., Peter H. Davids, F. F. Bruce y Manfred T. Brauch, editors. *Hard Sayings of the Bible* (InterVarsity Press, Downers Grove, IL, 1996), p. 519.

7. Aunque Nisán, el mes de la Pascua, es el primer mes del ciclo de fiestas según Éxodo 12:1, el año del calendario judío empieza seis meses más tarde, en Tisri. En esta fecha es cuando empiezan siempre el año sabático y el año jubilar.

8. Los antiguos historiadores como Josefo declararon que hasta unos 2,5 millones de peregrinos asistían a las fiestas. Los eruditos modernos se muestran escépticos con esas cifras tan elevadas, y declaran que probablemente eran entre 200 000 y 1 000 000. Vea Bruce W. Winter y Andrew D. Clark: *The book of Acts in Its Ancient Literary Setting* (Eerdmans, Grand Rapids, 1993), pp. 259-265.

9. Mishná, *Sukkah* 5:1.

10. Los judíos ortodoxos tradicionalmente no manejan autos en el Sabbat, y en algunas áreas ultra-ortodoxas apagan las luces de tráfico con el fin de desalentar a que pasen por allí y perturben el *shalom* del día.

11. Nan Fink: *Stranger in the Midst: A Memoir of Spiritual Discovery* (Basic Books, Nueva York, 1997), p. 96, citado en Winter: *Mudhouse Sabbath*, 2.

12. Lis Harris, *Holy Days: The World of a Hasidic Family* (Touchstone, Nueva York, 1995), pp. 68-69, citado en Winter:, *Mudhouse Sabbath*, pp. 6-7.

13. Heschel: *The Earth is the Lord's / The Sabbath*, p. 8.

CAPÍTULO 10: A LA MESA CON EL MAESTRO

1. Vea Marc Angel: *A Sephardic Passover* (KTAV, Jerusalem, 1988), p. 65.

2. J. R. R. Tolkien: *The Hobbit* (Houghton Mifflin, Boston, 1937), pp. 30-31.

3. De las veinte veces que se dice en la NASB que Jesús y los otros se reclinaron «a la mesa», solo una de esas frases aparece en realidad en el original griego. Las otras fueron añadidas por los traductores. El texto original solo dice que ellos se «reclinaron».

4. En el tabernáculo había una mesa para los panes de la proposición. Una idea común, aunque equivocada, es que en los tiempos del Nuevo Testamento las personas se sentaban o reclinaban alrededor de una mesa en forma de U llamada un *triclinium*. Un *triclinium* es en realidad un cuarto que se encontraba en las casas de familias ricas que tenía una plataforma en forma de U donde ponían cojines. Los comensales se reclinaban sobre los cojines en un semicírculo, y el alimento lo colocaban sobre una mesa pequeña en el centro.

5. «Comer a la mesa de un líder» significaba que usted se encontraba bajo la protección y provisión de esa persona. Por ejemplo, 1 Reyes 18:19 dice que 450 profetas de Baal y 400 profetas de Acera se «sientan a la

mesa de Jezabel». La expresión no se refiere tanto a la acción literal de comer como a la relación que tenían.

6. Esa es la razón por la que Lot ofreció sus hijas a los hombres de Sodoma cuando ellos querían que les sacara a sus visitantes angelicales (Génesis 19:8). Con todo lo horrible que haya sido su acción, Lot se sintió obligado a proteger a sus visitantes a cualquier precio.

7. Para más información, vea el *Dictionary of Biblical Imagery*, ed. Lelan Ryken (InterVarsity Press, Downers Grove, IL, 1998), pp. 402-406.

8. En Éxodo 33:20, Dios le dice a Moisés: «No podrás ver mi rostro, porque nadie puede verme y seguir con vida». En Levítico 10:1-2, Nadab y Abiú perecieron cuando entraron a la presencia de Dios en una manera no autorizada. Mencionar esto aquí parece ser una indicación de la completa singularidad de esta situación, en que los seres humanos pudieron entrar con seguridad a la presencia de Dios

9. *Didaqué* 14:2.

10. La mayoría de estas tradiciones son posteriores a Jesús, pero de todas formas son bonitas y sabias.

11. Este pan especial lo hacían para honrar la provisión divina de pan. Tenían que servir dos panes porque Dios instruyó a los israelitas en el desierto que recogieran doble porción de maná antes del Sabbat.

12. Efraín y Manasés fueron los hijos de José que se convirtieron en padres de dos de las tribus más grandes de Israel. Sara, Rebeca, Raquel y Lea son las cuatro matriarcas más grandes, las madres de todo Israel. La última oración es conocida como la bendición sacerdotal (aarónica) que encontramos en Números 6:24-26.

13. Mishná, *Pirke Avot* 3:2-3.

14. La deliciosa implicación es que si usted está haciendo dieta, ¡debe dejarla en el Sabbat! En contraste, algunos cristianos con frecuencia ayunan en sus días santos, asociando santidad con negación, más bien que con gozo y celebración.

15. La excepción es Yom Kippur, que todavía se observa incluso en el día de reposo, porque es «un Sabbat de Sabbat» (Levítico 16:31).

16. Un libro notable sobre la observancia cristiana del día de reposo es el de Marva Dawn: *Keeping the Sabbath Wholly* (Eerdmanns, Grand Rapids, 1989).

17. Ilan Zamir: *The Sulha: Reconciliation in the Middle East* (Purple Pomegranate Productions, San Francisco, 1989).

18. Kenneth Bailey: *Poet and Peasant / Through Peasant Eyes* (Eerdmanns, Grand Rapids,1983), pp. 161-162.

19. Young, *Jesus the Jewish Theologian*, pp. 143-154.

20. Joachim Jeremias: *New Testament Theology* (SCM, Londres. 1971), pp. 115-116

CAPÍTULO 11: TOQUEMOS LOS FLECOS DEL MAESTRO

1. *TANAJ: A New Translation of the Holy Scripture according to the Traditional Hebrew Text* (Jewish Publication Society, Nueva York, 1985).

2. Solomon Schechter: *Aspects of Rabbinic Theology* (Hendrickson, Peabody, MA, reimpreso 1998 [Original 1909]), p. 121.

3. Vea Abraham Heschel: *Moral Grandeur and Spiritual Audacity: Essays* (Farrar, Straus y Giroux, Nueva York, 1997), p. 65.

4. Jacob Milgrom: *JPS Tora Commentary: Numbers* (Jewish Publications Society, Nueva York, 1990), pp. 410-414.

5. Este tinte, extraído de un tipo raro de caracol, se hizo al final tan costoso que terminó no requiriéndose, y la fórmula que usaban se perdió, pero en los últimos años se ha redescubierto el proceso para este tinte. Vea Ari Greenspan: «The Search for Biblical Blue», *Bible Review* 19 (febrero 2003): pp. 32-39. Vea también www.tekhelet.com (accedido el 25 marzo de 2008).

6. Jacob Milgrom: «The Tassel and the Tallit», The Fourth Annual Rabbi Louis Fineberg Memorial Lecture (University of Cincinnati, 1981). Citado en el artículo «The Meaning of Tekhelet», por Baruch Sterman en www.borhatorah.org/article.html (accedido el 20 de agosto de 2008).

7. Ann Spangler y Jean E. Syswerda, *Women of the Bible* (Zondervan, Grand Rapids, 2007), pp. 324-325.

8. Los flecos tenían que sujetarlos a las esquinas (*kanafim*) de la prenda de vestir. Debido a que *kanafim* también significa «alas» algunos han sugerido que ella agarró su *tzitzit* porque ella creía que, como él era el Mesías, cumpliría Malaquías 4:2: «Mas a vosotros los que teméis mi nombre, nacerá el Sol de justicia, y en sus alas [*kanafim*] traerá salvación» (RVR 60).

9. Thomas Cahill: *The Gifts of the Jews: How a Tribe of Desert Nomads Changed the Way Everyone Thinks and Feels* (Doubleday, Nueva York, 1998), p. 154.

10. Los israelitas pensaban de la misma manera. Dios tenía que darles un permiso especial para que pudieran comer carne sin sacrificar el animal (vea Deuteronomio 12:15).

11. Cuando Dios elige a personas para un propósito especial, comúnmente les da restricciones dietéticas para cumplirlas. Los sacerdotes y los que tomaban el voto nazareo (Nm. 6:1-21) estaban separados de los demás, en parte, por reglas dietéticas extras. Vea Gordon J. Wenham: «The Theology of Unclean Food», *Evangelical Quarterly* 53/1 (enero-marzo 1981): pp. 6-15; vea también Jacob Milgrom: *Leviticus 1—16* (Anchor Bible Commentary; Doubleday, Nueva York, 1991), p. 726.

12. Para saber más sobre cómo fue entendido el «ojo por ojo», vea Nahum Sarna: *Exploring Exodus* (Shocken, NuevaYork, 1996), pp. 185-189. Esto es parte de un ensayo más largo (pp. 158-189) que explica los elementos distintivos de las leyes del Sinaí en comparación con otros antiguos códigos que muestran el sorprendente espíritu humano de su tiempo.

13. Vea *Slaves, Women and Homosexual: Exploring the Hermeneutic of Cultural Analysis* (InterVarsity Press, Downers Grove, IL. 2001), pp. 31-33.

14. A. J. Jacobs: *The Year of Living Biblically: One Man's Humble Quest to Follow the Bible as Literally as Possible* (Simon & Schuster, Nueva York, 2007), pp. 4-8, 165-167.

15. Citado en Mark I Pinsky: *The Gospel According to the Simpsons* (Westminster John Knox, Louisville. 2001), p. 32.

16. Para una discusión de la visión de Pedro y las leyes sobre la impureza relacionadas con los gentiles, vea Hilary Le Cornu: *A Commentary on the Jewish Roots of Acts* (Netivya Bible Instruction Ministry, Jerusalem, 2003), pp. 562-588.

17. Douglas Moo: *The Epistle to the Romans* (Eedmanns, Grand Rapids, 1996), p. 641.

18. Joseph Telushkin: *The Book of the Jewish Values* (Bell Tower, Nueva York, 2000), pp. 70-71.

CAPÍTULO 12: JESÚS Y LA TORA

1. B. Cobbey Crisler: «The Acoustics and Crowd Capacity of Natural Theaters in Palestine», *The Biblical Archaeologist* 39 (1976): 128-141. En el tiempo que escribía esto, estaban plantando una serie de árboles frutales en la tierra cerca de la Cala del Sembrador, que absorbe el sonido. Pero usted todavía puede ver la curva de la orilla al ir manejando por la moderna carretera en la orilla occidental del lago de Galilea.

2. Filólogo: «A Thorn in One's Side», Jewish Daily Forward (viernes, 23 de mayo de 2003). Lo puede encontrar en la Web en www.forward.com/articles/a-thorn-in-one-s-side/ (accedido el 20 abril de 2008). Otros rabinos dijeron cosas parecidas; por ejemplo: «Si todas las naciones del mundo se unieran para arrancar una palabra de la Tora, no podrían hacerlo» (*Leviticus Rabbah* 19:2). Vea Bivin: *New Light on the Difficult Words of Jesus*, pp. 94-96.

3. Por ejemplo: «Vaya a un lugar para el estudio de la Tora, y no suponga que este irá a usted. Porque sus condiscípulos lo *cumplirán* en su mano. Y no confíe en su propio entendimiento». (Mishná, *Pirke Avot* 4:14). En este lugar, «cumplir» significa aclarar el significado de las Escrituras. Vea también Mishná, *Horayot* 1:3, que habla acerca de «abolir» y «cumplir» la ley. En un debate rabínico de alrededor del año 100 d. C., el rabino Eliezer dijo al rabino Akiva: «¿Desarraigaría usted (abolir) lo que está escrito en la Tora?» (Mishná, *Pesahim* 6:2). Para saber más sobre «abolir» en oposición a «cumplir», vea Bivin: *New Light on the Difficult Words of Jesus*, pp. 93-102; Daube: *The New Testament and Rabbinic Judaism*, pp. 60-61.

4. Mishná, *Pirke Avot* 1:1.

5. Donald A. Hagner señala: «Jesús vino denunciando el legalismo, que es una perversión de la ley, como la mayoría de los mismos fariseos lo habría hecho; él no vino para eliminar el judaísmo, para traer una nueva

religión, ni establecer un nuevo código legal». Vea Donald A. Hagner: *The Jewish Reclamation of Jesús: An Analysis and Critique of Modern Jewish Study of Jesus* (Zondervan, Grand Rapids, 1994), p. 118.

6. Mishná, *Sanhedrín* 10:1. Pablo cita este sentimiento en Romanos 11:26, cuando dice: «De esta manera todo Israel será salvo».

7. David Stern: *Jewish New Testament Commentary* (Jewish New Testament Publications, Clarksville, MD, 1992), pp. 69-70.

8. Abraham Heschel indica que las fuentes rabínicas también comentaban que las decisiones de los discípulos de Shammai eran a veces muy exageradas, hasta el punto de resultar imposible vivirlas. Vea *Heavenly Tora: As Refracted through the Generations* (Continuum, Nueva York, 2005), pp. 722-724. Los discípulos de Shammai eran mayoría hasta el año 70 d. C, cuando los discípulos Hillel los superaron en número e influencia.

9. David Stern: *Jewish New Testament Commentary,* p. 69.

10. *Sifre Deuteronomy* 187:11 (entre el 200-300 d. C.).

11. Talmud Babilónico, *Sukkah* 52a.

12. Talmud Babilónico, *Bava Metzia* 59a. Los judíos son especialmente sensibles al pecado de humillación, pues han sido ridiculizados por su piedad a lo largo de los siglos. Ellos tienen una larga lista de reglas éticas para evitar avergonzar a otros, y mucha sabiduría sobre el daño que el chisme puede hacer. Un recurso excelente es el del Rabino Joseph Telushkin: *Words that Hurt, Words that Heal* (Harper, Nueva York, 1998).

13. Donald Hagner escribe: «Jesús es la autoridad máxima en la interpretación de la Tora: él profundiza en cada caso mucho más allá de la letra de la Ley para llegar a conocer la voluntad de Dios. La solución del problema de Jesús y la Ley no se encuentra en elevar la Tora escrita sobre la tradición oral de los fariseos, como tampoco en dar prioridad a lo ético sobre la legislación ritual y ceremonial, con todo lo verdaderas que son estas observancias. Tenemos que encontrarla en la interpretación definitiva (escatológica) de la Ley dada por aquel que nos trae el reino» (vea *The Jewish Reclamation of Jesus*, p. 128). Hagner también señala que, en varios lugares de la literatura rabínica, los rabinos predijeron que el Mesías traería un entendimiento nuevo y más completo de la Tora.

14. Talmud Babilónico, *Sabbat* 31a.

15. Hagner: *The Jewish Reclamation of Jesus*, pp. 152, 159-170.

16. Rabino David Rosenfeld, www.Torah,org/learning/pirkei-avos.chapter2-10and11c.html (accedido el 14 de abril de 2008).

17. The Associated Press: «Vietnamese Man, on Anti-Abortion Mission, Opens Home to Moms and Babies», en la Web en www.iht.com/article/ap/2008/03/28/asiaAS-FEA-GEN-Vietnam-Abortion-Orphans (accedido el 9 de mayo de 2008.

18. Talmud Babilónico, *Sabbat* 31a.

19. Talmud Babilónico, *Makkot* 24a. (Solo una nota, el Nuevo Testamento contiene más de 1000 mandamientos.)

20. Athol Dickson: *The Gospel according to Moses: What My Jewish Friends Taught me about Jesus* (Baker, Grand Rapids, 2003), p. 72.

21. Rabino Joseph Telushkin: *The Book of the Jewish Values* (Bell Tower, Nueva York, 2000), pp. 222-223.

CAPÍTULO 13: EL MISTERIOSO REINO DE DIOS

1. Esta es la frase inicial del *Kaddish* (que significa «santificado»), una antiguo oración litúrgica que recitaban los rabinos después del sermón o estudio de las Escrituras. La recitan ahora durante el servicio en la sinagoga y por los afligidos como una afirmación de fe en Dios a pesar de la pérdida.
2. Philip Yancey: *The Jesus I Never Knew* (Zondervan, Grand Rapids), p. 239.
3. Ibíd., p. 241.
4. David Bivin: *New Light in the Difficult Words of Jesus,* pp. 55-58. Incluso ahora, la mayoría de los judíos ortodoxos no se refieren a Dios directamente, sino que hablan de él como «HaShem», que en realidad significa «el nombre». También usan «Adonai» («mi Señor») en vez de pronunciar el nombre de Dios, YHWH, en voz alta cuando leen las Escrituras.
5. Esto puede parecer obvio si usted compara los dichos donde el «reino de Dios» y el «reino de los cielos» son claramente intercambiables; vea, por ejemplo, Mateo 13:31 y Marcos 4:30-31, donde el reino es comparado con una semilla de mostaza. Pero esta cuestión por sí misma ha confundido a los cristianos debido a nuestra carencia general de conocimiento de las frases idiomáticas y formas eufemísticas que los judíos usan al hablar de Dios.
6. Aunque el arameo se hablaba ampliamente en el Israel del siglo I, los rabinos de aquel tiempo enseñaban con frecuencia en hebreo. La Mishná y otras colecciones tempranas de dichos rabínicos estaban todas en hebreo, pero los textos posteriores como el Talmud fueron escritos en arameo. Es muy probable que Jesús fuera trilingüe y conociera el hebreo, el arameo y algo de griego, puesto que vivía en un país ocupado que tenía mucho comercio con el extranjero. Vea Randall Buth: «The Language of Jesus' Teaching», *Dictionary of New Testament Background*, editado por Craig Evans y Stanley Porter (InterVarsity Press, Downers Grove, IL, 2000), pp. 86-91.
7. El multifacético entendimiento que los judíos tenían del reino de Dios aparece descrito por Solomon Schechter en *Aspects of Rabbinic Theology,* pp. 65-115.
8. Irónicamente, en varios períodos de la historia los cristianos persiguieron a los judíos por causa de esa oración, al percibir equivocadamente que la estaban diciendo en contra de ellos como adoradores de ídolos. Sin embargo, probablemente sea anterior al cristianismo y es posible que Jesús mismo la recitara. Vea «Alenu», Kaufmann Koler, www. jewishencyclopedia.com (accedido el 19 de enero de 2008). El texto de esta oración es del dominio público en ese artículo y está traducido con cambios menores para actualizarlo al lenguaje de hoy.

9. Dos fuentes eruditas sobre la comprensión judía de Jesús del reino de Dios aparecen en Flusser: *The Sage from Galilee*, pp. 76-96, y en Young: *Jesus the Jewish Theologian* pp. 49-84. Los lectores laicos encontrarán una excelente introducción en la serie de DVD *Unveiling the Kingdom of Heaven,* por Dwight A Prior (Center Judaic-Christian Studies, Dayton, OH. 2008); vea www.jcstudies.org.

10. Para más sobre el reino «visto» en el mar Rojo, vea Bivin: *New Light on the Difficult Words of Jesus*, p. 128. La oración sobre el día de reposo la puede encontrar en el libro de Joseph Hertz: *Authorized Daily Prayerbook*, ed. rev. (Bloch, Nueva York, 1961), p. 371.

11. Durante miles de años la frase «el dedo de Dios» ha sido usada en la ceremonia de la Pascua para referirse a la manera en que Dios reveló su real soberanía al derrotar a los egipcios y a sus dioses, y al liberar a su pueblo mediante la partición de las aguas del mar Rojo. Vea R. Steven Notley: «By the Finger of God», *Jerusalem Perspective* 21 (julio-agosto 1989): pp. 6-7.

12. Vea Craig Evans: «Messianic Hopes and Messianic Figures in Late Antiquity», *Journal of Greco-Roman Christianity and Judaism* 3 (2006): pp. 9-10.

13. Charles Colson, *God and Government: An Insider's View on the Boundaries between Faith and Politics* (Zondervan, Grand Rapids, 2007), pp. 94-95.

14. Los pasajes sobre «el día del Señor» incluyen Isaías 13 y Zacarías 14.

15. James Carroll: *Constantine's Sword: The Church and the Jews* (Mariner, Nueva York, 2002), pp. 78, 80.

16. Flusser: *The Sage from Galilee*, p. 77.

17. Hagner: *The Jewish Reclamation of Jesus*, pp. 137-141.

18. Juan el Bautista también dijo: «Tiene el rastrillo en la mano para limpiar su era y recoger el trigo en su granero; la paja, en cambio, la quemará con fuego que nunca se apagará» (Lucas 3:17). Aquí la imagen es la del justo que es separado del malvado, como cuando el agricultor arroja el grano al aire con una horqueta, permitiendo que el viento se lleve la paja. Repito: él usa la imagen del fuego para representar el juicio venidero.
Jesús cuenta una parábola semejante acerca de un agricultor que desea poder separar su cosecha de la cizaña, que se parece mucho al trigo al comienzo de su crecimiento. Pero el agricultor sabio espera hasta el momento de la siega para separar al trigo de la cizaña. Una vez más, Jesús retarda el tiempo de separar y quemar la paja hasta el último momento. (Vea la nota de Mateo 13:26 en *Archeological Study Bible* [Zondervan, Grand Rapids, 2005], p. 1583).

19. Talmud Babilónico, *Taanit* 7a. El énfasis rabínico en la misericordia divina es anterior al tiempo de Jesús, que parece ampliar las ideas de su tiempo para enseñar acerca de su reino de misericordia. Vea Flusser: *Judaism and the Origins of Christianity*, pp. 469-493.

20. Mishná, *Berakhot* 2:2. Se le atribuye a Joshua ben Korhah, que vivió alrededor del 150 d. C. Un rabino anterior, Gamaliel II, también vinculó

el «reino de Dios» con la recitación de la Shemá (vea *Berakhot* 2:5). En el presente, la frase que se usa comúnmente para referirse a la primera parte de la Shemá es *kabalat ol malkhut shamayim*, que literalmente significa, «recibir el yugo del reino de los cielos». Manuscritos posteriores de la Mishná insertan la palabra «yugo», que no aparece en los primeros. Entonces, parece ser que en el tiempo de Jesús la frase idiomática era «recibir el reino de los cielos», que es idéntica a la frase que Jesús usó (David Bivin, comunicación personal).

21. La frase «entrará» suena como que se refiere al futuro aquí, pero en hebreo, el futuro (imperfecto) se usa también con un sentido proverbial, esto es: «Una puntada a tiempo *ahorrará* nueve».

CAPÍTULO 14: SEAMOS VERDADEROS DISCÍPULOS DE NUESTRO SEÑOR JUDÍO

1. Para un excelente estudio general de la historia del antisemitismo de los cristianos y la herejía de Marción, vea Marvin Wilson: *Our Father Abraham: The Jewish Roots of the Christian Faith* (Eerdmans, Grand Rapids, 1989), pp. 87-100. Ha habido momentos en los siglos precedentes en los que los cristianos mostraron interés en sus «raíces» judías. Por ejemplo, los primeros puritanos americanos hicieron hincapié en el estudio del hebreo y el Antiguo Testamento y pusieron a sus hijos nombres como Abraham y Jacob. Pero este interés no ha sido, con mucho, tan frecuente como la postura opuesta. Vea Ibíd., pp. 127-131.

2. John Sailhamer, *Introduction to Old Testament Theology* (Grand Rapids: Zondervan, 1995), p. 135. Vea también Louis Jacobs, *The Jewish Religion: A Companion* (Oxford Univ. Press, Cambridge, UK. 1995), p. 79.

3. Vea pp. 114-122 para más detalles sobre el Séder.

4. El Doctor Notley, profesor de estudios bíblicos en Nyack College, es el coautor de *The Sacred Bridge* (Carta, Jerusalén, 2006), un atlas histórico sobre el mundo bíblico que es muy apreciado.

5. Dwight Pryor: «Walk After Me!», *Jerusalem Perspective 55* (abril-junio 1999): pp. 10-11, en la Web: www.jerusalemperspective.com. Accedido el 24 de junio de 2008.

6. James Kugel ha escrito varios libros que analizan cómo fueron interpretadas las Escrituras judías en tiempos antiguos. Vea, por ejemplo: *The Bible as it Was* (Belknap, Cambridge, MA, 1999).

7. *Mezuzah* significa «poste de la puerta» y llegó a ser el nombre del objeto. El plural es *mezuzot*. Para saber más sobre la costumbre asociada con el *mezuzah,* vea Haim Halevy Donin, *To Be a Jews: A Guide to Jewish Observance in Contemporary Life* (Basic Books, Nueva York, 1991), pp. 152-155; también Dosick: *Living Judaism*, pp. 247-249.

ÍNDICE DE REFERENCIAS BÍBLICAS